# Cuba, Como Robar Un Tesoro

# Cuba, Como Robar Un Tesoro

*Un Paraíso con Sueños Olvidados*

Walter de Jesus Fitzwater

**To order additional copies of this book, contact:**
Xlibris
844-714-8691
www.Xlibris.com
Orders@Xlibris.com
841658

# Contents

*Dedico este libro a las MUJERES que me criaron:*

Mi *Madre* Olga, la que ponía comida en la mesa y sentaba las reglas

Mis *Tías* Paqui, María, Lala y Elda las que me daban calor y seguridad

Mi *tía* Matilde, quien crió un adolescente, ella era muy inteligente y valiente

Pero más que nadie a mi *Abuelita* Isabel, mi amiga y mi guía espiritual

*Cuando los músicos tocaban al compás de la tradición cubana*
*La nostalgia me atrapaba entre tiempos pasados*
*Por recuerdos agridulces mi corazón se desgarraba*
*Sin pensar que se acercaba el día de la inevitable separación.*

# Capítulo 1

## El Vuelo de Cancún a La Habana

Sentado en el avión contemplando a través de la ventana, mi mirada estaba suspendida en la claridad del cielo azul y despejado. El avión ascendía estrepitosamente y afuera ya veía como las aguas turquesas y tranquilas del Mar Caribeño se extendían hacia el horizonte. Era la tarde del sábado y el vuelo despegaba desde Cancún, México. Por fin el viaje que había planeado por tan largo tiempo se llevaba a cabo.

Después de un tiempo, vi en la distancia una figura oscura en el mar, y de inmediato pensé que era tierra. Estaba tan ansioso que esperaba ferviente ver la costa lo más pronto posible. Pero al volver la mirada me quedé decepcionado al descubrir que solo era la sombra de una nube solitaria que flotaba sobre nosotros. "¡Qué pena!"

Cada tanto, algunas otras sombras distantes pasaron a la deriva, sumándose a la sorprendente claridad de un día maravilloso y tropical.

Estaba impaciente, el vuelo era monótono con solo mar, cuando una vez más noté a la distancia lo que pensé que podía ser tierra. Me concentré y con los ojos fijos, me enfoqué para descifrar el contenido de la forma y no equivocarme, esperando que no fuese otra nube. Mientras el avión se acercaba a la masa, pude reconocer que no era una sombra, sino un grupo de manglares.

"¡Qué carajo!" Pensé. No es tierra, pero era sólida.

Los manglares crecen en la costa y éste probablemente se había desprendido de la madre y estaba flotando solito en el mar. Intrigado pensé "Qué curioso se ve ese pedacito flotando solitario en el medio de la nada." Yo no había estado en una relación amorosa desde hace unos cuantos años y me sentí identificado

1

con su soledad. Más y más pedacitos de manglares comenzaron a aparecer y supuse que ya no estábamos en el medio del golfo. Cada vez, más grupos flotaban y al pasar iban formando un sendero en el agua.

Con anhelo miré a la distancia una vez más y sin duda alguna vi la costa estrecharse de un lado del firmamento hasta el otro lado de mi ventanilla

Esta vez, era real y un escalofrío corrió por mi cuerpo que me hizo estremecer. No quedaba duda alguna, ¡Era la isla!

Contemplando la magnitud de lo que se presentaba frente a mí, mil preguntas caían sobre mi mente, una sobre la otra, como cascadas en el río. De momento pensé en una idea peculiar, "Que extraño, esta tierra parece como cualquier otro pedazo de tierra." Lamenté al pensar la idea tan banal, pero el factor existencialista era muy claro. Comenté una vez más, "Parece como cualquier otro pedazo de tierra." En ese momento reflexioné y pensé, "No, no es otro pedazo de tierra, mis raíces están enterradas aquí al igual que la historia tan significativa de esta isla particular. "

La isla de Cuba ganó su independencia de España a finales del siglo diecinueve. Fue reconocida como república en 1902 y siguió una constitución parecida a la de los Estados Unidos con un sistema democrático hasta 1959; desde entonces Fidel Castro y su Revolución han gobernado por aproximadamente cincuenta años.

De repente me sentí inundado con otra idea absurda e imaginé que el nombre de la isla debería de haber estado escrito con letras enormes en el paisaje. Similar al nombre de Hollywood en California. Me reí de la idea disparatada, pero dejar la isla repentinamente hace cuarenta y cuatro años también era absurdo e inesperado en mi niñez. Cuando el gobierno de los Estados Unidos rompió relaciones con el gobierno de Fidel Castro a principio del año 1961, quedarse en Cuba habría sido inseguro. Nací en los Estados Unidos, pero vivía con mi madre cubana y su familia en la ciudad de Guantánamo.

Me desperté de vuelta a la realidad cuando me di cuenta de que el avión estaba acercándose a la inolvidable masa de tierra. Los manglares se veían claros ahora y acercándose a la orilla de la costa parecían como enormes tortugas nadando hacia la playa, derritiéndose unos entre los otros hasta convertirse en la masa que era la isla.

"Terra firma," dije bien flojito.

La miríada de verdes claros apareció de momento, y otros colores más oscuros les dio paso a los tonos tierra. Las matas y arbustos aparecían rápidamente a la velocidad del avión. La realidad visual y los pensamientos en mi cabeza estaban tratando de acoplar lo que estaba pasando. De pronto vi estructuras y edificios dispersos, muchos parecían ser graneros con los silos a su lado. A menudo veía columnas de humo ascender en el horizonte en el paisaje desenvolviéndose frente a mí, "Deben de estar despejando tierra para la cosecha."

Por primera vez reconocí la realidad de este viaje y traté de alcanzar en mi cabeza los pensamientos que volaban frente a mí, "Ver una vez más la isla donde me crie."

El avión comenzó a descender gradualmente y mientras más se acercaba a la tierra, podía apreciarse más que nunca la verdadera belleza de la isla. Las palmas reales, altas y elegantes adornan todo el campo, unas estaban solitarias mientras otras se concentraban en grupos como trabajadores reunidos en un sembrado. La cantidad de palmas crecía inmensamente. La palma real es el árbol oficial de Cuba y siempre ha representado una nación orgullosa tanto hoy como en el pasado.

El aterrizaje fue suavecito, sin ningún problema y al final de la pista ya podía ver el edificio masivo y moderno del aeropuerto José Martí. Yo estaba pasmado, no sentía nada, excepto por el fuerte y rápido latido de mi corazón. De pronto vi la bandera cubana volando alta y batiendo en el aire y en ese momento perdí toda mi compostura. Mis nervios se apoderaron de mí completamente y la zozobra que tenía ni siquiera me dejaba llorar. Casi no podía respirar y sentí que el corazón se me iba a salir del pecho. Había regresado a Cuba por fin, después de cuatro décadas.

# Capítulo 2

## Antes de Partir

Después de terminar la Universidad de la Florida y antes de comenzar mi carrera hice una promesa que iba a regresar a la tierra de mi niñez. Quería visitar a los familiares que todavía me quedaban allá y ver una vez más ese pedacito de tierra que había dejado atrás. Sin embargo, el tiempo pasó volando y era tan difícil iniciar el papeleo que transcurrieron los años, y desgraciadamente seguí posponiéndolo.

Trabajaba de cartógrafo en una agencia del Estado de Florida en Jacksonville, pero en mi tiempo libre actuaba con un grupo de entusiastas del teatro. El grupo se formó a mediados de los noventas por una artista ingeniosa y muy talentosa llamada Paula Patterson. Todo cambió en el verano de 2004 cuando atendí a un taller en Nueva York y divulgué que hablaba español, y que fui criado en Guantánamo durante los años cincuenta. Sin perder un minuto, me preguntaron si yo quería ir con un grupo de ellos para enseñar teatro "improvisado" en La Habana. Mi primera reacción fue, "¡Que! Ni me lo tienes que preguntar dos veces." Pensé, "yo no me estoy poniendo más joven y si no lo hago pronto, ¿Cuándo?" Inmediatamente respondí, "Si. ¡Por supuesto!"

Había muchas razones hacer este viaje. La más obvia era ver a mi familia. Pero más que nada, quería ver el país de mi niñez y estar en la tierra cubana, oler el aire, sentir la brisa y ver el agua color turquesa del Caribe una vez más y para mí, esto sería más que suficiente.

También había razones difíciles como reencontrarme con preguntas ardorosas y de gran seriedad. Primero, dudas sobre la controversia política que escuchaba de la comunidad de cubanos exiliados. "¿En verdad todo podría ser tan malo?" Pero si hacía este viaje, las respuestas estarían a la mano para descubrir y ver la situación con mis ojos propios. Con esta idea decidí que era tiempo de actuar. "¿Que había hecho Fidel?" "¿Era bueno para el pueblo cubano o no había dejado que el país prosperara?"

De todos modos, también otra pregunta muy incómoda tenía que examinar, ¿Cómo es posible que me aparezca de repente después de tantos años? ¿Cómo podría explicar mi ausencia en todo este tiempo? Mi madre y yo habíamos mantenido la comunicación con la familia a través de cartas y llamadas telefónicas por los últimos veinte años. Unos cuantos miembros de la familia nos habían visitado en ese tiempo y después regresaron a Cuba. Sentí que por lo menos necesitaba regresarles la visita y eso me alivió.

Pero existía otro obstáculo muy difícil que confrontar: el abandono. Una pregunta que muchos piensan al viajar: ¿Cómo podría simplemente regresar y dejar atrás a la familia con pocas provisiones y muchas necesidades? Después de todo, estaba muy al tanto de que iba a un país pobre, y era yo el que vivía en "El país de la Abundancia".

Desde niño nos han enseñado a compartir y a dar a otros menos afortunados. Llevo siempre en mi corazón una poesía de mi juventud, "Los Zapaticos de Rosa" escrito por José Martí, nuestro ilustre escritor y poeta que dio su vida por la liberación de Cuba al final del siglo diecinueve. En su poema, el habla de una niña que tiene muchos pares de zapatos en casa y es más que feliz de darle sus zapatitos a la niña pobre y enferma que se conoció en una playa.

"¿Por qué tantas preguntas solo por visitar esta isla que tanto adoraba?" Mi cabeza estaba alborotada de tanto darle vueltas y necesitaba encontrar una solución. Hice lo que siempre hago cuando me enfrento a un dilema de tal intensidad; me puse a meditar y a rezar. Dios o quizás mi abuelita misma escuchó mi oración y no tardó en responder. Sus palabras llegaron a mi mente muy claramente y mis ideas corrieron al pasado. Escuche la voz tenaz de mi abuelita susurrar en mis oídos, *"Nunca mires hacia atrás, siempre ve hacia adelante."*

*Cuando no había otro apoyo y necesitaba ayuda, mi abuelita era mi pilar de fuerza y yo siempre corría tras sus faldas que llegaban casi al piso. Ella era sabiduría, amor y su presencia siempre estaba ahí en todo momento. Ella, quien me cuidaba cuando mi Mamá se iba a trabajar estaba conmigo ese día inolvidable. Yo no era más que un niño del tamaño de un chivito e íbamos en rumbo a la casa donde estaba mi escuelita de preescolar. La casa quedaba solo a una cuadra y media de la nuestra. Pero la distancia no era el reto, sino que teníamos que cruzar una de las calles más bulliciosas y repletas de tráfico en el pueblo.*

*Llegamos a la esquina y esperamos a que la luz de tránsito cambiara de color. Después de unos segundos, la luz cambió, lo que dio paso para que nosotros cruzáramos. Yo le tomaba la mano y le apretaba como me habían instruido cuando se cruza la calle. Los dos habíamos llegado como a mitad de la calle cuando de repente el sonido estridente de unas llantas me sobresaltó. "¡¿Qué es eso!?"*

*Al momento volteé y vi un carro que había virado a la izquierda y venía hacia nosotros con toda velocidad porque se había comido la luz roja. Parecía ser más grande que cualquier carro que había visto en mi vida y venía hacia nosotros con mucha fiereza.*

*No dije ni una palabra y actuando impulsivamente le di un jalón a la mano de mi abuelita para regresar a la acera, pero me sorprendí al sentir que mi abuelita estaba jalando contra mí. Yo quería salir del medio de ese monstruo carro que estaba en nuestro camino. Pero con su jalón opuesto al mío nosotros nos quedamos paralizados en plena calle. Me quedé aterrorizado al ver que nada se movía, solo la bestia que venía rápido y sin ningún control.*

*De repente sentí los brazos de ella rodearme y levantarme a su pecho mientras corría hacia delante. ¡El carro rozó a unas pulgadas de nosotros!*

*Escuché los gritos estremecedores de alrededor. Vi caras aterrorizadas, llenas de pánico en la multitud que nos rodeaba. Todos estaban exclamando y consternados al ver de lo que pudo haber sucedido, "¿Señora, señora, está bien?" Todos expresándose del horror que vieron frente sin poder hacer nada. Algunos llamaban al que manejaba 'el hombre diablo,' pero él se había desaparecido de vista y continuaba su descuidado abandono.*

*Mi abuelita y yo estábamos por fin fuera del peligro. Las personas alrededor trataban de calmar mis llantos, pero fueron las palabras acogedoras de mi abuelita quien me dijo, "Ya, mi amor, todo está bien. Ya pasó todo."*

*La gente se dispersaba más calmada minutos después, cada uno por su camino. Mi abuelita y yo continuamos hacia nuestro destino, sus palabras oí tan clara hoy como la escuché aquel día,*

*"Acuérdate de siempre ir hacia adelante, nunca mires hacia atrás, siempre adelante."*

Ese recuerdo me convenció a tomar el viaje y deje atrás todo mi miedo y mis preocupaciones. La pregunta principal era, "¿Cuál es la razón por la cual estoy haciendo este viaje?" La respuesta, "Porque estoy buscando la verdad."

Los preparativos para el viaje a la isla se habían arreglado según la agilidad de cada uno del calendario de los maestros. Todos nos íbamos a reunir en Cuba y formar un grupo único de maestros. Yo hice mi propio plan con la administradora del grupo para llegar a Cuba una semana antes que las clases comenzaran en La Habana. Iba a visitar a mi familia en la ciudad de Guantánamo donde yo me crie quien muchos aquí en los Estados Unidos confunden con la Base Naval de Guantánamo, territorio americano y hecha famosa hoy en estos días por los prisioneros acusados de terroristas.

# Capítulo 3

# El Factor Político

Tendría que escribir volúmenes para narrar los cambios inmensos que han sucedido en Cuba durante los 46 años después de la Revolución, pero ese no era mi deseo. Mis deseos en este libro eran de facilitar datos y testimonios sobre los acontecimientos y razones de lo que yo conocería para comprender lo que había transformado este país. El siguiente Capítulo es sólo una abreviación política de esos años.

Fidel Castro inició su principio de democracia socialista a los pocos meses de tomar el mando al comienzo del año 1959. Muchas personas se encontraron sin trabajo porque el cambio consistía en confiscar las principales industrias propiedad de los Estados Unidos, como la de azúcar, que era una de las más grandes, al gobierno nuevo. Eventualmente, casi todo fue convirtiéndose en propiedad del gobierno. Los empleados que continuaron fueron pagados por el gobierno y el dinero era distribuido solamente por el gobierno. Otros obreros no veían "cara a cara" lo que estaba pasando y otros sólo podían imaginar lo que podría pasar, comenzaron a iniciar escapes y planear salidas de la isla. Pero también había otros que se sentían libres y que por fin veían un rescate a la desigualdad que existía entre los pobres y los ricos en el país.

En octubre del 1960, los Estados Unidos impuso un embargo, qué significa la prohibición al intercambio y al comercio entre otros países y Cuba. La razón también era que Cuba tenía relaciones con la Unión Soviética, un enemigo de los Estados Unidos durante la Guerra Fría. La administración del presidente Kennedy había prometido a Khrushchev una garantía en la cual los Estados Unidos no ayudarían a ningún insurgente que planeaba invadir o procurar un ataque a Cuba. En el 1961 durante los incidentes de La Bahía de Cochinos, la administración de Kennedy, quien había prometido defensa aérea a los "contrarrevolucionarios" fue cancelada, causando un resultado desastroso donde muchas vidas se perdieron.

Luego en 1962 Nikita Khrushchev instaló clandestinamente una serie de misiles en Cuba. Cuando la inteligencia americana los descubrió, el presidente Kennedy preocupado que ese tipo de armas estaban colocados casi en su puerta, demandó que fueran desmantelados y expulsados de Cuba. Esta situación fue conocida como, La Crisis de los Misiles Cubanos, y fue cuando mis primos Jimmy, Janet y mi tía Matilde fuimos incluidos en la evacuación de las familias de la Base Naval de Guantánamo. Todos fuimos en un inmenso barco de la marina a los Estados Unidos para los Estados Unidos.

Pero hasta hoy en 2005 muchos cubanos esperan por sus visas de salida. Las historias que contaban "los balseros," me aterrorizaron. Ellos se tiraban a la mar en tubos de llantas o en pedazos de madera, en cualquiera cosa que flotara para enfrentar el peligro de ser comido por tiburones que de sufrir el terrorismo que sufrían. Todos aquellos que llegaban a la costa de La Florida describían como habían perdido todas sus pertenencias y habían sufrido la persecución del gobierno. La discrepancia que existía entre los pobres y los ricos en el país acabó de existir, ciertamente, pues en estos tiempos-parecía que todo el pueblo era pobre.

La pregunta era, ¿Cómo fue que el pueblo había sobrevivido estos cambios? Con estos datos en mi mano, yo quería más que nada saber cómo los cambios, buenos y malos, habían afectado sus vidas y como las manipulaban. Quería saber cómo el pueblo reaccionaba a las tácticas del gobierno en el nuevo siglo veintiuno. Yo quería verificar todo lo que había oído y leído-"¿Será posible que yo pudiera realizar todo esto?"

Meses antes de partir yo había hecho mi tarea con el teatro y preparé unas lecciones y "juegos" de improvisación. La necesidad era de destaparnos y ponernos en contacto con los sentimientos de los estudiantes y también los de nosotros, los maestros. Para que me cogieran confianza yo tenía que divulgar mi pasado desafiante y demostrarles cómo había sobrevivido mis padecimientos hasta ahora.

La rutina de prepararse para un viaje al extranjero era muy familiar para mí. Mi pasaporte estaba al día. El grupo iba a atender una conferencia internacional la cual era permitida en Cuba sin ninguna restricción. Habíamos leído las aplicaciones y otros documentos necesarios para volar de aquí para allá, pero era más barato volar de Cancún y así lo hicimos.

Visité a mis doctores y especialistas para recargar mis medicinas. Incluyendo la insulina que tenía que mantenerse fría, por lo que debía quedarme en una habitación con refrigerador. Llevaba lo siguiente: las jeringuillas, los suplementos y un aparato para medir la azúcar de la diabetes, y otros, antifúngicos, antihistamínicos y anti lo que fuera necesario y un paquete de emergencia por si acaso. Las personas que habían regresado de la isla contaban que era mejor llevar todo esto no solo para mi sino más que nada para dejárselo allá, porque ese tipo de artículos eran imposible encontrar. Llevé Q-Tips, Band-Aids, gotas para los ojos, que sabía mi tío José las necesitaba. Él tenía 103 años. Yo llevé lo más que podía, una farmacia y media, más unas camisas y par de zapatos extras, además de cualquier otra cosa que podía meter en la maleta. Me hizo valorar, una vez más, lo mimados que estamos en los Estados Unidos.

Antes de la Revolución, las compañías americanas vendían todos los artículos de aseo personal, productos de higiene y alimentos básicos necesarios para un hogar promedio. Pero también ellos proveían de equipos eléctricos básicos para una cocina como tostadoras, licuadoras y otros más grandes como refrigeradores, hornos y estufas, que por razones obvias no podía traer fácilmente en mi equipaje.

Por fin llegó el día del viaje, era un sábado tempranito por la mañana y mientras me preparaba para ir al aeropuerto en Jacksonville le dije frívolamente a mi mama, "Ya quiero sacarme esta idea descabellada del camino, y así poder seguir con mi vida." Estaba cansado de pensar en todo lo que podía pasar o dejar de pasar, estaba cansado de pensar si mis intenciones eran correctas. Mirando atrás no puedo creer que subestimé semejante hazaña. Pero esta aventura, que parecía inconcebible y que nunca llegaría, estaba por fin a punto de realizarse.

Con certeza, la maleta estaba pesada. Podía sentir la preocupación de mi mamá, pero me apoyaba y estaba orgullosa porque ella también creía en mis razones de volver. Gracias a que el avión despegaba de Jacksonville.

Cuando entré al aeropuerto de Charlotte, Carolina del Norte pensé que sería bueno cambiar mi dinero de dólares a euros, pero era sábado y todos los quioscos estaban cerrados. Lo tenía que cambiar en Cancún. La gente decía que los cubanos cobraban menos en euros.

Claro, el avión a México estaba lleno de turistas. Pero yo sentía que mi aventura era única porque tenía mucho más en juego que solo pasar un buen tiempo. Pero no quise hablar con nadie sobre eso.-Quiero saborear el apetito emocionante que tengo de regresar a mi pueblito-Pensé complacidamente.

En Cancún lleve mi reservación y papeles al agente de la Aerolínea Caribeña quien me señaló donde estaba el mostrador para conseguía la visa cubana de turista. Por primera vez tenía que relacionarme con cubanos del gobierno y me sentí un poco extraño, pero recapacité, pues ellos se veían muy típicos y nada amenazantes, era seguro que no me iban a comer. Llené los papeles necesarios y pagué los quince dólares que era el costo de la visa. El agente me dirigió a la salida, y mis entrañas me decían, "Ya me queda un solo vuelo— ¡Me estoy acercando!

Finalmente, ya todo relajado porque había terminado con el trauma de la transacción oficial, sentí un poco de hambre y miré alrededor y solo vi timbiriches de comida rápida. No había podido probar bocado en la mañana. así que me comí una hamburguesa y me tomé mis pastillas con un batido de chocolate. "¡Que rico!"

En el aeropuerto de Cancún, todavía tenía que cambiar el dinero y fui al quiosco, pero no tenían suficientes euros para cubrir la cantidad que pedía. "¡Válgame, Dios! ¿Qué tipo de aeropuerto es este? Hago mi cambio en Cuba."

Noté que mientras iba llegando a la puerta de embarque ya había unas cuantas personas esperando y muchas parecían muy cubanas. "Claro, ¿qué otra cosa puede ser?"

Abrieron las puertas, encontré mi asiento y con mucha calma,-pues no quería que nadie se diera cuenta que mis nervios estaban al estallar-, actué "como Pedro por su casa," estaba tan emocionado que quería saltar y darles un abrazo a todos los pasajeros.

El jet pequeño, comparado al anterior, despegó rumbo a La Habana. Mientras miraba a través de la ventana veía como la tierra se desaparecía caí en cuenta de que iba rumbo a la isla donde me había criado – mi casa. Y pensé, "¿Que me estará esperando?"

# Capítulo 4

# Primer Día en La Habana

Para ser un día de enero, el aire estaba cálido y cruzando la aduana fue como si nada. El agente detrás de la ventanilla me pregunto en español, "¿Por qué estás visitando a Cuba?" "Estoy aquí para una conferencia de teatro internacional." Le contesté.

"Hay mucho teatro en Cuba." Me dijo.

Su respuesta me sorprendió, pero a la vez me hizo sentir bienvenido y me reí para mis adentros. Con una forma muy jovial y alegre, el agente me dejó pasar, pero noté que no le puso la estampa a mi pasaporte, lo que me pareció un poco raro. Me habría gustado tener el sello de Cuba en mi pasaporte, pero no pregunté y nunca investigué. Recogí mi maleta de la cinta y al entrar al pasillo una señorita agente me preguntó, "¿Qué nacionalidad eres?"

"¡Americano!" Le respondí y con un gesto de la mano me señaló que adelantara. Pensé,

"¿Eso es todo?"

El edificio del aeropuerto José Martí es de concreto y sin mucho lujo, no se veía en mal estado, pero mirando todo alrededor tampoco había mucha gente que digamos. Frente a mi note un letrero que decía "Cambio." "Por fin" pensé entre mí. Cuando llegué a la ventanilla llené los papeles necesarios y me fijé de que el porcentaje no estaba a mi favor, pero desgraciadamente en este momento no tenía otra alternativa. Me entregaron el dinero en *pesos convertibles* que tienen el valor a un dólar. Los comerciantes pueden aceptar *convertibles* de los turistas solamente. En el mercado negro el cambio es un dólar a diecisiete pesos o mucho más. Por ejemplo, una taza de café nos cuesta como un dólar, al cubano diecisiete centavos. Como dice el dicho, "El que tiene la plata, paga."

Entré a la sala de espera y pensé que me encontraría a Brooke, la administradora del programa con un cartelito con mi nombre escrito. Pero no hubo falta de cartel pues nos reconocimos inmediatamente y sin ningún problema. Ella me pregunto, "¿Cómo fue el viaje?" "Mucho mejor de lo que me imaginaba." Le respondí.

Nunca nos habíamos conocido, solo comunicado por correo electrónico y por teléfono. Ella no se parecía nada a lo que yo me imaginaba, pero nuestros sentimientos eran los mismos; el de enseñar, comunicar y dialogar un tipo de teatro especial a los estudiantes cubanos.

Nuestra forma de teatro era única porque era creada involucrando los sentimientos y pensamientos de la audiencia para decir lo que piensan desde un lugar cercano a su corazón o enterrado en lo más profundo de su psique. La idea es movilizar lo que puede hacernos daño si se mantiene en secreto y compartir con la audiencia. No es algo fácil de hacer, pero funciona. He sido testigo de ello, cuando un miembro de la audiencia dice una historia de su vida y entonces observa la recreación por parte de los actores. Es entonces, cuando nos damos cuenta de no estamos solos, que hay otros que se sienten de la misma manera que nosotros, y se vuelve muy reconfortante y aliviador.

Brooke había rentado un taxi; yo me senté atrás y así comenzamos nuestro rumbo hacia La Habana. La temperatura del tiempo estaba formidable, lo único que me molestaba y me asfixiaba era el humo de escape de los carros en la carretera. Entraba por la ventana que no se podía cerrar porque no había aire acondicionado en el taxi. Me estaba sofocando y me sentía mareado, pero no quería pensar en el humo en este momento solo quería pensar, "¡Estoy en Cuba!"

La vegetación tropical cubana era más que exuberante y las palmas reales se veían aún más gigantes que cuando estaba en el avión, ya que planteaban su estatura estoica frente a mí. El paisaje con el follaje de muchas flores de diversos colores, expresaban su esplendor mientras Cuba comenzó a desenvolverse durante la trayectoria del aeropuerto a nuestro destino. Tuve que pincharme unas cuantas veces para asegurarme de que no estaba soñando. Con toda esta belleza a mí alrededor comencé a notar que algo faltaba y me sorprendí. Los alrededores se sentían un poco desolados. Todo parecía vacío, como si se hubiese usado más de una vez y por largo tiempo. Comencé a percibir una cruda realidad. Mientras más nos acercamos a la ciudad, noté que muchos de los edificios carecían de pintura o por lo menos estaban abandonados por un largo tiempo. Fui notando poco a poco que todo estaba decolorado. Los apartamentos, almacenes, edificios industriales y muchas oficinas tenían un color gris y deteriorado.

Sin embargo, otras cosas si sobrepasaban frente a mi cara – los letreros que salpicaban la carretera y los que estaban montados en techos y azoteas de muchos edificios — eran enormes y escritos con letras audaces, de colores brillantes proclamando el orgullo a la Revolución cubana como los veía Ernesto "Che" Guevara en sus sueños.

Otros letreros eran prosas escritas por José Martí, quien es conocido como nuestro Apóstol que fundamentó las ideas cubanas contra los españoles durante la Guerra de Independencia al fin del siglo diecinueve. Todos los niños de Cuba, antes de Fidel tal como ahora estaban acostumbrados a leer sus libros. Él siempre ha sido uno de mis héroes y cuando era niño leí su libro, *La Edad de Oro*. Pero él no solo escribía libros para niños, sino que también escribió otros sobre las luchas en contra de la opresión, defendiendo la causa de los cubanos. Fue encarcelado a los 17 años y sentenciado a picar piedra por seis años por escribir contra el gobierno español. Luego se exilió en los Estados Unidos donde puso a puño y letra su pensamiento ferviente en contra de la supremacía de la colonización de un pueblo por un país poderoso. Las palabras de Martí siempre fueron una inspiración para aquellos que luchaban por la igualdad y la libertad en muchos países en Latinoamérica que también estaban comprometidos a buscar su independencia. Y por lo cual, Fidel Castro se enorgullece recitar los poemas y versos de él para desembocar y unificar al pueblo y combatir los imperialistas en el mundo.

Otro de los carteles en letras bien grandes era para recordarle al pueblo cubano su promesa al gobierno contra el enemigo del norte, los Estados Unidos, quien era culpable por el embargo y la opresión que existía en Cuba, así decía. Era obvio ver la diferencia de esta ciudad sin brillo en comparación con lo que vi cuando visité La Habana cuando era niño. Yo pensé, "Esta no es la metrópolis que una vez fue el orgullo de la isla." Me di cuenta de que todo este deterioro no era solo por el embargo impuesto hace más de cuarenta y tantos años, sino que también podía ser debido la caída de la Unión Soviética y sus países satélites comunistas que habían contribuido con los bienestares al país. "Pero no hay razón para tanta escasez porque existen países como México, Canadá, España y Venezuela, otros con régimen comunista como China que contribuyen a Cuba." La mente me daba vuelta como un yoyo. Pensé que tenía que haber otra razón y yo la iba a encontrar. Pero todo esto lo formulaba solo en mi cabeza y no comentaba nada, pues acababa de llegar y no quería hacer ninguna asunción apresurada.

Mientras contemplaba el paisaje y formulaba mis ideas en silencio, Brooke me dijo que había cambiado el plan, "…este… no puedo ir a Santiago contigo." Ella añadió "Las aulas en la universidad aquí van a tener las clases ocupadas. Me tengo que quedar y hablar con el director de cultura y encontrar otro lugar donde dar las clases en dos semanas." Brooke era la fuerza que manejaba nuestra estancia en el país. Ella era una persona muy valiente, inteligente y no tenía pena expresar sus ideas. Ella tenía un corazón generoso, especialmente para aquellos que no tienen alguien que se fajara por ellos. Ella era tan dulce como la miel y la encontré muy fácil de querer por su manera de ser. Ella era original y genuina en dar su amor por aquello que creía era lo correcto.

Llegamos a la casa y tuvimos la introducción apropiada para conocer a la familia que vivía allí. Fueron muy amables y no se cansaban de decir lo contentos que estaban de conocerme por fin. La casa era típica con el techo muy alto, cuartos a la derecha y salas de estar a la izquierda, un pasillo largo en el centro y atrás había una terraza bien amplia.

Había un patio muy bonito detrás de la casa con muchas plantas, especialmente unas flores bellísimas de Navidad y también unas matas de guineo que crecían frondosamente junto a la pared del patio. Yo me iba a quedar esa noche allí y coger el vuelo tempranito para Santiago el próximo día. Al entregarle unas revistas y libros que le había traído a Brooke me respondió lo contenta que estaba de recibir noticias al día de los Estados Unidos. Conversamos mucho acerca nuestras vidas y planeamos la estrategia para las semanas próxima. Nuestro grupo estaba viajando bajo una de las veinte excepciones para viajar a Cuba – una conferencia internacional.

Yo le pregunté a Brooke si podíamos dar una caminadita porque aún era de día y yo estaba ansioso de ver la ciudad. Ella respondió que sería genial pues ella tenía unos amigos que vivían cerca y le gustaría visitarlos. Salimos rumbo a la casa de los amigos y pasamos por un timbiriche donde vendían café cubano y pensé, "Como los de Miami," pero que idiota, ¡este es el verdadero café! Volteé la mirada hacia Brooke, con unos ojos que lo decían todo "Tengo que tomarme una tácita." Ella estaba más que de acuerdo, pues le encanta el café cubano también. Nos sirvieron el colado más oscuro en toda mi vida. Ella le echó una cantidad enorme de azúcar y yo le eché una gótica para no arruinar mi paladar.

"¡Santa Madre! Esto sí que es café." Exclamé, mientras ella reconocía la misma experiencia, engullía su tacita de gusto. Ahora sí que estamos listos a caminar unas cuantas millas.

Brooke no estaba segura donde estaba la casa de sus amigos y me dijo, "Yo sé que está en este barrio; los visité en mi último viaje así que vamos a caminar por aquí y le preguntaré a alguien a ver si saben." Yo le respondí, "¡Qué forma más hermosa de ver una ciudad – caminando y hablando con la gente del lugar!"

Vimos una ceiba en la esquina de un solar. Y parecía bastante vieja, alta y magníficamente fuerte, demandando la atención con su enorme tronco ceniza y ramas excepcionales. Los Mayas de Yucatán creían que una ceiba crecía en el centro del mundo en la cual se conectaba el mundo terrestre con el mundo espiritual. Brooke me señaló que a los pies del tronco de la ceiba había un trabajo de Santería. La historia dice que cuando los africanos fueron llevados como esclavos a trabajar en los campos, ellos traían su religión. Para coexistir con la religión católica; ellos fueron muy listos e intercambiaron los nombres de los santos católicos con sus propios dioses africanos para continuar su práctica. Brooke y yo le dimos su respeto y seguimos en nuestro camino.

Recordé que había un montón de historias que nos contaban a los chiquillos en nuestro barrio y se decía que los niños eran secuestrados y usados como sacrificios en los altares de los Santeros. Con esa información era suficiente para que yo me quedara en la casa y no saliera durante el tiempo que los Santeros tenían sus fiestas. El miedo que yo tenía era de verdad y estoy seguro de que estaba diseñado por los adultos para mantenernos a raya. Unas cuantas veces, ya más grandecito, salí con mis primos a ver uno altares que decían ser fenomenales. En sí lo eran, se encontraban muchas estatuas de los santos, flores, velas, canto, humo de tabaco y mucho despojo. Para mi todo lo que veía era como drama y teatro y me fascinaba. Hasta ahí llegó mi experiencia, sin embargo, recuerdo que una noche en un tren que viajaba desde

Guantánamo a la Habana, estas historias causaron un susto ejemplar para mi mama y mi abuelita.

*"Si te portas bien vas a poder ir a muchos lugares," me decía mi abuelita para disciplinar el comportamiento de sus nietos. Yo siempre estaba animado, pero también me comportaba bien, lo más que podía, y actualmente me servía.*

*Y por eso tuve la suerte de ir a visitar la capital del país a los seis años y nos quedamos en la casa de unos amigos de la familia. Como mi abuela me había*

enseñado buenos modales y actuar de forma cortés, muchas personas exclamaban comentarios como, "¡El niño es de lo más educado!"

Mi abuelita orgullosamente respondía, "Pues claro que lo es."

Durante esta visita fui bautizado por mi tía, María. Ella me regaló mi primer libro de José Martí, que todavía tengo en mi posesión. El bautizo fue en la grandiosa y opulenta catedral Episcopal lo cual me hizo pensar, "¡Soy muy afortunado porque Dios tiene que ser muy grande en un lugar como este!"

Además de todas las cosas maravillosas que vimos en esta visita, fue en el viaje de tren cuando por sorpresa sucedió lo inesperado.

Yo estaba muy deseoso de hacer este viaje pues iba a viajar en un tren de verdad. EL tren pasó a través de todo el campo y pude ver los maravillosos paisajes. Fue un viaje larguísimo, tuvimos que dormir en el tren durante la travesía. Todo iba bien conmigo pues yo tenía a mi abuelita y mamá con quien compartirlo. En un compartimento con literas, mi mamá dormía arriba, mientras que mi abuelita y yo en la parte de abajo. Esa noche después que las cortinas se cerraron traté de dormir, pero estaba tan emocionado que no podía conciliar el sueño. Acostado y con los ojos cerrados, oía el sonido de las ruedas del tren en su continuo movimiento, lo que me fue apaciguando hasta que por fin me quedé dormido.

De pronto, me desperté de una pesadilla y cuando abrí los ojos, vi en el techo pulido de la camarilla, una cara desfigurada con los pelos canosos y desprolijos, desparramados por doquier.

"¡Es una bruja que me viene a atrapar!" pensé horrorizado. Pegué un grito de lo más fuerte que pude y seguí gritando sin parar.

Mi pobre abuela, aterrada, se despertó. Es más, parece que todo el tren se había despertado porque yo oía a las personas quejándose.

El portero vino corriendo directo a nosotros y le pidió a mi abuela que calmara mis gritos. Mi mamá que había brincado de su lecho vino a ver lo que le pasaba a su cachorro y el porqué de sus gritos. Más que nada, quería saber si me había lastimado. La pobre tuvo que disculparse con el resto de los tripulantes por haberlos despertado.

Entre mis susurros traté de explicarles a mi mamá y mi abuelita lo que había visto.

"¡Vi a una bruja que me venía atrapar y llevarme con ella!"

Después de unos minutos mi abuelita pudo entender mi horror cuando ella miró hacia el techo y vio su reflejo. Ella con su calma me tranquilizó y me hizo sentir seguro. "¿Y quién te ha estado hablando de brujas?" me preguntó.

"Alguien me dijo que venían y te llevaban para matarte."

*Traté de dormir, pero todavía tenía miedo, pero cuando el sonido hipnotizador de las ruedas del tren con su movimiento incesante, caí una vez más rendido en los brazos de mi abuelita.*

Estaba claro que con la fuerte influencia de Raúl Castro; el hermano menor de Fidel, y Ernesto "Che" Guevara; el argentino revolucionario, Cuba se había convertido en un satélite de la Unión Soviética, y, al final del año 1963, estaba bajo la tutela de la Unión Soviética y convertida oficialmente en un país del partido comunista. Por lo cual ha sido el único partido reconocido en Cuba desde entonces. Otros partidos menores existen y no son ilegales pero sus campañas o actividades se ven contrarrevolucionarias al gobierno de Fidel. A finales de 1965 toda forma de noticia, radio, televisión y periódicos fueron controlados por el gobierno hasta el día de hoy. El sueño y la intención de Fidel Castro fue exportar su tipo de revolución a Latinoamérica. Años después también tuvo la necesidad de ayudar a los revolucionarios que peleaban en Angola y otras naciones del continente africano. Para mantener bien abastecida la fuerza armada, el gobierno mantenía la mayor parte del dinero de la nación.

Hubo grandes éxitos en Cuba durante el apoyo de la Unión Soviética. Por ejemplo, la caída en números de muertos infantiles, un aumento de los servicios de salud y la educación veían un desarrollo significante. Pero la educación no tenía progreso en la ciencia social, ni las humanidades porque estas disciplinas no eran parte de la enseñanza comunista. La medicina se convirtió en la primera prioridad, pero con los recursos limitados en esta ciencia sola se convertiría en el único servicio que el gobierno podía sostener.

Pero estos beneficios venían con un precio alto para el pueblo. El gobierno cubano copiando la táctica de los soviéticos, usaba un mecanismo similar de opresión para defender al

régimen. Formaba grupos de vecinos llamados "Comité de defensa" compuesto de revolucionarios agresivos quienes mantenían-los ojos pelados a cualquier actividad contrarrevolucionaria. Esta represión política representó considerables violaciones a los derechos humanos en todo el país. Aquellos que tenían una opinión diferente al gobierno era confrontados, llevado a la prisión o detenidos en su propia casa. Después de muchos años, las voces de los disidentes empezaron a molestarle al gobierno y para deshacerse de ellos, los dejaron ir, lo que inició la Salida del Mariel en el 1980.

Continuamos nuestra aventura en busca de los amigos de Brooke y a la vez noté que la ciudad se veía triste y cansada. Los edificios que habían sobrevivido tantos años no eran ni siquiera la sombra de lo que fueron tiempos atrás. Parecía como si los inquilinos agotados, se habían quedado sin fuerza y solo una franja de su espíritu y perseverancia los dejaba sobrevivir. Fueron los niños jugando en la calle y sin perjuicio, los que me dieron un poquito de alegría para percibir un futuro mejor.

Después de treinta minutos de caminar y preguntar a varios vecinos, quienes fueron muy amables y dispuestos a ayudarnos con la trayectoria, encontramos la casa. Los amigos de Brooke estaban sentados afuera en el corredor. Las casas habían sido construidas para alojar maestros y trabajadores, eran pegadas una a la otra en forma de reparto y se veían lo suficientemente amplias como para una familia con niños. Ellos estaban conversando con otros amigos que habían llegado de Canadá. Todo fue muy cordial y los abrazos y besos no faltaron, todos eran unas muy amables y alegres. Ellos querían saber por qué estábamos ahí y ella les contó que habíamos regresado a enseñar teatro. Aunque sus amigos hablaban de sus trabajos y de cuanto lo disfrutaban, querían mudarse a un lugar mejor, lejos de esa zona. Pero debían esperar a que se les asignara un tipo de trabajo diferente. Las casas son asignadas por el gobierno según tu trabajo. Hablamos por un buen tiempo cuando notamos que el sol ya se ponía, y como es la costumbre, nos invitaron a comer. Nosotros resistimos, pero ellos insistieron. En sí, una comida criolla era todo lo que Brooke y yo deseábamos. Yo le insistí a Brooke que fuéramos a buscar algo para contribuir, así que salimos a ver qué podíamos conseguir.

La experiencia siguiente fue espeluznante. A unas dos o tres calles salimos de la comunidad y encontré por primera vez, una pobreza alarmante. Vi una cantidad inmensa de basura amontonada a cada tanto pie de distancia y en un arroyo habían arrojado toda clase suciedad imaginable. El olor repugnante era como el de una cloaca desbordada después de varios días a la intemperie. No lo esperaba; todo me había cogido por sorpresa. Y las calles más arriba de la loma se veían peor. Definitivamente, el área pobre estaba inundada en la absoluta miseria.

De momento, las ideas que yo me imaginaba de cómo sería Cuba, las vi completamente derrumbadas y descuartizadas. En mi ingenuidad pensé que el gobierno tenía la responsabilidad y la necesidad de proveer al pueblo. Las preguntas empezaban a desbordarse en mi mente: ¿Cómo es posible que el socialismo permita que el pueblo viva en semejante sordidez? ¿Qué culpa tiene esta pobre gente de vivir tal inmundicia? ¿Por qué, el gobierno que había prometido tanto les estaba fallando a estos infelices? ¿O sería verdad que este es el resultado del embargo impuesto por el gobierno americano?

Entonces la conclusión fue fácil, "Sea quien sea culpable, es el pueblo el que siempre sufre y paga."

Y lo más increíble de todo era que en el medio de toda esta porquería, la gente iba y venía como si nada, acostumbrados al caos. Pensé, "¿Serán los años de vivir de esa forma que los había inoculado? O ¿será que están resignados a su destino?" Me sentí enfermo del estómago.

Encontramos un tráiler convertido en una tiendecita y había muy poco que escoger, solo dulce y cerveza. Y eso fue lo que compramos.

La comida estaba lista cuando llegamos. ¡Lo que vi frente a mí fue una diferencia tan enorme a lo que acababa de presenciar! No lo podía entender.

Frente a nosotros estaba una cena cubana típica con muchos tostones, arroz blanco, frijoles negros y pollo frito. Y de momento pensé, ¿Esta será la comida básica que tienen los que trabajaban para el gobierno? Como costumbre cubana, a los invitados siempre se les sirve lo mejor que se puede dar, sin ninguna duda, aunque los almacenes se queden vacíos.

Comimos y después de la cena conversamos hasta que llegó el atardecer y por fin nos despedimos.

Cuando caminábamos para la casa, vi de mi lado a unos jóvenes jugando y charlando, haciendo de sus maniobras. Brooke y yo estábamos tan entusiasmados hablando, que no le prestamos mucha atención a los camaradas. De momento, oí detrás de mí unos pasos violentos acercándose a nosotros, pero ni siquiera pude darme vuelta cuando sentí un pescozón en la cabeza. La gorra de béisbol que tenía, se la llevaba un mequetrefe corriendo a todo meter.

Brooke se puso furiosa y le gritaba al muchacho.

Yo lo tomé como una señal, "Acuérdate que no importa dónde estás en el mundo, libre o no, siempre ponle ojo a tus alrededores y atención a tus instintos."

Así acabó el primer día, un día muy largo. Yo estaba cansado y casi no tenía energía para darme una ducha antes de acostarme. Nos dijimos, "Buenas noches," y con la misma caí dormido toda la noche.

# Capítulo 5

# Santiago de Cuba

La anticipación de tomar el vuelo a Santiago de Cuba me despertó tempranito esa mañana. Brooke había hecho los preparativos para que yo me quedara en una casa de huéspedes que ella conocía, y el próximo día yo podría tomar la guagua para Guantánamo. Brooke era buena para hacer planes y ver sus planes llevarse a cabo.

La noche anterior, mientras conversábamos diferentes temas, una cosa que mencionó despertó mi curiosidad. Brooke que venía de organizar este tipo de taller en Cuba, me contó que le parecía que los oficiales cubanos no la estaban tratando con el reconocimiento que ella se merecía esta vez. No le quise preguntar en ese momento el porqué, pues pensé que sería un tema de horas y hablamos de eso luego.

Comí un desayuno ligero y después terminé de empacar mi maleta. Brooke salió a despedirse y a llamar un taxi para que me llevara al aeropuerto *Rancho Boyeros* a tiempo. Cuando llegué toda la gestión era igual con lo del registro como cualquier otro aeropuerto internacional. Cuando mi bolsa pasaba por la máquina de rayos-x, la señorita de seguridad me preguntó, "¿Usted habla español?" Le respondí que sí.

Ella me dijo, "Te diré que puedo ver unas pinzas de cejas y un cortaúñas, pero voy a dejarte pasar."

Con una sonrisa muy grande le dije, "Millón de gracias."

Me quedé sorprendido cuando vi en la pared una lista extensa de artículos que no se podían traer en la bolsa de viaje, como por ejemplo las jeringuillas para mi insulina. La señorita no las mencionó y yo tampoco dije nada.

La sala de espera era tipo bohío, abierto al aire libre con un techo de guano sostenido por postes altísimos – era enorme. Se vendían muchas cosas típicas de una sala de espera, como las tarjetas de viaje, también había una barra de beber y muchos asientos. Pero para mí, lo más especial era la brisa que cruzaba de un lado al otro. Las palmas reales parecían batir sus ramas como brazos líquidos, o como si yo estuviera sobre una colina frente al mar. Me senté en una silla grande y tuve tiempo para pensar y poner cabeza a lo que había sucedido en estos últimos días, pero especialmente a los acontecimientos pasados que culminaron en llegar a este punto, de estar en mi Cuba una vez más. Me sentí como un extranjero en mi propio país, lo que me preocupó. Había estado ausente por tan largo tiempo y todo había cambiado drásticamente que ya me era irreconocible. Cuando salí de Cuba era un niño y pensaba como un niño, pero ahora era un hombre y tenía una perspectiva diferente. Me preocupaba la pobreza que había visto. Llegué a tener dudas sobre la pobreza en el país. El gobierno siempre se jactó de decir que todos los ciudadanos eran iguales. ¿Por qué estaba viendo entonces, tanta decadencia y putrefacción? Y para colmo, veía que toda la gente estaba contenta, cada uno haciendo su trabajo como si nada, hasta viajando. Presentí una dicotomía que tenía que descifrar. Me quedaban tres semanas más y probablemente la respuesta estaba por revelarse. Me quedé mirando el bello paisaje frente a mí, reflexionando sobre la peculiaridad del caso hasta que llegó el avión.

Después de esperar por un largo tiempo, que parecía ser parte del día en Cuba, la bocina anunció que el avión había llegado. En fila los pasajeros caminamos hacia la pista. Me quedé completamente sorprendido cuando vi el avión que parecía de otra era. No era un jet sino era un avión de cuatro motores de hélices, tamaño medio y con apariencia de artilugio de museo. Le cogí miedo a este revolú. Y pensé, "¡Esta cosa no va a despegar y mucho menos mantenerse en el aire! ¡Es un pedazo de hojalata antigua que le han puesto el nombre de avión!"

Y una vez más me di cuenta de que en sí, había dado un salto en el tiempo y ahora estaba en una era del pasado.

Por suerte, se me olvidó el miedo al presenciar algo de lo más cómico en frente de nosotros. Dos hombres mexicanos salieron de la nada con unos gallos de pelea en sus jaulas y que traerían consigo en el avión. Los hombres le insistían al personal que los gallos tenían que viajar con ellos en la cabina. No lo podía creer, ¡que caricaturesca escena! Era una escena típica como en los cines de Hollywood. Es más, los gallos tenían toda la atención de los tripulantes con su canto y batiendo sus alas en un baile. De una forma u otra, parecía como si estuvieran imitando a sus dueños que seguían insistiendo en su caso, mientras el resto de la tripulación se montaba en el fuselaje temeroso.

Por fin, con los gallos en la parte trasera del avión, todos los tripulantes pudimos encontrar nuestro asiento. No estaba tan mal por dentro y noté que se parecía mucho al primer avión que volé con mi abuelita cuando fuimos a *Cayo Hueso* hace cincuenta años. El sonido de los motores del avión fue se ahogaba con el canto de los gallos sobresaltados por todo el ajetreo de los pasajeros. De casualidad, los dueños se sentaron en los asientos frente a mí y se divertían haciendo chistes y riéndose estrepitosamente, tomando Mezcal. Con tanta distracción se me olvidó la idea de que volábamos en tan humilde avioncito.

Relajado lo suficiente para mirar a través la ventanilla, me sentí transformado al poder ver a esta altura la costa sur de la isla tan bien detallada. Después de muchos años de trabajar y estudiar componiendo mapas, pude notar fácilmente la forma de zapato llamada, La *Ciénaga de Zapata*, también conocida como la famosa *Bahía de Cochinos,* donde el fracasado atentado por las fuerzas antirrevolucionarias tuvo su hecho en abril del año 1961.

La isla tenía tanta historia que contar, pero en este momento lo único que venía claro a mi mente era mi infancia. Me preguntaba por qué había estado tan involucrado en el teatro y como una devoción se había convertido en un trabajo para el resto de mi vida.

*A los cinco años y en Kindergarten fui un niño vivo y amoroso que tuve la oportunidad de brillar. Me gustaba mucho la escuela, pero más aún, las veladas que el colegio celebraba todos los años para las Navidades.*

*Yo tuve una ocasión "predestinada" de ser escogido para interpretar la parte principal en la presentación de ese año. Tenía que representar, "El Príncipe." Otro papel no podía haber sido mejor.*

*Fue el evento más impresionante y bello en el cual había participado. Yo estaba sentado en un trono mirando a todos los participantes actuar y bailar. Mi traje era precioso. Era una chaqueta de satín azul claro con botones damasquinados en el puño de la manga. La chaqueta cubría una camisa blanca de seda, que tenía al frente unos volantes de encaje, y que caían como una cascada en frente de mi pecho. Tenía un par de pantalones también en azul claro y satín que llegaban a la rodilla con unas medias altas y zapatos de la época. A mi lado se sentaba la "Princesa."*

*Tomaron una foto en un estudio profesional antes de ir a la velada con mis primas que también iban a la misma escuela. Mi prima Janet, tan dulce, estaba vestida de una chinita y su hermana Lucille, de Marie Antonieta, con su personaje estoico de aristócrata. Los tres nos veíamos impecables y maravillosos en nuestros trajes. Me sentía tan feliz y muy importante al estar vestido de esa forma. Pero yo siempre recuerdo haberme sentido importante. Me contaban que mi Papá y mi Mamá habían venido a vivir con mi abuelita en Guantánamo y todos éramos felices. Bueno, al final eso era lo que me decían.*

*En septiembre del siguiente año, en 1952 comencé el primer grado. La clase me gustaba, pero de nuevo lo que me emocionó más fue la velada de Navidad. Ese año fui escogido para ser el tambor mayor – otra parte clave. También a esa edad había aprendido a usar la actitud de "mírame," que para bien o para mal, se volvió una de mis características. Después de meses de ensayos, me sentía listo para la noche que tanto anticipaba.*

*El traje era de satín blanco y tenía hileras de cordón enroscado en oro con botones de oro en el pecho que indican la personalidad de un líder. Y para complementar el uniforme, añadía un sombrero alto con una pluma amarilla ornamentada en la parte de arriba.*

*Esa noche, sin saber lo que iba a suceder, aprendí uno de los axiomas del teatro más reconocido – no importa lo que suceda, ¡el espectáculo tiene que continuar!*

*La rutina iba de lo más bien mientras yo conducía la banda y los guiaba en una línea serpentina alrededor del escenario. Yo le daba vuelta a mi batuta cada vez más rápido. Cuando de momento, sentí la batuta salirse de mi mano y lanzarse arriba hacia el techo. La vi pasar por las luces desapareciendo en la oscuridad del teatro. De momento, sentí como si el tiempo se había quedado congelado y nada se movía.*

*Mis manos cubrieron mi cara al pensar lo inesperado. Miré hacia arriba buscando la fugada batuta, pero no vi nada porque las luces me dejaron completamente ciego.*

*Los segundos se convirtieron en minutos y los minutos en lo que parecían horas. Y yo esperando… y esperando por la desgraciada batuta. Con la suerte de un ganador de billete, la queridísima batuta cayó a unos pies de mí y sonando como un trueno que todo el mundo pudo oír. ¡Lo único que pensé fue, "¡Qué horror! Quiero que la tierra se abra y me trague ahora mismo."*

*Inmediatamente, corrí de pronto a la batuta, pero la sinvergüenza continuaba saltando, pues la punta estaba hecha de goma, haciendo un sonido cada vez más fuerte y parecía hacer maniobras en el suelo. Continúe corriéndole atrás hasta que por fin con mi agilidad y sorpresa la pude cazar. Tan pronto la tuve en la mano busqué mi lugar en frente de la línea. No lo pensé dos veces y sin perder el ritmo de la música, continúe mi marcha como si nada hubiera pasado.*

*El aplauso dinámico de la audiencia fue lo suficiente para que yo reconociera que mi recobro fue reconocido. Y sorprendido pensé, "Me quieren de cualquiera forma." Y en ese momento me di cuenta de que había salvado lo que podía haber sido una calamidad. Desde entonces, con toda esa atención, quedé completamente seducido por el teatro para toda la vida.*

*Los compañeros de baile corrieron hacia mí al terminar la función para felicitarme en el recobro. Yo, como el consumido actor, dije que me había quedado pasmado por lo que había sucedido, pero por dentro me sentía orgulloso de mi habilidad. Entendí que podía tener la capacidad de salvar cualquiera cosa que pasara antes de una catástrofe.*

*En ese mismo año, 1953, un cubano de mucha influencia comenzaba a formar ondas que luego batieron la historia del mundo. Como yo era solo un niño, no tenía la menor idea quien era Fidel Castro. Nació en 1926, fuera de matrimonio, pero eventualmente su padre desposó a su mamá. Fue un niño privilegiado, el padre era dueño de una plantación de azúcar al este de la provincia de Oriente. Fidel estudió abogacía y era políticamente activo en la oposición al gobierno cubano y otros regímenes de países de Latinoamérica por la corrupción y excesos.*

*Un día de verano, el 26 de Julio del año 1953, él condujo a 160 hombres con ideas revolucionarias en un ataque a la Fortaleza del Moncada en Santiago de Cuba. Ellos pudieron adueñarse de armas y suministros, y le pidieron al pueblo que los ayudaran en su causa. Pero todo fue un fracaso y el ejército mató y capturó a los revolucionarios, los cuales recibieron años de cárcel. Castro, la mente maestra, fue sentenciado a quince años de prisión.*

*El año siguiente entré al segundo grado. Cabe destacar que como yo medía el colegio por las veladas de Navidad, el segundo año fue un total desastre. Primero que nada, no me escogieron como principal y segundo, el vestuario fue la cosa más fea que yo había visto en mi vida. Tomaba tiempo en la época de Cristóbal Colón, y nos disfrazaron de conquistadores. Los varones, teníamos que ponernos unos pantalones inflados con pliegues sobre unas medias, que para un varoncito de siete años era la muerte.*

*Pero el tercer grado fue un sueño. Mi prima Idalia fue mi maestra. Yo quería que ella se sintiera muy orgullosa de mí, por lo cual hice todo mi trabajo al pie de la letra. Recibí la medalla de plata ese año, y también la medalla de inglés, la cual me enorgulleció como americano. Pero lo más importante, era la velada que iba a ser magnífica. Fui escogido una vez más, como líder del grupo para representar el papel de un pintor. Durante el ensayo, me ponía una boina que me hacía ver como un artista francés. Cargaba una paleta de pintura y tenía un lienzo para pintar mi obra excepcional.*

*Habíamos ensayado unas cuantas veces, yo con mi brocha en la mano todo el tiempo – esta vez no habría ningún percance con la batuta – cuando de momento todo paró en seco. La velada de ese año, 1955, se iba a posponer. ¿Cómo es posible que fueran a posponer las Navidades? No me lo podía imaginar, pensé, "¡Nunca en mi vida se ha dado este hecho inconcebible!"*

*Lo que no me percate de niño fue, que era el principio del final de la dictadura de Fulgencio Batista. Y la conmoción política que estaba pasando, iba a cambiar drásticamente mi vida para siempre. A principio de mayo del 1955, Castro, quien había servido solo un año y siete meses de prisión, fue disculpado como parte de una amnistía. Salió rumbo a México para encontrarse con su hermano Raúl. Allí, su hermano lo introdujo al revolucionario argentino, "Che" Guevara de veinte y siete años. Él y Fidel, con veinte y nueve años consolidaron para siempre una amistad. En noviembre de 1956, los hermanos y un grupo de ochenta y dos revolucionarios embarcaron el "Granma" cargado con artillería y municiones. Después de un viaje peligroso en el mar, pudieron desembarcar en una playa de la provincia de Oriente. Allí, tomaron refugio en las montañas de la Sierra Maestra donde continuaron batallando por dos años y un mes hasta lograr la victoria en la víspera del año 1959.*

Cuarenta minutos de vuelo y para mi satisfacción, las montañas de la provincia de Oriente aparecían crecer frente mi vista. Yo estaba seguro de que podía distinguir la montaña más alta entre todas, *El Pico Turquino*, uno de los lugares donde los rebeldes mantuvieron sus campamentos durante la Revolución. Otros puntos de referencias se distinguieron uno por uno mientras descendíamos a Santiago de Cuba. Tuve la suerte de ver en una colina de la montaña una iglesia muy querida. Yo la había visitado con mi familia cuando niño, *La Iglesia de la Virgen del Cobre*, dedicada a la *Virgen María* cuando les apareció a unos pescadores perdidos en el mar. La iglesia tiene aproximadamente un total de 300 escalones antes de llegar a su puerta. Me recordé vivamente cuando subía los escalones – y mientras yo miraba, otra persona en el avión mencionaba el nombre de la iglesia a otro pasajero. Mis ojos se llenaron de lágrimas, no porque fue una experiencia religiosa, sino porque fue una memoria de mucha alegría en mi infancia.

Cuando estábamos llegando en Santiago de Cuba, la geografía del lugar me hacía preocupar por la seguridad del aterrizaje. La pista queda al lado de un precipicio que cae al mar y cuando el avión va volando paralelo a la vista da una sacudida muy dramática. Me quedé sin respirar, pero el avioncito aterrizó perfectamente.

La primera impresión cuando salí del avión fue el aire limpio y fresco. No había humo. Camine hacia el edificio del aeropuerto, que tenía un techo de tejas al estilo español y mientras caminaba, sentía la brisa del mar golpeando mi espalda. Cuando di la vuelta y miré, tuve un reconcomio muy agradable al ver el mar caribeño en sus colores de varios tonos de azul. Y más impresionante todavía, fue la vista frente a mí – las montañas con su verde de bosque oscuro, franjas de campos violeta claro que cubrían el lado de la montaña, y el cielo que vestía un panorama de cúmulos de nubes. ¡Era hermosa y una vista increíble que presenciar!

Todos nos encontrábamos riendo de nuevo, mientras esperábamos y cogíamos nuestras maletas, pues los gallos de pelea estaban formando su alboroto y algarabía una vez más. Pero lo divertidísimo eran los dueños, que ya un poco tomados, trataban de negociar por sus jaulas de gallos con los agentes.

Al salir del aeropuerto, sentí que todo iba muy rápido, me sentía desorientado. Respiré profundo y después de unos minutos pude concentrarme y tomar un taxi que me llevara a la ciudad.

¡Qué ciudad más bella es Santiago de Cuba! Los colores verdes del trópico estaban presentes en el paisaje y la pobreza no se veía "tan grande" como en La Habana. Es más, la ciudad me recordó a San Francisco. El aire, las montañas y las lomas más que nada, me dieron esa impresión. El estilo de la arquitectura Barroco me saludaba con cada mirada. Era fácil de reconocer el sabor de Nueva Orleans, que estaba presente por todas partes, con sus balcones de hierro tallado que probablemente fueron construidos en el siglo pasado y que adornaban todas las casas. Fuimos subiendo y bajando lomas, dos y tres veces hasta que noté una iglesia a la distancia. El taxista me dijo que era la catedral católica, situada en el centro de la ciudad. Dominaba toda la vista alrededor como punto focal. Cuando manejábamos, por un lado, el taxista agregó que enfrente estaba el parque histórico dedicado a Carlos Manuel de Céspedes, donde muchas demostraciones, encuentros y reuniones tomaron parte desde que la ciudad se fundó. Manejamos hacia otra loma, viramos a la derecha, luego a la izquierda y yo contento apreciando la ciudad. A unas cuantas calles el carro paró, y el taxista me dijo que habíamos llegado a la dirección que le había dado.

Estábamos en frente de la pensión, una casa de concreto construida aproximadamente en los años 40, y que parecía haber recibido una mano de pintura. Tenía por lo menos unos dos o tres pisos. Toqué el timbre al lado de la reja de hierro y salió Victoria a recibirme. Era una mulata bonita, que me dijo en una voz muy dulce, "Te estábamos esperando. Un amigo de

Brooke es un amigo nuestro."

Sus palabras me hicieron sentir bienvenido. Entré con mi maleta que pesaba como un plomo y me tuve que sentar para poder coger mi respiración y me dio la oportunidad de mirar alrededor.

El piso estaba hecho de granito, como muchas de las casas modernas que yo conocía de aquel tiempo. Había una sala, un comedor y un patiecito de cemento que quedaba separado por una reja de hierro tallado, con una puerta. Entraba la luz porque estaba abierto a la intemperie y con tanta luz se podía tener muchas plantas. Era más que suficiente para tener un bosque tropical en el centro de la casa. La cocina tenía una ventana que abría al patiecito, dejando salir el humo cuando se cocinaba. Era muy útil para ventilar y muy bonito como foco central de la casa. Victoria me introdujo a su madre, "Quiero que conozcas a mi mamá, la Dr. Soto." "Gusto en conocerte." Respondió su mamá.

Dije, "El placer es mío, señora."

Ella estaba sentada en uno de cuatro balances en frente de la reja del patiecito y me preguntó, "¿Tienes hambre?"

"Si, un poquito." Le respondí, porque actualmente no había comido en todo el día por estar tan emocionado.

"Prepárale un plato al señor." Le dijo a su hija, y con la misma le dijo a la nieta que terminara de arreglar el cuarto de Brooke que era para mí. Parecía que el cuarto estaba al subir las escaleras.

Mientras preparaban mi plato, me senté a conversar con la mamá.

Ella se acercó y me dijo en confianza que ella estaba segura de que Kerry y Bush estaban planeando cogérselo todo.

Pensé, "¿cogerse qué cosa?"

Pero le conteste, "Yo no creo que ese es el plan, pero lo voy a pensar."

Lo que pude deducir es que, para ella, un presidente americano era igual a otro presidente americano y actualmente no importaba quién iba a ganar. Los dos eran Yankees imperialistas y uno o el otro querían apoderarse del territorio cubano.

Y como yo estaba de visita en su casa, en ese momento, no quise meterme en una discusión política.

Llegó el plato de comida y me sentaron en la mesa del comedor que estaba adornada con vajilla y cristalería, servilletas y cubiertos. Había una ensalada de lechuga y tomates, acompañado por un plato de arroz y frijoles, con un pollo muy tierno en una salsa de tomate ligera. Era un plato completamente cubano, y disfrute el sabor completo de la Madre Patria.

Terminamos con una tácita de café cubano, complementando una presentación perfecta.

Les di las gracias por el bello almuerzo y con la misma jalé mi maleta unos dos pisos al cuarto.

Porque amaban mucho a Brooke, me dieron el cuarto que ella usaba cuando venía. Lo habían construido en lo que solía ser el techo de la casa, que por supuesto era plano. El cuarto en si era chiquito, pero tenía una cama doble en el centro, un mueble con gavetas, un armario y dos mesitas al lado de la cama. Pero mejor que nada, había dos ventanas, una a la cabeza y otra a los pies. Con esa posición cruzaba un viento fuerte por todo el cuarto como si fuera un ventilador gigante. Y más allá de la ventana, sobre la cabeza, se podía ver la torre de la Catedral sobrepasando los techos de tejas rojas, típicos españoles. La otra ventana miraba a la azotea, y se podía ver abajo el patiecito que estaba abierto y lleno de plantas. Una enredadera de buganvilia salía del primer piso al sol y corría por todo el techo. También había flores de fucsia y otras más de muchos colores incluyendo unas palmas chiquitas.

Cuando salí a la azotea, pude apreciar el espectáculo frente a mi mucho mejor. ¡Qué panorama más bello! Todo era genial a los 360 grados de vista. Cuando mire alrededor pude notar todos los techos de tejas rojas expandiéndose hasta el borde de la ciudad. Me parecía como si estuviera en una de las ciudades de Italia o España. Y al margen se encontraban las colinas, que subían a las montana verdes y rodeaban la ciudad por tres de sus lados.

No fue mucho después de poner todas mis cosas en orden cuando llego Andy, el novio de Brooke con un amigo, Benny. Me llamaron para que los viniera a recibir. Andy era alto y muy guapo, pero parecía tímido. Quizás no quería decir mucho sin antes conocerme mejor. Estoy seguro de que fue por eso. Brooke le había pedido que me enseñara su pueblo.

Les pregunte a los muchachos si me acompañaban a la estación de guagua a comprar mi boleto para Guantánamo.

Ellos sabían dónde quedaba la estación y parecían contentos de ayudarme. Dijeron que quedaba un poco lejos, pero esto me daba la oportunidad de conocer la ciudad un poquito más. Santiago es una ciudad más pequeña en escala y prestigio que La Habana, pero también fue la primera capital de Cuba. La ciudad había prosperado durante los primeros siglos en la Colonia Española por su puerto y proximidad a Centro América. Hoy, permanece como capital de la provincia y comparte mucha de la historia con Fidel Castro y su Revolución. También existen aquí industrias muy famosas como el tabaco, el cobre, el café y exportación de azúcar, y primera casa de familia del fundador del ron Bacardí. Y, además, su bella naturaleza con sus montañas y bahía. Pero esta caminata era por la parte pobre de la ciudad, porque todo el brillo se le había gastado. Las casas típicas del trópico, simples y altas para que el calor subiese y la brisa cruce de lado a lado, estaban abandonadas. Las calles tenían huecos por doquier, estaban muy deterioradas, y había unos jardines que debieron haber sido hermosos en algún momento. No se veía mucha gente en la calle, pero como siempre los niños estaban jugando afuera. A los niños jugando nunca parece faltarles nada y el solo verlos hizo que mi espíritu se elevara con esperanza.

Los tres nos sentamos a conversar por un rato. Andy era un artista que pintaba al óleo. Él iba a encontrarse después con nosotros, los maestros, en La Habana durante el taller y quería traer sus pinturas para que yo las viera. Regresamos a la pensión e hicimos planes para reunirnos luego esa tarde. Ellos querían enséñame lo mejor de su ciudad y yo encantado les dije que sí.

# Capítulo 6

## Reencuentro con Mi Prima Chicha

Cuando regresé a la pensión después de mi paseo, le pregunté a Victoria si podía usar el teléfono para llamar a mi prima Hilda, en Guantánamo. Quería dejarle saber que estaba en Santiago y con el boleto comprado para estar con ellos el próximo día.

Era difícil contener mi emoción mientras conversaba, pero traté lo mejor que pude. Al hablar, sentí que ella escogía palabras simples y pensé que debía estar muy emocionada también. Yo sentía en su voz lo contenta que estaba, cuando me preguntaba cómo me había ido en el viaje y que todos anticipaban mi llegada. Hilda me sorprendió cuando me mencionó que su hermana menor vivía allí en Santiago y que yo debería de llamarla.

Yo la llamé inmediatamente y ella no perdió un minuto cuando me dijo, "¿Sería posible que nos viéramos ahora mismo?" "Claro que sí," le dije.

Se apareció antes de que yo lo pudiera pensar y ahí estaba con su hijo y la novia. Fue una emoción muy grande cuando nos vimos. Yo la reconocí inmediatamente. Era la misma carita linda, dulce y contenta de nuestros tiempos de niños. Nos abrazamos y lloramos juntos. Era familia tocando familia después de tantos años. Yo estaba viviendo un milagro.

Nos sentamos en una salita pequeña al frente de las ventanas. Le expliqué la razón oficial de mi visita a Cuba – dar clases de teatro, pero con la misma no iba a dejar de visitar a ustedes, mi familia.

"Pues yo estoy muy contenta de que tomaste esa decisión," me dijo. Ella me contó de su familia, de sus hijos y de la bella nieta que tenía. Chicha tiene ese don de alegría y dulzura que es contagiosa. Hablamos de todo un poco.

Y nos pusimos de acuerdo en que yo la iba a visitar por un tiempo más largo cuando regresara.

Fue duro, pero tuvimos que despedirnos y no queríamos dejar de abrazarnos, ni ella a mí y ni yo a ella.

Cuando Chicha se fue las emociones se apoderaron de mí. No sabía qué pensar. Fui para mi cuarto a tratar de recobrarme y poner mi mente serena. Yo iba a ver a la familia que no había visto en cuarenta y cuatro años. Sentía miedo de que me fueran a rechazar por no venir antes. Como consuelo, pensé que el viaje era un privilegio para poder ver a mi tío mayor. Él había sobrevivido todos estos años con una mente clara y con una recolección nítida de todos los acontecimientos que habían pasado en el país. Yo fui criado años atrás pensando que la unión de la familia es la sublime fuerza que mantiene el honor. La familia está ahí cuando la necesitas y tú también tienes que estar ahí cuando la familia te necesita. La familia es la fábrica que nos mantiene como uno. No es necesario que te guste tu familia, pero por lo menos, frente al mundo, es la sangre la que se tiene que defender. Toda esta filosofía venía por el ejemplo que mi Abuelita nos demostraba siendo la cabecera de amor y respeto. La madre es el símbolo sagrado de toda la cultura Latina. Pues claro, siempre hay excepciones, pero no en nuestra familia matriarcal.

Salí a la azotea a pensar cuál sería mi respuesta si me preguntaban por qué no había venido antes. Y en ese momento toda mi preocupación era esa. Pero una cosa era certera, que no iba a dejar de hacerles saber que no los había olvidado o abandonado. ¿Cuál era el significado de mi regreso ahora? Pensé en mi vida y como yo había resuelto el tema del abandono en el pasado.

Con las ideas frescas en mi mente, pensé en mi niñez y me di cuenta de que estaba honrado de tener una madre querida, Olga, nacida en Cuba y de un padre, Jake, americano, Marino de las Fuerzas Armadas Americanas. Después de casarse en Guantánamo, se mudaron a la ciudad natal de mi padre, Harrisonburg, Virginia, donde yo nací. Regresaron a Cuba como seis meses después. Después de un tiempo mi Papá regresó a los Estados Unidos. Nunca lo conocí y cuando preguntaba por él, me decían que algún día lo iba a conocer, pero no hasta que fuera mayor de edad. No me dieron razón alguna, solo que nunca iba a regresar. Siendo niño, era igual para mí, no podía echarle de menos a alguien que nunca había conocido. Para no preocuparme pensé que Cuba era lo que yo conocía y allí era donde yo pertenecía.

Vine a los Estados Unidos en 1962 y tres años después cuando me gradué de bachiller, decidí buscarlo. Después de la búsqueda y unas cuantas cartas entre los dos, su hermana, mi tía Mary nos sorprendió con un boleto para que yo fuera a conocerlo. Nos reunimos ese invierno y fue un encuentro muy bonito. Yo lo vi como una persona muy dulce y amable. Después de regresar a los Estados Unidos, se había casado de nuevo y tenía dos niños, una hembra y un varón. Nos visitamos como tres veces, antes de que él muriera por complicaciones de diabetes. Pero, fue después de unos años, en un seminario sobre el bienestar que pude sacar al aire la relación entre mi padre y yo. Por primera vez en mi vida, pude percibir los sentimientos de abandono que había ocultado todo este tiempo. Lloré por mucho tiempo y le llamé por todo insulto posible. Pero después de confrontar el vacío por su ausencia, lo tuve que perdonar para desahogarme de ese peso. Yo no podía culpar a mi Papá por lo que había sucedido, pues en sí, nunca supe lo que había pasado. Después que mi Papá se fue, mi Mamá y su familia me mimaron y me cuidaron constantemente con mucha ternura y amor. Yo siempre sentí el cariño de mis tías, especialmente mi tía Elda y mi tía Paqui, quienes vivían en la misma casa.

Un día me sentí inquisitivo y le pregunté a mi madre sí mi Papá algún día había hecho el esfuerzo, de ponerse en contacto conmigo de una forma u otra. Ella me contestó cautelosamente que sí, él había tratado, pero ella no le respondió por miedo de que él tratara de reclamar mi custodia y arrancarme de ella. Simpaticé con la idea de que ella perdiera un niño, pero hoy la tristeza me compadece al pensar que el miedo, el desgraciado miedo, me impidió vivir con un padre. Fue durante mi pubertad, cuando por primera vez, deseé el afecto de un hombre como figura de padre.

Luego ella me confesó que no se había casado después del divorcio para que la gente no la mirara como un "mujer mala" o una prostituta por salir con otros hombres. "¿Diez años después fue suficiente?" Le pregunté un día enojado. Pobrecita, no me contestó.

Yo me sentí mal después de hablarle así. Y no puedo juzgarla de ninguna forma, es inconcebible en pensar la humillación que sufrió después del divorcio en aquel tiempo.

Viviendo en una comunidad tan cerrada y católica, que miraban al divorcio peor que a la muerte. Es más, ella hizo todo lo mejor en su poder por mí y por ella. Tuvo que poner su vida en orden una vez más. Cuando yo tuve la oportunidad de conocer a mi Papá, estaba contento de encontrarlo y nunca le pregunté si él me echó de menos. Total, el tiempo había pasado y habíamos perdido suficientes años, lo que yo quería era capturar los momentos entre padre e hijo.

Con el tema del abandono en mano, me he aventurado con cautela en pensar que la razón por la que no he tenido una relación de largo plazo en mi vida es precisamente, el temor al abandono. Y por esa razón, he concluido que tenemos que abrir la puerta a nuestros sentimientos a que salgan al aire, buenos o malos. Si las cosas malas reinan mi vida, entonces, ¿Cuándo tengo tiempo para las cosas buenas? Tantas puertas se han abierto en mi vida porque he tenido el valor de poder ser herido. Y no quiero decir que deba arrojarme a la calle, frente al tráfico. Pero no puedo dejar que el miedo al abandono dirija mi decisión. Lo puedo decir hoy, porque puedo comprobar, que el amor que damos se convierte en el amor que dejamos recibir en nuestras vidas.

Yo estaba cumpliendo el sueño de venir a Cuba y este día, por fin había tenido suficiente tiempo para pensar en el pasado. Toda la tarde fue para reconocer y aclarar mis pensamientos, y ahora tenía que regresar al presente. Antes de regresar al cuarto, noté la construcción en la casa de al lado. Estaban añadiendo unas paredes nuevas sobre el techo viejo. Luego esa noche, Andy me dijo, que la ley cubana disponía que las propiedades de casas pasaran de una generación a otra. Las familias nuevas construyen sobre su familia anterior y así van añadiendo pisos. Los pisos se construyen a medida que los materiales se encuentren disponibles, por lo cual se podía observar que unas comenzaron años atrás mientras otras tenían años por terminar. Los edificios eran de concreto sólido, ladrillo y bloques para las paredes.

De hecho, muchas preguntas de las que me hacían los cubanos eran sobre la construcción en los Estados Unidos, ¿Por qué usan tanta madera?" Me aventuré a suponer y les dije, "Porque la madera se encuentra en plenitud y es barata." Sin pensar de añadir, lo tanto que tenemos que cuidar nuestros bosques.

Tenía que bañarme rápido, para salir a tomar el tour esa tarde con los muchachos. Pero la palabra "rápido" no se entiende muy bien en Cuba. Habían construido una adición a mi cuarto, el baño. Las paredes eran de terracota y había un servicio y un lavabo nuevo de paquete y moderno. Sobre el lavabo, había una ventana circular que pivoteaba en el centro con una bisagra de metal. Me parecía estar mirando a través de una ventana en un hotel de Florencia, Italia. Todo se veía muy romántico. Pero la ducha y su aparato de calefacción me tuvieron rascándome la cabeza por unos minutos, pues le cogí miedo al ver los componentes e hilos eléctricos expuestos a la humedad. Desgraciadamente, yo no le había puesto atención a la nieta, cuando me explicó cómo hacer trabajar la "maravilla científica" frente a mí. Así que me tuve que bañar con agua fría.

# Capítulo 7

## Una Noche en Santiago

Me vestí corriendo, esperando por Andy y Benny. Ellos me habían prometido un recorrido diferente por la ciudad. Yo me acuerdo haber visitado a Santiago cuando niño, uno de esos viajes fue muy divertido porque la piscina del hotel era peculiar. Nos habían dicho, a mi primo Jimmy y a mí, que, si hacíamos pipí en el agua, una mancha verde formaría un anillo alrededor de nosotros. Claro, mi primo y yo no podíamos resistir ver el anillo, pero la argolla nunca se apareció.

Andy, Benny y yo nos bautizamos los Tres Mosqueteros y con la misma, salimos en busca de aventura. Paseamos al costado de la Plaza y de la Catedral, pero a una distancia muy cerca se podía oír la música tropical, tocando el ritmo cubano y bastante alborotado. La música parecía venir de unos clubs alrededor del área. Mi idea era gravitar hacia la música, pero Andy quería enseñarme el Museo de la Ciudad, donde exhibían una maqueta señalando la topografía y las áreas alrededor a la Bahía de Santiago. Era una exposición magnífica y con mucha atención al detalle. Una vez más, el despliegue del área se parecía a la ciudad de San Francisco en California.

Después de llegar salimos y nos sentamos en unas mesas de una azotea con vista abajo hacia la Bahía. ¡Era una vista impresionante!

Yo compré unas cervezas para los muchachos. No consumo bebidas alcohólicas, por lo cual me pedí una soda. Andy y Benny trataban de educarme discretamente; si ellos pagaban por la cerveza con su plata, costaría mucho menos por el cambio tan drástico entre el dinero de ellos y el que yo cargaba. Igual yo estaba más que contento y lleno de gratitud por el tiempo que tomaban por estar conmigo. Pero lo que yo no me daba cuenta, era que yo les podía dar los *convertibles* a ellos y les sacarían un beneficio más grande para Andy, Benny y sus familias. "¡Que americano más tonto fui!" Luego pensé. Desgraciadamente, la experiencia siempre viene después de los hechos.

Al regreso, paramos por la Catedral y como otras iglesias, era oscura por la ceniza y el humo de las velas que se acumulaba en las paredes. Entramos y le dimos una vueltecita rápida y con la misma salimos. Apoyándome a la baranda de la terraza, en frente al parque Céspedes, yo podía oír con más certeza la música seductora de los clubs. El ritmo me llamaba y me intoxicaba. Me tuve que pellizcar; esto era música cubana de verdad, y en vivo. Mis sentidos no se habían acostumbrado todavía a estar en mi tierra. Yo estaba en una euforia – como en el cielo – y mis pies no dejaban de bailar. El cuerpo me temblaba y tenía que moverme. Le comenté a Andy, "Tenemos que acercarnos a los clubs para sentir la onda de lo que está pasando." No me miró con tan buenos ojos, pero al fin lo pude convencer cuando me vio que me puse a bailar solo y a dar vueltas en la plaza. Mirando mi entusiasmo, se tuvo que dar por vencido.

En ese momento, me di cuenta de que había traído una cantidad grande de dinero conmigo. Como idiota, no lo había dejado en la pensión. Todavía no sabía a quién tenerle confianza. Para precaución, pensé que debía llevarlo en el bolsillo del frente de los pantalones.

La música se oía más clara y fuerte mientras bajamos a la calle.

La música venía de un lugarcito ahí pegado y se veían unas cuantas parejas rodeando la puerta, probablemente también apreciando la música. Una cerca de metal separaba el lugar de la calle. El minuto que me vieron, nos señalaron y pudimos entrar. No tuvimos que pagar y presumí que la ley para los turistas era la siguiente: ¡Que entre el americano a gastar su dinero!

Poder ver una banda cubana tocando música era fenomenal; y tocaban de lo más rico. Miré alrededor para estudiar la situación y la atmósfera y noté que había unas cuantas parejas divirtiéndose y bailando como los Latinos, girando las cinturas con las caderas tipo "el perrito." Se notaba que estaban tomando cerveza, era suficiente ver las botellas sobre la mesa. Sentí como si estuviera en mi elemento. Y de momento me desperté, "¿Y qué elemento es este?" Yo había dejado de tomar ya hace cuatro años, comenzaba a descubrir que el programa que me guiaba, Alcohólicos Anónimos me decía, mejor dicho, me gritaba: "Ten cuidado, ¡sal de ahí lo más pronto posible!" Pero yo no podía salir ahora, acababa de encontrar la música y el baile, que era de lo que yo estaba compuesto. Y tampoco quería arruinar la fiesta a los muchachos, que habían sido tan buenos conmigo. Yo tenía que quedarme y me hice la promesa de tomar soda solamente. Tenía que apostar que no iba a tomar y para convencerme pensé, "¿Es posible que yo tenga lo que se necesita para no beber?" Traté de convencerme pensando, "¡Claro que sí, aquí en este momento lo tengo bajo mi brazo!" Mi historia con el alcohol empezó, cuando probé la bebida en el bachiller con mis compañeros de colegio. Tuve unos cuantos problemitas en la Universidad y también jugaba con las drogas de aquel tiempo – los años sesenta. Pero todo se convirtió en un circo cuando llegué a la Tierra de Oz, mejor conocida como San Francisco, y pasé veinte años tratando de controlar la bebida. Me vino a la mente la historia cuando chiquillo, que tomé mi primer trago durante los carnavales de verano. A los niños no los dejaban tomar, pero un día yo caí en los brazos de Backus.

*Mi primer trago fue una aventura que siempre he recordado. Acababa de cumplir los diez años, cuando un plan bien diseñado me introdujo al rito. Los carnavales de Guantánamo son como los de Río de Janeiro, pero en el mes de agosto. Mi casa quedaba cerca de la avenida ancha, en la que se celebraban la mayor parte de las fiestas. Y claro, el carnaval estaba físicamente conveniente a mi lado.*

*Toda la ciudad formaba parte, especialmente los comercios en la avenida amplia. Los dueños de tienda grandes construían quioscos amplios en la acera de esta alegre calle. Los quioscos con las luces brillando a todo alrededor del sitio, se veían despertar todas las noches uno por uno. Y la calle se cerraba al tráfico a cierta hora, para dejar la gente pasear y divertirse. Y claro, el pueblo salía a la calle a oír la música Latina candente, que tocaban los traga-niquele continuamente. Algunas noches, como los fines de semana, conjuntos salían a tocar en las barras más distinguidas.*

*La bebida no faltaba, tragos inventados o imaginados abundaban en todos los quioscos, hechos de una variedad de marcas populares. El alcohol estaba presente para tomarlo solo o mezclado. Entre el mejor de todos, rey de las bebidas, era el ron. También había tapas, que eran pedacitos de chorizo o jamón serrano con queso, cualquiera cosa que atrajera a la muchedumbre, divirtiéndose a entrar en los quioscos para quedarse más tiempo disfrutando. Y por supuesto, siempre había sodas y dulces para los niños.*

*Las damas venían en sus vestidos nuevos y acabados de comprar, con joyas, carteras y accesorios para una noche de gala. Y los caballeros muy orgullosos de sus trajes que compraban para la ocasión.*

*Pero el disfraz de carnaval era completamente una cosa excepcional. Los cocían a mano y cada uno tenía que sobrepasar a los demás disfraces. Las organizaciones grandes se gastaban una cantidad inmensa de dinero y tiempo para completar las brillantes creaciones, cosiendo lentejuelas, broches, guirnaldas, plumas exóticas y todo aquello que reflejara luz.*

*Durante todas las horas del día, grupos de muchachos se reunían para tocar al ritmo de los tambores de Conga. Esa era mi oportunidad de salir y reunirme con el resto de los trovadores, a sobresalir y desarrollar mi talento. Con instrumentos hechos de lo que sea, latas, botellas, hasta ollas de la cocina, era suficiente para ganarme un lugar en la línea de imprudentes. No importaba lo que sea mientras hiciera bulla o traqueteaba como una maraca. Para mí, era la gloria pegarme a ellos y arrastrar los pies en la conga, por lo menos unas cuantas cuadras de la casa. Yo tenía un límite dictado por la familia. Había días en que cornetas e instrumentos salían de su equipaje para unirse a la comparsa. Nadie se quedaba atrás. Yo siempre pensé, "¡Que fantástico es poder vivir y contemplar este espectáculo!" Tocar música y bailar en las calles, era para mí lo que yo más amaba!*

*Así que podía decir que los carnavales eran perfectos en muchos aspectos, pero había una cosa que no me gustaba nada, absolutamente nada; a mí me horrorizaba el disfraz de los diablos.*

*Por 'h o por b', yo les tenía un miedo a los cabrones diablitos. Si era posible, no me aparecía en ningún lugar cerca a esas creaciones grotescas.*

*Mi familia siempre me preguntaba, "¿Por qué les tienes tanto miedo?"*

*"Porque se ven feos y me han amenazado con sus tenedores de hierro afilado. Y las máscaras son grandes, con cuernos y unos ojos viciosos y apretados que miran por una rendija. Y no me gusta la cola que arrastran por el suelo, o que a veces es tan larga que la tienen que cargar sobre el brazo o sobre el hombro. Meten miedo."*

*Unas cuantas veces tuve que correr como si el fin del mundo llegaba. Y una vez en casa sin aire y frustrado, solo podía decir, "¡Esos cabrones corren rápido, pero yo soy más rápido porque aquí estoy fuera de ellos!"*

*Pero, Gracias a Dios, el resto de los disfraces del carnaval me encantaban.*

*Me gustaba ir a los quioscos para oír la música que salía de los traga-niqueles. Ellos tenían lo último en música. Yo bailaba seguido todas las piezas que tocaba el aparato moderno, que guardaba disquitos en su barrica. Muchas veces noté al dar la vuelta, que había coleccionado una audiencia, "¡Qué maravilla!" El grupo aplaudía y yo me animaba a bailar unos pasos más difíciles. A mí me encantaba la adulación; me encantaba que me elogiaran por bailar y yo encontraba tan fácil y sabroso componer y ejecutar las maniobras.*

*Yo sabía que por dentro era un buen bailador. Era muy natural para mí moverme con el ritmo de la música. Sin duda alguna, al bailar me sentía perfecto; bailar era mío, me pertenecía.*

Pero en este momento, el carnaval que solo tomaba dos semanas llegaba a su fin y más que nada yo quería participar con los adultos. Quería bailar con ellos y demostrarle mis pasos nuevos. Por lo tanto, tenía que decidir algo rápido, si quería realizar mis deseos.

Yo era un niño inquisitivo y siempre con la nariz en donde no me llamaban, y por eso, oí a mis primas hablando de que iban a salir con sus novios esa noche. Mi prima Isela dijo, "Yo he oído decir que lo que hay en las otras calles de la ciudad hay que verlo para creerlo. Así que no nos lo vamos a perder."

Y ahí mismito decidí que esta era la noche para mí, y tampoco me lo iba a perder.

Enseguida pensé, ¿Qué hago? ¿Cómo me reúno con mis primos?"

Me puse a pensar y unas cuantas ideas poco prácticas y sin sentido me vinieron a la mente. El problema era que yo tenía una restricción; yo no podía pasarme más de unas calles de la casa. "Esto no es justo," pensé y en silencio especulé. Por fin, una idea brillante me vino a la mente. "Debo tener mucho cuidado y no fallar porque si tengo éxito, ¡Qué aventura más increíble sería!" Y así empecé a planear y requeté planear porque tenía que ser brillante y perfecta.

Ya se acercaba la hora del atardecer para mi aventura y yo ya estaba muy entusiasmado en pensar cómo todo iba a suceder. Los bombillos de muchos colores cruzaban de lado a lado, de quiosco a quiosco para iluminar la atmósfera de una noche calurosa. El carnaval estaba en su apogeo. Los traga-niqueles tocaban cada uno su música candente y unos fuegos artificiales a la distancia y otros más cerca alumbraban el cielo. Todo el mundo se divertía como si fuera la mejor noche de su vida.

Mis primas, Lucille, Janet, Ivette y su hermana Isela se habían reunido en mi casa primero, la casa de la Abuela. Cuando salieron, yo les seguí atrás, pues había oído que iban a encontrarse con otros. La emoción me tenía los pelos de punta, pero todo bajo el control sin mostrar ningún tipo de exaltación. Me quedé dando vuelta para ver si podía darle ojo a la situación y a la vez pensé, "A lo mejor me invitan a ir con ellos."

"¿Qué haces tú por aquí, todavía?" Dijo mi prima Ivette.

"No puedo creer que no quieran que vaya con ustedes." Yo insistía mientras fingía estar decepcionado. Y como planeado, pretendí que me iba para la casa, pero en sí, le di la vuelta a la manzana y me puse a esperarlos una cuadra arriba.

Mi plan estaba en todo su desarrollo. Yo iba a seguir la misma ruta, pero una cuadra adelante, yo me escondía en la calle paralela para estar seguro de que no me vieran y seguir mi ojo fijo en el grupo mientras avanzaban a la próxima cuadra. Ellos se estaban divirtiendo de la buena. Paraban de vez en cuando para bailar y tomarse unos tragos, y yo contento porque mi plan iba a ser todo un éxito.

La cosa era que la gente parrandeaba por un lado de la calle y regresaba por el otro lado. Mientras tanto, todo el mundo participando de la fiesta y bailando al sonido de la conga. El sonido de la música Afrocubana sobrepasaba las emociones y la gente formaban como una masa llevando el mismo ritmo. "¡Que rico y divertido es todo esto!" Era lo único que pensaba.

El plan era reunirse con otros a unas cuantas cuadras de la casa. Reconocí el quiosco y entré. Con un poquito de miedo, los esperé impacientemente.

El momento llegó por fin y mis primos estaban frente a mí. Habían llegado a su destino. Cuando me les acerqué y me vieron, todos empezaron a gritarme – "¿Qué haces aquí? ¿Cómo llegaste, quién te trajo?"

Se miraban unos a los otros.

"¿Qué vamos a ser?" Preguntó mi prima Isela.

"Dios mío, nos va a meter en problema." Dijo mi prima Maya que se había unido al grupo.

Todos estaban enojados y confundidos. Yo traté de explicarles mi plan mientras ellos gritaban sobre mi cabeza.

Alfonso, el novio de Isela dijo, "¡Qué metiche más inteligente!" Parece que los novios estaban orgullosos de ver al chiquillo mequetrefe divisar un plan tan perfecto, para estar con los adultos y pachanguear.

No me podían mandar a la casa solo y nadie quería dejar la fiesta para llevarme. Se tenían que quedar conmigo.

"¡Gané! ¡Gané!"

Mi plan había salido victorioso y yo me sentía muy orgulloso.

Pero más que nada también tenía suerte esa noche, pues era una noche especial de la fiesta, la culminación del carnaval. "Las Mulatas del Fuego", un grupo de bailarinas tipo Río de Janeiro, iban a estar en una carroza esta noche. Todo el mundo hablaba de ellas. Eran unas mulatas altas que bailaban con un vestuario fenomenal y ligero, que hipnotizaba al mover sus caderas con gran ondulación. Me esperaba una gran noche.

Mientras las primas y sus compañeros paraban en los quioscos a tomar, a mí me servían una soda. Y esa idea no me gustaba nada. Yo quería participar como los adultos y pasándome de la línea quería probar el trago.

"Quiero tomar lo que ustedes están tomando." Le dije a mi prima Isela.

"Tú estás loco, eso es todo lo que faltaba." Me respondió.

Pero fue su novio, para divertirse, me dejó probar de su vaso y dijo, "Yo creo que el muchacho tiene que aprender a beber, lo tenemos que iniciar a el mundo *del trago. Y como está entre familia, lo vamos a cuidar y dejar tomar solo unos cuantos traguitos."*

*Más traguitos le brindaron al niño, que se dio cuenta que le gustaba el sabor de la*

*"Cuba Libre."*

*Yo estaba tan contento de estar incluido en el grupo, que no me di cuenta de que estaba perdiendo el equilibrio. Lo que sí recuerdo es de estar en la acera meciéndome como si estuviera en un balancín. Y todo lo que pasaba me hacía reír.*

*Cuando comenzaron las carrozas a pasar, la multitud creció y la anticipación estaba a todo lo alto. Como yo era pequeñito, no podía ver sobre la gente y noté que unos de mis primos se había montado en una carreta que estaba parada al lado de la calle. Yo quería ver a "Las Mulatas del Fuego" más que nada. Y cuando al fin pasaron, me quedé satisfecho, pues eran todo lo que decían y más. Nunca en mi vida había visto un espectáculo semejante. Y en ese momento el mundo se vino abajo. La carreta no pudo resistir el peso y se derrumbó; cayendo todos a la calle. La multitud que perseguía la última carroza era enorme y nos pasaron por arriba como si nada. Tuve suerte de que no me hice daño, ni tampoco sentí ningún dolor.*

*No recuerdo mucho de lo que pasó después. Mis primos no dijeron nada al regresar a la casa, porque el episodio nunca se mencionó. Y yo no iba a decir nada para no traer problemas.*

*Lo que sí recuerdo era lo bien que salió el plan travieso que formulé y lo bien que fue ejecutado. También estaba contento de haber sobrevivido lo que hubiera podido ser un descarrilo de tren, así que nunca exigí pedir un trago de bebida otra vez. Fueron años después cuando el choque de los trenes vino abajo.*

Yo quería ser parte de este grupo en el club de Santiago y también quería bailar, pero me sentía un poco incómodo. Claro, me veía todo un Gringo. Quería gritar bien alto, "¿No se dan cuenta que yo también tengo la sangre latina corriendo por mis venas como el resto de ustedes?" Pero, así como fuera, no lo hice. Y es que siempre ha sido el caso. Cuando yo conozco a una persona por primera vez y le digo que soy cubano, la mayoría me dicen, "Tú no te ves cubano." Sin embargo, la verdad es que yo también cometo ese error cuando presumo la raza o grupo étnico de otro país. Pero en ese momento tuve que dejar de pensar en cómo otros me percibían. Y no podía dejar que me arruinara la oportunidad tan deliciosa. Por esta misma razón, de involucrarme una vez más con Cuba, era por lo cual había venido a este viaje. Y con eso, dejé mis pensamientos en ese tema atrás.

Un amigo de Benny tenía una mesa y nos invitó a que nos sentáramos con ellos. Yo pedí cerveza para toda la mesa y pedí una Coca Cola para mí. Me di cuenta de que Andy y Benny se veían incómodos y no muy contentos, no me parecía que nos íbamos a quedar por mucho tiempo.

Mientras ellos conversaban, yo disfrutaba de la música y miraba al grupo de muchachos bailar, lo cual me dio ganas de estar también en la melé y la pachanga. Mientras miraba a todo el mundo en el salón, mis ojos gravitaron hacia una muchacha preciosa y pensé, "¡Que muchacha más bella!"

Me quedé mirándola mientras ella bailaba con otros. No podía quitarle los ojos de encima. Ella era del tamaño perfecto, el pelo perfecto, el color perfecto. ¡Todo era perfecto!

De momento nuestros ojos se encontraron, ella sabía que yo la estaba mirando. Me quedé mirándola hasta que se sentó con unos amigos en unas mesas de atrás. La parte trasera tenía un techo que cubría una tres cuartas parte del lugar, dejando al aire libre el área donde se bailaba, frente un escenario donde la banda tocaba.

Para satisfacer mis deseos de conocerla, lo único que me faltaba por hacer era preguntarle que si quería bailar conmigo. Pero era de lo más lista y ya me había leído la mente, pues cuando ella caminaba hacia mí y se aproximó, yo me rendí inmediatamente y le dije que sí, que bailaría con ella. Andy me agarró y me dijo en el oído, "Ten cuidado con tu dinero." Y le señalé con la cabeza que sí.

Ella hacía de mi sangre un río de fuego. Al comenzar, dejé que me guiara por unos minutos para yo apreciar sus pasos, su ritmo y su forma. Pero poquito a poco la agarraba por la cintura y comenzaba a manejar los movimientos. Ella se sorprendió al ver que yo estaba tomando las riendas del baile – una cosa que ella no se esperaba. Su cara me lo decía todo. También le leí la mente, "Este tipo no baila como los Gringos porque la mayoría no tienen ritmo."

Cuando comenzamos a dar unas cuantas vueltas y pasadas, le pude demostrar algunos de mis pasos excepcionales. De momento ella se quedó convencida que no estaba bailando con cualquier americano.

"¿Quién es este tipo?" Ella se imaginó.

Yo me introduje y le pregunté por su nombre, ella me dijo, "Mi nombre es Niurka."

Segurito que ella pensó, "Él habla español perfecto, pero no es de aquí."

Yo siempre hago lo mejor para mezclarme y sentirme como cubano. Terminamos con nuestro primer baileteo y ella me pidió que fuera a su mesa a conocer a sus hermanas. Después de las presentaciones formales, nos sentamos por unos minutos a conversar. Yo me arrimé a

Niurka y con delicadeza le dije en el oído, "De todas las muchachas aquí, eres la más linda." "Gracias," me dijo y me pregunto, "¿Me compras una cajetilla de cigarros?" "Sería mi placer." Le respondí.

Caminamos hacia la barra de atrás y le compré una cajetilla de cigarros. Yo tenía unos billetes sueltos y no tuve que sacar el pelotón que tenía en el bolsillo. Hubiera sido peligroso no tener precaución.

Ella saco un cigarro, se lo puso en la boca y yo se lo prendí. Ella me ofreció uno, pero se lo tuve que rechazar. Mientras conversamos le pedí a un muchacho que nos tomara una foto.

Camine con ella a la mesa y le dije, "Me gustaría bailar contigo otra vez." Ella me respondió, "El placer será mío."

Cuando regresé a mi mesa, Andy estaba de punto y me dijo, "Nos tenemos que ir. Ellos están planeando asaltarte."

Y muy arrogante le conteste, "Si, posiblemente."

"Las hermanas y otras muchachas están pasando por aquí. Están tratando de separarme de ti."

Me imaginé que él estaba tratando de cuidarme; él se había hecho mi guardaespaldas. Yo me sentí honrado pero lo que yo más quería era divertirme que era en lo que yo estaba con mi muchacha.

"Mira, voy a bailar unas piezas más con ella, con mi *Mulata del Fuego*, y esta vez voy a despedazarme, voy a girar las cinturas y las caderas para bailar como los perritos, y eso será todo." Le disparé al pobre muchacho.

Estaba ciego, esta muchacha me tenía perdido es su hechizo.

Una vez más nos reunimos a bailar y esta vez bailamos despacito, yo la tenía agarrada por la cintura y cuando la meneaba, sentía su peso desplomarse en mis brazos. Tan pronto terminamos de bailar, ella tomó la ofensiva.

"Hay una cosa que te quiero preguntar." Me dijo.

"Lo que tu digas." Le respondí.

"Quiero que me sigas hacia la entrada del club para conversar."

No le mencioné nada a mi amigo Andy. Caminamos mientras yo le seguía atrás. Nos sentamos en un murito por unos minutos y ella suspiró en mi oreja, "Ven conmigo a mi cuarto, queda cerca de aquí, y podemos hablar en privado."

Me di cuenta inmediatamente y todo estaba claro, pero no lo quería creer. La trampa se estaba preparando. Ella dejó que yo le hiciera caricias en la cara y el cuerpo. Desgraciadamente la trampa era cautelosa y sabrosa. Yo le quería dar otro chance, porque me dolía saber lo que estaba pasando. Y le hubiera dado otra oportunidad, pero tuve que decir, "Lo siento mucho, pero no puedo dejar a mis amigos."

Me respondió, "No te preocupes, nada va a pasarles. Ya verás."

Era su turno de acariciarme, y me tocaba, pasaba las manos por el cuerpo. Te digo la verdad, no era solo el sexo, pero el deseo de tener una persona tan cerca a mí de esa forma. Y eso me hacía quererla más. Las caricias se apoderaron de mí y ya mi mente no estaba respondiendo más; yo estaba cayéndome en pedacitos. Me sentía en las nubes. Pensé, "Yo sé que ella está jugando conmigo y sus sentimientos no son verdaderos." Pero me derretía al pensar, "¡Que importa!"

Las señales de peligro estaban chillando por donde quiera, pero yo estaba ciego a todo. Hablamos un poquito más, acercándonos, cuando de momento vi de un lado a mi amigo Andy apurado, corriendo hacia nosotros. Él le grito a ella, "¿Qué carajo tú crees que estás haciendo?" "Nada, hombre. Solo estamos hablando." Y con la misma se separó un poquito.

Yo tuve que intervenir y le dije, "No te preocupes, Andy. Dame un minuto."

Podía ver el dolor en la cara de Niurka por haber desilusionado a su 'casi' conquista. Me sentí mal por ella. Pero tenía que romper inmediatamente la situación. Le dije firme, "Mis amigos y yo nos vamos, ahora mismo. Lo siento mucho."

También note que ya venían unos amigos de ella a su rescate, y no quería bronca. Le dije, "Fue un placer bailar contigo, qué lástima que no nos conociéramos en otra circunstancia." Andy y Benny tuvieron que jalarme del lugar y me llevaron afuera.

"¿Ni siquiera un besito de despedida?" Les reclamé a los muchachos afuera, desilusionado.

"Era todo lo que te faltaba para que te atracaran." Me respondió Andy en mi cara.

Me sentí herido por haberla perdido y mi ego estaba dañado. Ella era caliente, trabajaba rápido y podría haber sido completamente peligrosa. Estaba con la guardia abajo y hubiera sido una víctima de mi propia estupidez.

Mientras caminábamos hacia la casa de huéspedes, reflexioné en que tenía que ser más cauteloso. El viaje todavía no empezaba y yo tenía que llegar a Guantánamo en una pieza.

Los muchachos insistían que ella me iba a llevar a un hotel y sus amigos nos seguirían para asaltarme y quitarme la plata.

¿Tú crees que me harían daño?" Le pregunté a Benny. "Si tienen que herirte, lo hacen." Fue su respuesta.

Dijo que había pasado anteriormente y muchas veces.

No podía creer que ella se portara así conmigo. Era doloroso pensar que uno podía confiar en alguien y darse cuenta luego que te estaban engañando y jugando contigo. Pero tuve que creer en los muchachos, éramos Los Tres Mosqueteros después de todo. Para aliviar mi dolor, dimos una caminata a comprar cigarros y a tomar más. Nos sentamos en un parque y nos reímos de la casi trágica experiencia. Yo me sentía a salvo con los muchachos y halagado de que quisieran cuidar de mí. Ellos también podrían haber tomado ventaja del incidente, pero yo sentía que tenían una integridad mucho más sólida. Por sus acciones me di cuenta de que hay cubanos buenos y hay cubanos desesperados. Así como lo hay en toda la raza humana, no importa el color de la piel o su pensamiento religioso. Con esto en la mente, me sentí justificado a que vivía un momento precioso.

Mientras me preparaba para la cama esa noche, pensé en el incidente. Era todo en lo que pensaba y quise gritar, "¡Qué castigo!" Pero tenía confirmación de lo que había pasado, pues la foto me lo diría todo. Ella era la personificación de una cubana ardiente y sabrosa. Solo soñar en lo que pudo haber sido – pero eso nunca se podrá saber, solo soñar y soñar.

Es necesario decir que, "Si, soy gay," pero eso no quiere decir que yo no piense que las mujeres pueden ser bellas y deseables. No todas las mujeres me hacen sentir así, pero tampoco no todos los hombres me hacen sentir igual. No estoy confundido. Te lo aseguro — ¡Yo sé lo que me gusta!

Una vez más no pude hacer funcionar el aparato eléctrico de la ducha. A lo mejor, el Universo me estaba señalando que me tenía que bañar con agua fría para calmar mi obsesión. Y a la vez pude disfrutar de mi cama, la brisa y mis ideas.

El aire tropical del mes de febrero me ayudó a deslizarme entre las sábanas. Y no fue hasta la mañana siguiente, con el canto del gallo mañanero que me despertó temprano, definitivamente demasiado temprano.

# Capítulo 8

# En la Guagua Rumbo a Guantánamo

Había pasado solamente tres días en este país y mientras empacaba mi maleta una vez más, pensé, "Parece mentira, pero así es, voy rumbo a mi casa." Guantánamo siempre será mi hogar, pues ahí fue donde yo aprendí a caminar, a hablar y a percibir todas las cosas que le ocurren a un niño creciendo. El español fue mi primera lengua y yo era, más o menos, un chiquillo como los demás, menos mi nombre que no se oía mucho en esa área del mundo. A mí me encantaba la historia, la literatura, la cultura, el arte y las costumbres de mi Cuba y también me gustaba la comida y la música. Y de una forma pervertida, también estaba orgulloso del temperamento candente de la isla, que es como un testamento a la política grandiosa y atrevida del comandante Fidel; el barbudo que les ha puesto frente a diez presidentes estadounidenses hasta ahora.

El desayuno en la pensión fue como siempre, dos huevos fritos, pan tostado con mantequilla acompañado con una taza de café con leche caliente y tan pronto estaba devorado ya yo dispuesto para el viaje. Antonio con su taxi, me llevó a la estación de guaguas. Él era el esposo de Victoria. En la estación empecé a observar a los pasajeros, había unas cuantas personas que parecían ser del área y otros parecían turistas. La mayoría estaban sentados, mientras otros paseaban de un lado al otro y el resto estaban recostados, pero todos esperando porque en Cuba, todas las cosas pasan a su tiempo y en aquel momento me pareció que los viajeros y los trabajadores expresaban la actitud de las reglas socialistas: De una forma u otra, no voy a ser recompensado por hacer ningún esfuerzo extra, porque de cualquiera forma voy a tener mi trabajo, aunque me apure o no.

El tono en la estación era introvertido. Faltaba la bulla y el ajetreo. No había mucha conversación entre la gente ni con nadie alrededor. Ni siquiera nadie tratando de venderte algo.

Por fin, la guagua llegó, treinta minutos tarde y con eso tuvimos que esperar otros cuarenta y cinco minutos para que las maletas y el equipaje fueran desmontados y montados en el maletero. Y lo gracioso es, que nunca oí a nadie quejarse. La bocina anunció, "Todos aquellos pasajeros rumbo al Este que se reúnan en la puerta A."

La guagua pertenecía a una compañía llamada *"Vía Azul,"* y tan pronto estábamos todos acomodados en nuestros asientos, arrancó. Después de virar a la derecha y a la izquierda unas cuantas veces, por fin salimos de la ciudad. Pude observar como los niños del pueblo venían a la carretera a esperar por las guaguas para ellos a que los llevaran a la escuela. La guagua de la escuelita era un camión convertido para llevar tripulantes. Parecía que muchas de las guaguas estaban hechas de esa forma, camión, tractor o de lo que sea.

También pude ver muchos campos de béisbol salpicados por donde quiera y muchos bustos de José Martí a la orilla del camino. Luego me informaron que el busto significaba el lugar donde se reunían los comités comunistas a discutir sus planes. Ellos hablaban del estado del país y en algunos casos, a quien ponerle atención con más cuidado por si acaso se salían de la raya del partido. Y una vez más, pude ver los mismos carteles de todas las carreteras que proclamaban el deber de los ciudadanos a tener la libertad de ser oprimidos.

La vecindad parecía estar construidas de casas simples y de unos cuantos comercios. Pero, sin embargo, con la belleza alrededor también estaba la pobreza cobarde. Todo estaba sujeto a un estado de desamparo. Sentí que estaba en un país del Tercer Mundo, un mundo pobre, sin los servicios del mundo capitalista. Y mientras la guagua mantenía su rumbo a las afuera de la ciudad, la pobreza se amontonaba más y más.

De un minuto a otro y Gracias a Dios salimos de toda esa miseria y llegamos al campo, que era por contraste completamente lo opuesto. Era un paisaje glorioso. Me vino a la mente los paisajes bellos del país de mi Madre. Una composición auténtica de un follaje tropical, que ha sido el sujeto de muchas pinturas fenomenales. A la vista eran como las fotos que yo veía en los restaurantes del sur de la Florida. Pero esta vez, no era una foto sino la propia naturaleza de esta área de la provincia de Oriente.

En el paisaje se veían los bohíos rociados por donde quiera. Ellos eran casas simples de techos de guano donde los campesinos vivían rodeados por las palmas reales. El resto del monte venía cargado de verde de las hojas, mientras llevaban las ramadas de flores de muchos colores. En Cuba solo existen dos estaciones, la seca y la de lluvia. La temperatura es constante y cálida siempre, por lo cual era perfecta.

Las matas de coco también eran parte del esplendor tropical y yo podía ver los racimos de cocos guindando listos a caer de la mata. La costumbre era sacarle el agua del coco partiéndolo por la mitad para comerse la masa deliciosa y suculenta que se encontraba pegada a la pared dentro de la fruta.

También podía ver los racimos de guineos en las matas cerca a los arroyos. Y traté de adivinar los diferentes tipos de mangos por solo ver las hojas, al igual como lo hacía cuando era un niño. Y juro que también vi matas de mamoncillos, que era una de mis frutas favorita de saborear. Creo que también vi una mata de níspero, pero me di cuenta de que era mi mente jugándome trucos y transportándome a mi infancia.

Las montañas en el fondo y el azul clarito del cielo por encima de todo formaban el marco que rodeaba una naturaleza tan bella. Mientras enfocaba la mirada a una neblina ligera, que le pasaba por arriba a unas cosechas y a las líneas de maíz seco, fue cuando noté por primera vez un campo de caña de azúcar. ¡Por fin, ahí estaba! Cada planta paradita con sus hojas de amarillo verdoso, como si fueran una hierba gigante. El tallo de la azúcar no se veía con certeza. "Es una cosecha joven," me di cuenta. "Todo se ve igualito a como yo lo recordaba. Ni una hojita ha cambiado." Y mi mente comenzó a rondar por aquellos años cuando era niño y corría libre por los campos de caña de azúcar.

*Mi tía Elda y su esposo vivían en una aldea que pertenecía a un central de caña de azúcar. Tuve la suerte un día cuando mi tía me preguntó, "¿Quieres venir a visitarnos y quedarte unas semanas durante las vacaciones del verano?" "Si, si y si, otra vez," le contesté con gran ánimo.*

*Me puse de lo más contento. Y no dejaba de repetir mi respuesta sin contener mi entusiasmo. A su esposo le habían dado el trabajo de capataz del pueblecito que quedaba cerca al central. Allí vivían los trabajadores con su familia.*

*El pueblecito estaba localizado en un valle cubierto en campos de caña, de un lado al otro lado del horizonte. Las hojas eran un verde claro con esplendor amarillo. Se mecían de lado a lado, con el impulso del viento y cada caña parecía ser dirigida como la batuta de un conductor de orquesta.*

Montado en el Jeep rumbo a casa de mi tía, vi que la caña podría ser muy alta. Cuando llegué, mi tío me dijo, "Llegaste a tiempo. Están por cortar la caña y encontrarías los campos al ras." Pude ver a la distancia las chimeneas de tres de los centrales que eran altísimas y casi llegaban al cielo y dos de ellos estaban echando el humo, indicador orgulloso de hacer azúcar todos los días.

Mi tío también se enorgullecía, al contarme como él sabía cómo hacen el azúcar,

"Después de cortar la caña, la ponen en una carretilla tirada por bueyes y la llevan al central. En el central es donde la muelen para sacarles el suculento jugo. Yo conocía el jugo de lo más bien. A mí me encantaba; se llamaba guarapo. Yo tomaba el jugo todo el tiempo en el pueblo. Cuando la caña llegaba del campo, vendían vasos del jugo hechos con una versión chiquita. Mi abuelita pelaba el tallo y la cortaba en pedacitos de seis pulgadas, y las cortaba una vez más para que nosotros, los nietos, la pudiéramos llevar en la boca y masticarla todo el día. Era tan rica que a mí me sabía mejor que la miel.

Pero mi lugar favorito en el pueblecito del central era el arroyo que estaba siempre lleno de actividades. El arroyo corría al lado del camino que le daba la vuelta a la lomita donde la casa de mis tíos estaba montada. Siguiendo el arroyo, uno encontraba un lugar donde era suficientemente hondo para formar una laguna y los niños del pueblecito jugaban y llevaban los caballos a bañarse.

Los muchachos me gritaban, "Brinca, brinca, métete en el agua."

Yo me tiraba al agua y me revolcaba con ellos brincando de caballo a caballo, jugando. Usábamos un cepillo grande para pasarle al pelo y quitarle la mugre. Al final, teníamos que sacarlos y montarlos para secarlos al aire libre. Con suerte algunos de los niños traían más de un caballo y siempre había uno extra para yo montar. Corríamos las bestias por entre las filas de la cosecha de caña y por los caminos de tierra. La experiencia era mucha más que magnífica para un niño sentir la libertad del aire libre.

Yo no les tenía miedo a los caballos y tampoco tenía ningún problema montándolos. Me acuerdo de que mis tíos y el esposo de mi mamá, me montaban en los caballos cuando pequeño, en su finca de leche. Y ahora, montar al lomo era como la conexión perfecta para sentirme un hombrecito.

Los muchachos se tiraban al agua en cuero, que para mí era una cosa extraña pues ninguno de los muchachos de la ciudad se atrevería. Aquí, era como si nada y yo no quería que me percibieran penoso y tampoco quería dejar de aventurar a lo que parecía ser muy libre; yo hice lo mismo, me quedaba sin ropa también. Un día me sorprendí cuando estaba mirando a mi parte privada y me di cuenta de que tenía pelitos pequeños creciendo. ¡Nunca había visto cosa tan semejante! Y *lo más gracioso era que estaba orgulloso, pues sentía que era un signo de que me estaba convirtiendo en un hombre.*

*Todo iba de lo mejor con mi visita, pero una mañana muy temprano tuve que hacerle cara a un incidente muy embarazoso. No es posible pensar que se pone frío en una isla tropical, pero esa mañana la temperatura, que es relativa, había bajado más de lo acostumbrado. Yo dormía en una cama solo en el segundo cuarto. Me desperté tempranito cuando no había luz ninguna y todo el mundo dormía. Sentí frío, pero también un deseo inmenso de ir a ser pipi. No sé si sería porque estaba frío, o que había tomado mucha agua la noche anterior. De cualquier forma, tenía que aliviar mi vejiga. Yo no quería despertar a nadie en la casa y mucho menos caminar afuera donde estaba el baño. Pensé que sería más fácil si me encaramaba en la ventana, me bajaba los pijamas y me deshacía de mi exceso líquido.*

*Me encaramé sobre el murito de la ventana cubriendo mi cuerpo con la sábana para no sentir el frío y a la misma vez que me balanceaba hacia mi gestión, de momento se me enredaron las sábanas y antes de que lo pudiera pensar, sentí el calor y el mojado en mis piernas. Miré y noté que también corría sobre las sábanas y la ventana. Y lo peor de todo era que no podía parar el chorrito de lo lleno que estaba.*

*"¿Qué voy a hacer?" Pensé aterrorizado y abochornado.*

*Cuando terminé con mi asunto, recogí toda la sabana, seca o mojada y las hice una pila e intenté salir del cuarto, pero había hecho tanta bulla, que mi tía me sorprendió apareciéndose en la puerta.*

*"¿Y qué estás haciendo con las sábanas?" Ella me preguntó.*

*"Creo que...que tuve un accidente." Fue lo único que pude decir.*

*Mi tía era una persona tan buena que no elevó su voz, no me gritó. Y en su lugar me hizo sentir como si nada había pasado.*

*"Dame esas cosas que yo me encargo." Y con la misma, se llevó la pila de sábanas, pero antes de irse me dijo que me cambiara a otro pijama limpia. Cuando regresó, con toda su dulzura le puso una sábana limpia a la cama.*

*Pero mi tío hizo todo lo posible para avergonzarme, esa era su forma. "Yo no me oriné en la cama." Le gritaba, "¡Fue un accidente!"*

*"¿Si es así, por qué están las sábanas colgada en patio?" Decía con su risita apuntando a las sabanas afuera.*

Sentado en la guagua reconocí que se embalaba a pico bajando por las montañas hacia el valle, mientras salíamos de las cordilleras. Yo sentí que íbamos muy rápido, rapidísimo. La carretera era estrecha y el conductor determinado, casi no le daba un chance a los otros cuando venían por la otra vía, aunque eran poco y a menudo.

La guagua parecía ser a las de "Greyhound" y aunque tenía unos años de usada, el aire acondicionado era potente y corría a todo meter. Esto hacía que las ventanas se empañaran por dentro y yo las limpiaba para ver el paisaje afuera. Mientras tanto, observaba a los pasajeros con discreción. Me di cuenta de que la mayoría eran locales, pero también noté unos turistas. Un pensamiento me molestaba, temía que todos me percibieran como un americano y no como un cubano local, que era lo que yo quería ser. Mi deseo era que mi herencia se viera por encima de mi ropa, como si saliera de mis poros y a través de lo que tenía puesto. Yo quería ser como un camaleón y desaparecerme en la multitud.

Me acordé de la noche anterior en Santiago de Cuba, en la que Andy y yo estábamos discutiendo las apariencias, cuando él me dijo, "Te pareces a un americano puro por la forma en que caminas."

Para joder, yo le caminé con mi tumbito de lado a lado y arrastrando un pie, y finalmente agarrándome entre las piernas," ¿Y ahora qué?" Le dije. Nos reímos mucho y me dijo, "Mucho mejor."

Pero una vez más, aquí en la guagua yo era un visitante. Me sentí un poco desilusionado. Era importante que la gente me viera como uno de ellos. Así me tomarían confianza y hablarían con más franqueza.

"¿Y a dónde van los excursionistas?" Me preguntaba, "Segurito que van a Baracoa." Yo oí mencionar que Baracoa tenía muchas más atracciones turísticas que Guantánamo. La ciudad quedaba al punto más al Este de la isla y en la costa, donde el océano bañaba sus playas. Yo me puse muy contento cuando me dijeron que a los turistas no les recomendaban Guantánamo, un lugar que yo conozco como uno de los más bellos de la isla. También la razón por mi alegría era que hay regiones de ecosistemas sin tocar en Cuba y ellos necesitan mantenerse de esa forma, sin estropear y sin abundancia de hoteles por todas partes. Me estoy refiriendo a *Puerto Escondido*, un pueblito de pesca donde mi familia visitaba durante el verano. ¡Era impresionante!

*Mi paraíso está al este de donde mi familia vive, allí el agua cristalina baña un terreno árido. La costa está formada de piedras con rincones y accesos que caen al mar para crear playas solitarias. Existen cactus en cantidad, pero la brisa tropical, los cocos, las palmas y flores de hibiscos, lo hacen impecable y bello.*

*Durante este viaje en particular, tres familias se habían reunido para pasar una semana entera durante el verano. Mi primo Jimmy, con tres años menos que yo era uno de los tripulantes quien tenía mucha energía y le encantaba estar al aire libre porque le gustaba hacer de la suya y no le tenía miedo a nada. Le encantaba los héroes de la televisión, especialmente los vaqueros. Y cada vez que teníamos una oportunidad, él y yo siempre jugábamos a los "Vaqueros e indios." Y este lugar ofrecía un escenario perfecto. Con la misma, los dos estábamos contentos de no tener que ir a la escuela. El viaje era largo y cruzábamos un terreno bien seco y lleno de cactus con montañas altas. El Jeep pertenecía a mi tío Pepé, que tenía por lo menos cuarenta y cinco años y no pedía disculpa por su temperamento y su autoridad. Cuando los muchachos trataban de hacerse con la suya, él nos disciplinaba y nos hacía saber quién mandaba. Nosotros los respetamos, pero nunca le teníamos miedo pues siempre nos complacía.*

*Cuando llegamos al lugar, dejamos los vehículos y tomamos unas lanchas para cruzar el agua azul, que brillaba con el sol para llegar a la aldea. El poblado era pequeño y estábamos quedándonos en una casa de bloques que un primo estaba construyendo. Era costumbre compartir con la familia y amistades. La belleza del área con el sol brillando y el agua clarita era suficiente para olvidar las necesidades mínimas de alojamiento.*

*La bahía se había tallado en el paisaje y difundido hasta lo más dentro, formando las aguas navegables de la región y también era parte de la arena en la playa bañada por el sol. La boca de la bahía estaba flanqueada por dos colinas, que la mantenía escondida del mar, donde el área tomaba su nombre. Se parecía al lugar donde piratas enterraban sus tesoros de plata y oro. Y claro, Jimmy y yo íbamos a buscar por todos los lugares posibles y tener la fortuna de encontrar el botín. También era un lugar donde ríos vaciaban sus aguas, formando muchos manglares que rodeaban los pantanos y aguas salitres.*

*Muchas veces nos llevaban en un botecito a mirar a los manglares. Todo tipo de pájaros, tortugas y pescados se podían ver en el agua. Nosotros también tuvimos la suerte de tirarnos en el agua para nadar y jugar en la playa.*

*Una tarde mientras estábamos sentados en el muelle y un poco aburridos, como muchachos al fin, una idea le vino a la mente sobre cosas que hacer, "¿Por qué no salimos en uno de los botes?"*

*Mi prima Isela, que siempre era la más valiente, dijo, "Yo he remado antes y estoy segura de que lo haría de forma segura."*

*Ella era muy buena conmigo en la ciudad porque cada vez que salía con su novio al cine, me pedía que fuera con ellos como chaperón, que era la costumbre. Ella también era valiente y más que nada, la más atrevida y determinada. Las otras primas más ingenuas, Maya, Janet y Lucille se pusieron de acuerdo, "Muy* bien, vamos a divertirnos un poco. Te tenemos confianza," pero otra dijo, "¿Tú estás segura de que lo sabes hacer?" "Claro que estoy segura." Insistió Isela.

Se atrevieron a tomar uno de los botes chiquitos sin pedir permiso y con la misma

salieron. Nos dijeron que no podíamos ir porque éramos muy chiquitos, y Jimmy y yo nos quedamos en el muelle mirando a las atrevidas salir al agua. El tiempo pasó un buen rato después de que las primas habían salidos. Ellas se veían más pequeñitas todo el tiempo. Las vi moviendo las manos de un lado al otro. Parecía como si estaban pasando un buen tiempo. Es más, una de ellas se había quitado la blusa, se había quedado con su traje de baño y a la misma blusa la meneaba sobre la cabeza.

Una de las madres que había regresado al muelle, se dio cuenta que las muchachitas estaban en el mar y nosotros le dijimos que se habían ido hace rato. La madre que se veía preocupada le preguntó a uno de los hombres que estaba allí si las olas eran más grandes en la boca de la bahía y si la corriente era suficiente fuerte para llevarse a las muchachas al mar alto.

El hombre le respondió, "Bueno señora, puede ser."

La madre comenzó a gritar, "¡Sí!, ¡se están yendo hacia la boca del mar, se van para el mar vivo!" Con la exaltación de la madre, todo el mundo empezó a darse cuenta de lo que estaba pasando.

"¡Ay, Dios mío!" gritó otra de las madres, "¡Es verdad, el mar se la está llevando!" Con todo el mundo escandalizado, el pánico se formó. Un equipo de rescate se montó en una lancha de motor y salió a buscar a las desamparadas en el mar. Todos miramos al bote de rescate volverse más y más pequeño hasta llegar a las primas. Después de haber sido rescatadas y llegar a salvo al muelle cada una de las niñas dijo aterrorizada, "Las olas eran inmensas y sentíamos que nos llevaban a la boca de la bahía."

"Todo parecía ser fatal." Y "Era muy fuerte remar contra la corriente." Todas empezaron a hablar a la misma vez. "Fue su culpa." Gritó unas de ellas horrorizada.

Isela quien había comandado la operación, recibió la carga de miradas ofendidas del resto del grupo. Pero ella resistió, pues tenía sustancia y tenacidad. Lo más que recibieron de sus padres fue un regaño. Creo que los padres estaban contentos de tener sus niñitas a su lado y vivas. Luego, con los días, las penas pasaron y las primitas tenían algo en común, habían sobrevivido la muerte en el mar, habían confiado con sus vidas y habían salido triunfante.

La guagua continuaba rumbo a Guantánamo. Pensé en vano, si las playas estarían de esa forma todavía. Las ciudades parecía que habían cambiado para peor y las afueras no habían hecho ningún cambio. Lo que vi después fue prueba de lo que estaba pensando. Miré a través de la ventana y vi eslóganes políticos. También estaban construidos de piedras pintadas en blanco, como del tamaño de pelotas de béisbol y colocados en la lomita a la orilla del camino, letras. Eran usados como puntos para formar palabras finalmente. Los eslóganes eran frases alabando a la Revolución. Cada eslogan reclamaba la alianza entre la Revolución y el pueblo de Cuba y el orgullo que compartían. Eran ellos de piedras y me confundían la simplicidad.

Yo no podía dejar de pensar, "Pero que irónico, que le echan la culpa a una máquina política y muy poderosa, los Estados Unidos de América que quiere reinar el país de Cuba, sin embargo, otra máquina, política y poderosa llamada comunismo reina en este país." Las palabras escritas en la lomita eran completamente lo opuesto a lo que la gente se parecía allí. Ellos no podían casi cuidarse con lo que tenían. Me recordaba a fotos que había visto de las regiones pobres de las montañas Apalaches de los Estados Unidos. Esta vista de la pobreza me hacía pensar, "¿Esto es lo que Fidel quería para su pueblo?"

Yo no creo que Fidel hubiera visitado esta área y haber podido ver en tan pobres condiciones; de ser así, él hubiera ello reparaciones – ¿O no?

Tanto en La Habana como en Santiago de Cuba y aquí, me sentí decepcionado, porque desde niño yo había oído los discursos de Fidel. Él había comprometido todas sus promesas de progreso e igualdad para todos los ciudadanos. ¿Era posible que sus ideales habían nublado sus ojos y no le dejaban ver las condiciones horrorosas de esta gente? ¿Fueron la pobreza continua y el esfuerzo a sobrevivir a cambio de llevar a cabo su sueño? ¿Era posible que el sueño nunca había llegado a esta área lejana donde se necesitaba más? Mi mente gritaba con agonía al no poder ver ninguna respuesta. Mi dolor crecía más fuerte todavía.

Para aliviar mi desdicha, decidí pensar en algo bueno. Yo había visto algunas clínicas y hospitales a la orilla de la carretera. Los carteles grandes indicaban su función. Claro, nunca tuve la oportunidad de entrar, pero el exterior no se veía mal. Pensé, "Por lo menos aquí se ve un poco de fe."

De momento, la guagua llegó a un pueblecito en condiciones un poco deterioradas. Cuando vi el letrero en un edificio que decía, *La Maya* me llené de alegría. "¿Este será el pueblito mencionado en la canción que he cantado desde chiquillo?" ¡Que alegría me dio! El pequeño pueblito con su tierra de barro rojo y las casas pintadas de blanco, parecían frágiles y también muy flojitas por todos lados. Se parecía a las otras casitas que había visto en todo el viaje. Las cercas que no podían aguantar ni siquiera las chivitas y las gallinas, construida de palitos mal hechos. Las personas se veían muy simples, sentadas en sillas mecedoras y vestidas de forma muy sencilla, con las caras largas y no muy felices. Se suponía que debían ser felices como lo decía la canción. Mi sentimiento era agridulce y tenía que tragármelo. "¿Será posible que mis sentimientos sobrevivan para dar el mensaje de esperanza a mis estudiantes?"

Las montañas se quedaron atrás y la guagua continuaba su descenso gradual. Doblamos una curva inmensa que nos llevó fuera de la carretera principal. Al fin habíamos llegado al valle de Guantánamo, con sus ríos y su llanura que llegaba hasta la costa. La ciudad queda a unas 30 millas al norte de la bahía. En esa bahía es donde se encuentra la base naval de los Estados Unidos. Miré hacia la derecha y pude ver *La Caldera*, una cantera de piedra donde años atrás se excavó la piedra para construir la carretera principal; ahora era un lago de color lima y agua turquesa. Me estaba acercando. Llegamos al borde de la ciudad en unos minutos. Yo estaba super ansioso, ¿quién sabia? cualquiera cosa podía pasar. La guagua dobló hacia un patio grande. El conductor entró en uno de los carriles designados y yo podía ver la gente adentro. Él anunció por el micrófono, "Todos que van a Guantánamo, aquí estamos."

# Capítulo 9

## Guantánamo

Impacientemente y con cada paso fui caminando hacia el frente de la guagua. A la misma vez, yo iba mirando a la multitud dentro de la estación. De momento, vi a mi prima Hilda; ella no había cambiado nadita. Me di cuenta de que ella me había visto a mí también. Tan pronto llegué a la puerta, me tiré de la guagua y corriendo hacia ella nos abrazamos. Nos miramos por unos minutos, sin decir una palabra, estábamos asombrados de que por fin nos habíamos encontrado. Nos echamos a reír, ella me introdujo a su hijo, Sandy de 18 años que había venido en su moto para darme la bienvenida. Estaban sacando el equipaje de la guagua cuando un amigo de mi prima los recogió. El manejaba un taxi y Hilda lo había contratado para llevarnos a la ciudad.

Mientras íbamos en el taxi, Hilda quería saber todo de todo, de lo que yo le pudiera contar. Yo quería decirle todo y mucho más. De momento, miré los nombres de las calles y quise reconocer en qué parte de la ciudad estábamos.

"¿Qué calle es esta?" Les preguntaba cada minuto. Yo quería conectarme con algo familiar. Pero, desgraciadamente nada se parecía a algo que haya visto antes.

La arquitectura aquí es colonial. A pesar de ser la capital de una gran provincia al este de la isla, carecía definitivamente, el lustre de La Habana o la vista panorámica de las lomas de Santiago de Cuba. Pero era mi hogar y mío una vez más. Y por fin me di cuenta de que tan pronto como nos estábamos acercando al centro de la ciudad, las cosas empezaron a lucir familiar.

Yo gritaba emocionado "¡Sí, sí, sí, yo me acuerdo de ese edificio!" Grité con entusiasmo, "Dios mío, ¡ahí está el parque! ¡Mi parque favorito!

Se veía igualito a como yo lo recordaba. La iglesia, el monumento, hasta la concha donde la banda tocaba. Y sin tomar un minuto pregunté, "¿Dónde está José Martí?" Hilda señaló a donde estaba.

Estaba exactamente donde yo lo había dejado. Era una estatua del escritor y poeta sentado leyendo un libro. Era un esplendor en mármol cincelado, en definición perfecta. Me quedé sin aire, él era mi héroe de la infancia. Manejamos unas cuantas cuadras, cuando llegamos a la casa. Cuando salimos del taxi, me di cuenta de que Sandy había llegado a la misma vez.

Me pare de repente y mi nivel de anticipación era enorme; yo todavía no podía pensar que estaba aquí. Una idea me vino a la mente, un concepto que siempre me había ayudado a evitar que mi mente no diera vuelta como un trompo y se desviara de su camino, "deja que pase todo, deja que suceda lo que suceda, quédate en el presente y con la experiencia del ahora."

Cuando mi prima abrió la puerta, se veía un corredor largo con un asiento típico de madera y caña que tomaba parte de la sala de espera. Al final, sentadito en su balance y con buena compostura, estaba sentado mi tío de noventa y tres años. No pude contener mis emociones otro minuto. Traté lo más posible de no asustarlo, pero de cualquiera forma me salían las lágrimas a cantaradas. Yo lo tocaba y le gritaba a la misma vez, pues él estaba bien sordo y prácticamente ciego. Sin embargo, mi mente seguía pensando, "Llegué, por fin llegué."

Sin yo darme cuenta mientras conversaba con mi familia, mi tío me había reconocido, él sabía quién yo era y quería saber todo de mí. Como había estado el viaje, como estaba mi mamá y mis hermanas, y como estaban los hijos de él, que él no había visto hace un tiempo. Me preguntó por cada uno de ellos y se recordaba a todos por sus nombres. Él tenía muchas preguntas y yo trataba de contestarlas todas, pero tenía problemas controlando mis emociones más que nada. Me sentía en un mundo surrealista y mis sentimientos no dejaban de brotar. Una vez más, pensé que mis emociones lo iban a asustar. Sin embargo, él demostraba su mente con compostura. Su mente estaba más que cuerda y se disculpó por él no oír claramente. Me sorprendió inmensamente en pensar, "Es de lo más educadito, pero yo estoy seguro de que, si él quiere, me grita." Me acordé de los viajes en su Jeep y como nos regañaba si nosotros no nos portábamos bien. Su edad no ha hecho cambiar en ningún caso su personalidad; todavía es el mismo después de todos estos años.

Me tuve que soplar la nariz como tres veces con pañuelos que mi prima me daba.

Pensé, "¿Por qué no me da una toalla de papel o Kleenex?" Sin darme cuenta de que ellos no habían visto una caja de Kleenex en muchos años.

Después de nuestro afectuoso encuentro, Hilda me guio hacia la parte de atrás de la casa y me dijo que yo iba a quedarme en el cuarto de ellos. Me recomendó que cerrara la puerta, para no dejar entrar a los mosquitos. Detrás del cuarto de la pareja, había otro cuarto lleno de herramientas, todo tipo de partes de metal, clavos, tornillos y otras cosas. El esposo de mi prima usaba todo esto para hacer reparaciones en la casa o hacer intercambios con los vecinos.

Compartiendo este tipo de servicio era lo ideal en un lugar donde el dinero faltaba.

Una mata grande de mango que salía por entre el concreto cubría el patio chiquito. Muchas matas en macetas colgaban del techo o se encontraban alrededor complementando la escena tropical. Mantenían palomares y jaulas de gallinas para coger los huevos y para añadir a la cuota de carne que recibían. También una línea de un lado del patio al otro para colgar la ropa, que siempre estuvo llena.

Hilda me enseñó el resto de la casa y no dejé de ver sobre un armario, una foto de mi abuelita en blanco y negro, grande, de ocho por diez pulgadas. Los ojos se me llenaron de lágrimas. Ella pertenecía a ese lugar y a la vez, me hizo sentir en mi casa, que era la razón especial por la cual yo había venido. Me acordé de ella, la matriarca de toda esta familia, en todo su esplendor, mirando desde el cielo y sonriéndome. Me trajo un diluvio de memorias.

*Mi abuelita se acercaba a mí y me decía, "Aquí está mi peine, péiname, por favor." "Claro, abuelita," y sin atreverme a decirle que no.*

*Ella me entregaba el peine y se sentaba en su balance. Con mucha delicadeza, se quitaba el moño de la cabeza para dejar que su cabello cayera sobre el espaldar del balance, como una cascada blanca y de seda fina. Yo dividía el pelo por la mitad y corría el peine acariciando la cabellera que caía casi al piso.*

*Muchas veces me parecía que se había quedado dormida, pero si yo paraba, ella se movía un poquito y me decía en una voz muy bajita, "Continua con tu trabajo."*

*Y así lo hacía, hasta que ella anunciaba que estaba satisfecha, "Muy bien cumplido."*

*Y con la misma, me daba las gracias y recogía sus cabellos, se los enrollaba encima de la cabeza como siempre y se iba hacer sus quehaceres de la casa. Increíble*

*que un momento tan simple e insignificante se me quedaría en la memoria para*
*siempre.*

Me desperté a la realidad cuando entré en el baño, había otro aparato
eléctrico como el de Santiago de Cuba. Y de nuevo, esta vez Sandy, me tuvo
que enseñar cómo hacer trabajar el calentador de agua.

Nos sentamos en la cocina y conversamos sobre la familia y cosas que
habían pasado.

Hablamos de la mamá de Hilda, mi prima Neva, que había muerto unos
años atrás. Ella fue muy íntima con mi mamá, pues eran de la misma edad
y muy amigas cuando eran jóvenes, pero con la separación de familias, solo
cartas servían como consuelo.

Desempaqué mi maleta y distribuí las cosas que había traído para ellos. La
mayoría eran artículos personales, como ungüento para los ojos, góticas para los
ojos, algo para las cortadas, jabón, cepillo de dientes, pasta de dientes, un par de
zapatos y ropa. Para mí, esas cositas no eran nada comparado a lo que necesitaban
en serio. Yo me quedé sorprendido por su agradecimiento, el cual me hizo ver lo
mucho que lo necesitaban.

Después de un tiempo caminamos al mercado para comprar unas cuantas
cosas para la comida. Hilda me invitó y Sandy fue con nosotros. Ella me
advirtió sarcásticamente, "No te atrevas a sacar tu dinero, que aquí no vale
nada." Y se rio a carcajadas. Todos nos reímos. Ella tiene como mi edad y creo
que nos comprendimos de lo más bien. Su carácter es como la ama de casa,
siempre cuidando de su abuelo quien es mi tío, su esposo, sus hijos, hermana
y primos. Ella es la matriarca de la familia con un corazón de oro, sincera y
muy dulce, con un gran sentido de alegría.

Caminamos por unas cuadras e inmediatamente noté que la calle estaba
llena de personas. La gente no se veía muy andrajosa o con necesidad. Estos
para mí, eran los cubanos del día a día, haciéndose cargo de sus necesidades y
rutinas. Algunos iban en bicicletas, claro, otros tenían caros, los que emitían
un humo infernal. Una vez más, yo trataba de ignorar los gases intoxicados.

Yo pude ver el mercado cuando nos aproximamos, pues había mucha gente
alrededor. Cuando entramos, Hilda empezó inmediatamente a conversar
con los vendedores, mientras escogía unos vegetales y otras cosas que ella
necesitaba. Mientras tanto, Sandy y yo conversamos de sus estudios y los
planes de la boda con su novia. Todo parecía que iba bien. Ellos se mudarían
a una casa que su papá le pasaría en el mismo Guantánamo. Sandy y yo
compartimos unos gajos de naranja que estaban dando a probar. Estaban

deliciosas, dulces y baratas. No sé lo que fue, si fue el sabor o el olor, o los dos, que me transportaron inmediatamente al pasado.

"¡Este es el mismo mercado al que mi abuelita y yo veníamos a comprar!" Le dije asombrado.

"Si, si es el mismo." Me respondió.

Pensé, "No, no puede ser. No puede ser el mismo." Y una vez las memorias de mi infancia se apoderaron de mí. Si pude reconocer el edificio con las mismas paredes de ladrillo y sus arcos inmensos, pero el techo había sido arrasado completamente. Quedaba abierto a la intemperie, mientras unas lonas cubrían algunos puestos de la mercancía. Me quedé atónito a la pobre selección y carencia de productos, pero a la vez mantuve mis sentimientos sin decir nada.

Pensé, "¿Dónde están los carniceros, las montañas de vegetales? ¿Dónde están los artículos de la casa y cocina, las fábricas?" ¿Dónde estaba todo?

*El día de ir al mercado, mi abuelita siempre me preguntaba que si yo quería acompañarla tempranito por la mañana. Salíamos de la casa sin nada en la mano, pero yo sentía el calor del sol sobre mí. Al llegar encontrábamos a los vendedores con sus mercancías en las aceras. Los vegetales y las frutas abundaban en nuestro camino, haciendo el efecto de un arcoíris de infinitos colores.*

*En las afuera del edificio había quioscos de vendedores y como vivíamos en el trópico, estábamos acostumbrados a verlos llenos de frutas, especialmente de mangos que venían en todos colores y tamaños. Más adelante, había racimos de guineos verdes y amarillos que colgaban de las vigas. En el mostrador que dividía el público de los vendedores, te asaltaba el rojo seductivo del melón de agua, que lo habían cortado por la mitad para enseñar a plena vista, el dulce y jugoso contenido con sus semillas negras.*

*Había una cantidad enorme de diferentes frutas. Pero para mí, una de la más interesante era el mamoncillo. Los vendedores tenían barriles llenos con sus deliciosos ramilletes. Eran muy parecidos a las uvas en tamaño, porque también venían agrupados, pero se diferenciaban en que tenían una cáscara dura y verde olivo. Se comían individualmente partiendo con los dientes la cáscara, para divulgar la semilla que parecía una bolina y con los dientes le raspábamos una pulpa dulce agria que la cubría. Me encantaba encontrar, de vez en cuando, una semilla melliza, dos pegadas que era una rareza de la naturaleza.*

*La fachada del edificio, que era de ladrillos rojos, estaba compuesta de una serie de arcos inmensos, que le daban la vuelta a la manzana por tres lados. El trabajo detallado del hierro entre los arcos era de una calidad exquisita. Las* puertas que también eran de hierro forjado, pero menos elaboradas, se abrían ampliamente para invitar al pueblo.

Pero lo mejor del mercado y lo más divertido estaba adentro. Unas lonas de diferentes colores colgaban de la pared, para formar las tiendas individuales y con la misma formaban un corredor todo alrededor del interior. En ellos, los vendedores tenían la oportunidad de demostrar sus gigantes pilas de viandas, vegetales, verduras y todo lo que se podía vender.

En el centro, los quioscos continuaban, pero también había un área en la que preparaban emparedados y cocinaban chucherías como salchichas, que eran mi delicia.

La ropa y quehaceres de la casa estaban en la parte trasera del edificio. También existían cosas eléctricas para la cocina y una cantidad de herramientas en la ferretería que nosotros no visitábamos mucho. Un techo de zinc cubría todo el mercado y los arcos estaban abiertos al aire libre.

Mi abuelita tenía sus vendedores particulares a quien ella siempre les compraba o hacia tratos para una mejor compra. Para mí, el área más peculiar y espectacular eran los vendedores de carne. Los carniceros traían carne fresca y la colgaban para enseñarla; era una impresión muy grande saber que los animales no eran mascotas, pero la comida de todo día. Pues a mí, me habían advertido de niño, que los pollos, las gallinas y los conejos no eran mascotas, ni tampoco eran los cangrejos, chivos o cerdos que criaban atrás en el patio de la casa. Las palomas tampoco eran mascotas.

Existían jaulas con canarios y otros pajaritos, pero estos no eran para cocinar solo para tener como cantantes.

Mi parte favorita, era aprovechar la oportunidad de probar los bocaditos que ofrecían. Y claro, esto era suficiente para venir con mi abuelita al bazar lleno de gente y bulla, con los olores que te acosaban los sentidos mejor que otro lugar del mundo.

Otra cosa que me sorprendía de mi abuelita era que no le importaban las conversaciones del día, sean políticas o económicas, que la distrajeran para obtener un mejor precio.

Los pasteles y tortas que siempre estaban presentes, desde los mundanos a los elegantes postres franceses. Me encantaban todos, pero había uno, el canpran, que era para aquellos que tenían que ahorrar. Era como una galletica grande, del color de la molasa de azúcar prieta que me fascinaba y costaba solo un centavo. Y por dos centavos más me tomaba mi pru, una combinación hecha con raíces y mucha azúcar para ayudar a bajar el canpran seco. Con estos dos, mi día estaba satisfecho.

Las condiciones deprimentes y tristes del Mercado me convencieron de la situación tan severa y falta de abundancia que existía. Lo único que se ofrecía era pobreza. Un mundo de emociones complicadas me llenó la mente. Yo amaba a mi pueblo, a mi país, pero ¿cómo era posible que yo aceptara lo que le había pasado? Este era el lugar de mi infancia, llena de bienestares. Me preguntaba, "¿Era posible que esto todavía existía aquí?" De momento me sentí traicionado, y no solo por mí, pero por todo el país. Me sentía triste y furioso a la misma vez cuando pensaba, ¿Cómo es posible, que la isla de Cuba tan exuberante, tan llena de riquezas y de gente tan alegre y llenos de vidas está completamente destruida? No la estaban cuidando.

Por contraste, cuando salimos del mercado, paramos en una tienda de Divisas donde se paga solo con los billetes *convertibles*, que son por lo menos 24 pesos cubanos o un dólar. La tienda estaba llena con víveres de muchos países, incluyendo los Estados Unidos. Estas tiendas están formadas con la aprobación del gobierno y establecidas de por lo menos con 60% de mercancía importada de otros países. Unos cuantos cubanos obtienen los *convertibles* porque trabajan con turistas, o compañías de cine, etc. que llegan al país. Ellos tienen la oportunidad de comprar papel higiénico, carne molida, aceite para cocinar y otros productos que no se ve en otras tiendas o mercados. Mi pregunta era, "¿Bueno y qué les pasa a aquellos que no pueden conseguir ese tipo de trabajo?"

Yo compré unas galleticas *María,* que están hechas en los Estados Unidos. Eran las favoritas de mis primos y no las habían probado desde hace ya un tiempo. Mi prima no me dejo comprar nada más y me dijo, "Guarda tu dinero, tu presencia es el regalo que nos has dado." Yo no quise ofenderla y no compré nada más. Pero después me colé y salí de la casa para comprar unas camisas a mis primos. Quería comprarles más que camisas. Quería comprarles como mantenerse, por sí mismos, como poder expresar los sentimientos y el intelectualismo y cómo sentirse menos aislados.

Esta experiencia me convenció de que si tienes dinero puedes comprar lo que tú quieras o por lo menos de mejor calidad. Si es así la cosa entonces, pensé, ¿Importa de dónde viene el dinero? Los salarios aquí eran un insulto, así que si no mandaban dinero de afuera entonces la persona estaba forzada a comprar en el mercado negro o prostituirse; sea lo que sea. Todo esto era desmoralizador y me dolía el corazón más y más, en ver lo duro que era poder vivir en esta existencia.

# Capítulo 10

## Encuentro con los Primos

Esa misma tarde, yo me había sentado en el sofá a la entrada de la casa y observaba a mi tío, quien estaba sentado en su balance oyendo en la radio el juego de béisbol, el juego legendario de Cuba. Antes de irse para los Estados Unidos, un amigo de Hilda había hecho un aparato para amplificar la bocina de la radio y facilitar que mi tío pudiera oír los juegos sin interferencia. Él lo usaba sobre su cabeza y era parecido al equipo que usaban las operadoras de teléfono. Era una pieza innovadora y maravillosa, construida de varias partes que cumplían un sueño de mi tío. Una vez más el ingenio cubano haciendo de nada, algo disponible.

Mi tío sabía que yo estaba sentado al lado de él, pero como era su único entretenimiento y él era fanático del juego, su mente estaba solo en el juego. Él sabía todos los detalles del juego y no tenía ningún problema hacerte saber lo que sentía por ello. Para mí su reacción al juego era increíblemente divertida. Él les echaba unas palabrotas a los jugadores que abochornan, especialmente cuando cometían un error. Después me decía, "El grupo de Guantánamo es una porquería, siempre están perdiendo y para el colmo, están en el último lugar, imagínate eso."

Era un placer observar cómo él se divertía en su juego de pelota, mandándolos todos al carajo. Me acordé de su temperamento fuerte que tenía cuando éramos chiquitos y me dio gracia al ver que no se le había quitado con la edad. Hilda me dijo que refunfuñaba cuando había que ayudarlo con el baño. Es muy independiente y camina por toda la casa con su bastoncito, agarrándose de la pared. Él tiene su propio armario que mantiene cerrado con su llave. Una mañana él estaba meticulosamente manoseando sus llaves y Hilda murmuró que pretendiera no verlo. Cuando por fin lo pudo abrir, miró unos papeles y los volvió a poner adentro y con la misma, cerró el armario como si nadie lo estaba observando. Era otra forma de demostrar su independencia y su individualidad.

Pero ahora en la salita yo estaba de lo más entretenido al ver a mi tío echando demonios y amenazando con su puño a la radio, cuando alguien tocó en la puerta. De la cocina, Hilda gritó, "Entra" y con eso comenzó la procesión de primos una vez más de vuelta en mi vida.

Primero fue Rolando. Mi corazón dio un salto de alegría cuando lo vi, él era otro a quien yo había amado desde niño. Pero ahora era un hombre hecho y derecho. Yo era el único niño en la casa de la abuela, hasta que él nació y por eso lo trataba como mi hermanito chiquito. Su cara no había cambiado nada, yo lo habría reconocido donde fuera. Su forma de ser era calladito y gentil. Me gustó inmediatamente. Me preguntó por qué mi mamá no había venido conmigo. Le tuve que explicar que era por la conferencia y él lo comprendió. Pensé mientras le respondía, que a mi mamá le hubiera encantado ver a su familia, pero el estado de pobreza le hubiera roto el corazón.

Otro toque a la puerta y esta vez fue el hijo de mi Tío Pepe, que había venido con su hija. Él venía todos los días a ver a su papá. Nosotros jugábamos cuando niños, en un solar vacío al lado de su casa. Él no había cambiado mucho de apariencia tampoco. Su hija era una maestra y muy bonita.

Pero la sorpresa más grande fue después de una hora cuando se aparece Chicha. Ella no quería perderse de los momentos alegres que definitivamente íbamos a pasar, y también quería visitar con sus hermanas Hilda y Marta.

Hilda había preparado un almuerzo y mi tío se sentó en su lugar favorito al final de la mesa. Él comió de un plato hondo con su cuchara especial, la cual se diferenciaba por tener un huequito en la manilla. También pidió por su pañuelo y no la servilleta que Hilda le estaba ofreciendo, él quería lo suyo y sin cambios. También quería su copa para el agua. Comió de lo más bien saboreando cada bocado con todo placer. Una cosa muy cómica sucedió mientras comíamos – Hilda le preguntó a mi tío, "¿Abuelo, la carne del pollo está dura?"

Su respuesta nos dejó en carcajadas, "No, mi hijita, lo único duro aquí soy yo."

Pensé, "¡Que cosa más grande, tiene su humor impecable!"

Mi prima también nos había cocinado remolacha con mucho repollo. Casi todo era vegetal, hervidos y servidos con mucha sal y pimienta. Hilda sacó su botellita de aceite de olivo pequeñita, que era cara y difícil de encontrar. No faltó el arroz blanco y los frijoles, pero también había una ensalada de tomates bien rojos y grandes y habichuelas verdes. Había mucha comida, pues estábamos celebrando. Luego, para postre tenían yogurt de soya. El esposo de Hilda, Gustavo se disculpó al decir que era de segunda clase, pero yo le respondí que era mejor que la leche de vaca. Él me dio una mirada que me hizo pensar que no me creía.

Después de la comida, que nos llenó pleno, nos sentamos para conversar y contar más historias. Obviamente, la noticia que la visita había llegado se había regado y tocaron en la puerta una vez más. Muchos tenían entendido que yo venía, pues le había hablado a Hilda hace unos meses atrás, ¿Me puedo quedar contigo y mi tío Pepe? Pues claro.

Básicamente, ella era la única de la familia que tenía teléfono y mi mamá y yo siempre llamábamos para saber de ellos y el resto de la familia. Era la forma más fácil de comunicarnos. También teníamos comunicación con otro tío, Enrique y su familia, pero ellos se habían mudado para Holguín y después de la muerte de mi tío, poco a poco las llamadas fueron pocas y a menudo.

Marta, la hermana mayor de Hilda vino a visitarnos con sus hijas jovencitas. Eran lindísimas, con pelo oscuro y largo y una piel blanquita y suave. La casa se estaba llenando, pero la atención estaba en las historias y cuentos que compartíamos con alegría y las carcajadas que soltábamos.

Por fin llegó Marco, él era el hijo chiquito de mi tía Elda. Yo solo lo había conocido por las fotos. Él era bien apuesto y se parecía a su mamá. Mi tía y yo éramos pegados, pues ella se quedaba en la casa, cuando mi mamá se iba a trabajar tempranito. Ella se encargaba de que yo estuviera listo, vestido y desayunado antes de irme para la escuela. Ella no estaba con nosotros hoy, pues había fallecido hacía unos años atrás. Ahora eran sus hijos quienes habían crecido, se habían casado y tenían hijos, y eran ellos los que me venían a visitar. Yo sé que ellos eran el fruto de su amor y su alegría. Le eché mucho de menos en ese momento y un dolor con dulzura corrió por mi cuerpo. Marco trabajaba manejando un camión y trabajando en el monte le había tomado el lomo. Su manera de ser era dura y no como su hermano Rolando, que era gentil. Él estaba listo para decirte que nada estaba bien, es más su comentario fue, "Mucho trabajo, pero poco dinero." Y lo interesante fue que él estaba diciendo la verdad. No le podían contradecir, porque él dijo lo que muchos pensaban, pero no hablaban.

Se apareció la que faltaba, la última de esa noche. Fue mi prima Maya, que había venido con su sobrina Adela. Maya fue como una hermana para mí.

Cuando niños, a ella le encantaba quedarse en casa de mi abuelita y por lo cual siempre estábamos juntos. A ella le dicen "la enciclopedia de la familia" pues tiene todos los datos en "todo el mundo," de la familia más las amistades, los vecinos y sea quien sea. Ella visitó a los Estados Unidos hace 15 años, pero dijo que tenía que regresar a cuidar a sus hermanos porque era su deber.

Mientras conversábamos me di cuenta, que uno de ellos quería preguntarme, pero no se atrevían, la pregunta que yo más le temía – ¿Por qué te tomó tantos años en regresar a vernos?

Cuando uno de ellos se atrevió tuve que responder.

Sentí que muchos merecían saber la respuesta. A la misma vez, yo también podía enfrentar el temor que guardaba, si decía con honestidad y certeza el porqué. Les expliqué cómo el teatro me había dado la oportunidad de venir a verlos, pero les agregué, "No es que yo no quería venir, pero el problema era al salir. Yo no quería tener que decir adiós, otra vez."

Nadie dijo una palabra, pero sí indicaron con sus cabezas que comprendían. La ansiedad de la separación se conoce muy bien en Cuba, y era una explicación que todos entendieron.

Después de un día de grandes encuentros, todos regresaron a sus casas y todos estábamos fatigados. Sandy me prestó sus chancletas de baño, pues no quería que me cortara los pies en una de las losetas que estaban rotas. Y me explicó una vez más como hacer trabajar el aparato de agua caliente. Me encantó la forma tan meticulosa con la que me estaban atendiendo. Yo estaba listo para el próximo día.

Me dolía un poco la garganta de tanto hablar y la nariz estaba congestionada por el olor del humo de los carros. Pero yo no iba a dejar que una cosa así derribara mi espíritu. ¡Que fenómeno más increíble yo acababa de observar, mi familia de tantos años! Me acordé de cerrar la puerta del cuarto para no dejar entrar los mosquitos.

Dormí toda la noche como un bebé hasta la mañana.

# Capítulo 11

## En la Casa que me Crie

Me vestí lo más pronto posible después que salí de la ducha para aprovechar de un desayuno delicioso que había preparado mi prima Hilda. Olía riquísimo. Ella me sirvió huevos fritos con café con leche y yo tuve el placer de satisfacer uno de mis hábitos cuando era chiquito; me encantaba mojar el pan con mantequilla en la taza de café caliente, este era el pan cubano no otro, y ver como el pan se deshacía y la mantequilla derretida flotaba arriba como una nata.

Hilda me contó del estado de salud de mi tío mientras ella le ponía gotas en los ojos. Dijo que él estaba estable, pero con su edad se iba deteriorando poco a poco, ella siempre estaba al tanto de sus necesidades. También quería ser una buena anfitriona, porque sacaba dulces para brindarme y yo le tuve que recordar que tenía diabetes. La que me hacía reír era Chicha, era un dulce caramelo y más cuando hablaba de su familia y de su nieta. Todo iba espectacular cuando Sandy, el hijo de Hilda, se ofreció a salir conmigo para que yo viera la ciudad.

"¡Que idea más genial, mi propio guía!" Le dije cuando acepté su propuesta.

Él propuso que camináramos hacia el Parque Central y si teníamos tiempo podíamos pasar por la casa donde yo me crie. Más agradecido no podía haber estado. Pensé que sería divino tener alguien conmigo, para poder dialogar las impresiones nuevas de lo que veía. Esto tenía mucho significado. La casa de mi abuelita era donde el amor fue plantado en todos nosotros, la nueva generación. ¿Qué había pasado con nuestras vidas, y que dirección cada uno había tomado desde esos tiempos cuando éramos niños?

Sentía mariposas en el estómago, de lo nervioso que estaba. Yo iba a enfrentar mi pasado. Era como si alguien hubiese sacudido mis sentimientos como un abrigo viejo, pero de cualquiera forma estaba dispuesto a aceptar lo que cayera. Por ejemplo, pensé "¿Cómo me sentiré cuando vaya a estar en el lugar que nunca pensé ver otra vez?". Yo no dejé a Cuba por mi propio deseo, pues como niño no tenía ninguna opinión. Me hubiera gustado quedarme con mi abuelita y luego me dije, "¿qué habría pasado cuando las cosas se pusieron duras?" Me estaba volviendo loco pensando más de la cuenta y tuve dejar esas ideas, tenía que pensar en el presente, "Esta es mi aventura de hoy, y solo puedo pensar en lo que suceda hora por hora."

Salí de la casa con mucho ánimo y con cada paso, el amor y admiración a mi pueblecito me llenaba de más gozo. Este era el pueblo que nunca quise dejar atrás y nunca tuve la oportunidad de decirle adiós. Pero ahora, estaba de regreso y con cada paso mi corazón latía más rápido y mis ojos se llenaban del espectáculo frente a mí. Sandy quería que yo le contara cómo era la ciudad en aquellos tiempos de los cincuenta.

El centro de la ciudad todavía era el parque. Los arcos cubiertos en buganvilias habían permanecido y ese día estaban florecidos. De una forma u otra, el edificio de la Iglesia Católica Romana parecía chiquito. En sus tiempos tenía estatuas de santos por alrededor, pero ahora se veía plano y pintado de un color cremita. En contraste, estaba la concha donde tocaba la banda que estaba igualita y se veía de lo más moderna. Estaba construida de tres círculos concéntricos, uno sobre el otro y separados por unas vigas de hierro. Los arcos parecían ser hechos de concreto reforzado, que era una forma innovadora de arquitectura de los años cincuenta. La fuente en frente estaba llena de agua limpiecita y parecía que acababan de pintarlo todo. ¡Se veía magnifica!

Una vez más, yo quería ver la estatua de José Martí. Cuando me paré enfrente de ella, me acordé la razón del porqué él era mi héroe cuando yo era niño. Y ahora como adulto, podía apreciar todavía más su inspiración en la belleza de los pensamientos, la justicia y el amor a la humanidad y por su heroísmo. Por años, el régimen de Castro había citado las palabras de Martí.

Era triste, pero yo podía comprender por qué sus palabras fueron usadas por la Revolución. Martí siempre expresó que todo hombre y mujer tenía que luchar contra la opresión de cualquier país imperialista, tal como los cubanos estaban luchando contra la opresión de los españoles de ese siglo. Sus palabras proclamaban que todo país debería de ser libre y no estar subyugado por ningún otro país. Que ironía, que el régimen de Castro proclamaba que están oprimidos por el embargo impuesto por los Estados Unidos, pero peor, no hay libertad que los cubanos puedan congregarse y tener la libertad de expresar en el publico una opinión diferente.

Caminamos enfrente del viejo ayuntamiento, El Palacio Salcines, un edificio ejemplar de la arquitectura Barroca. Me acordé de que solía acompañaba a mi abuelita a recoger su cheque de la pensión de mi abuelo. Él había vivido durante los 1870 en esa área. Tenía unos cuantos años más que mi abuelita y había venido de Francia a los tres años con su hermana. Habían venido sin ningún familiar acá que los esperara, pero de una forma u otra se quedaron en Guantánamo. Él creció trabajando el terreno y luego tuvo su propia finca, lo cual le permitió casarse con mi abuela y tener una familia de nueve hijos. Obtuvo el rango de Capitán en las fuerzas Mambises, por luchar contra el ejército español para obtener la independencia cubana. Mi abuelita siempre me contaba los recuerdos que atesoraba de la valentía de su esposo para liberar a Cuba.

Guantánamo floreció y prosperó al final del siglo antepasado, en 1890. Las casas hechas de madera tenían el techo alto con porches enfrente. Hoy no se veían tan mal, comparadas a las de La Habana, pero podían usar un poquito de pintura y en algunas, el techo se estaba derrumbando. Quedaban unos cuantos de los carros de los años 50 que todavía adornaban las calles, las cuales se mantenían más o menos limpias. Pero, Guantánamo se veía igual a las otras ciudades, como si el paso del tiempo hubiese dejado de existir.

Llegamos a mi cuadra y reconocí todas las casas como si fuera ayer. Nada de lo que mis ojos veían se había derrumbado. Primero vi la casa de la esquina que era en la que mi primo Jimmy y yo jugábamos con el muchachito que vivía ahí. Una por una las reconocí, estas eran las casas de familia que había conocido o donde había entrado y jugado con los niños de mi edad. Sentía mi corazón latiendo más y más mientras me acercaba a mi casa. Cuando la vi, la mente se me quedó fría, no tenía pensamiento alguno.

Cruzamos la calle y por fin estaba parado enfrente de mi casa. Yo había soñado tantas veces con este momento, la veía intacta. La pintura era igual, un poco más clara. Empujé la puerta de la baranda del frente y toqué en la inmensa puerta. Esperé unos segundos cuando mi prima Tila abrió la puerta, pero no me reconoció hasta que Maya, su hermana que venía atrás dijo mi nombre. Tila me dio una sonrisa pequeña, creo que la había dejado paralizada por la sorpresa. Le di un abrazo y entré. Una variedad inmensa de emociones invadió mi mente. Pero más que nada había alegría, y un sentimiento bueno, que me sorprendió. Tila que era un gajito fino, había cambiado inmensamente de apariencia y no la hubiera reconocido al verla. Mientras caminaba por la sala, noté que todavía tenían los mismos muebles que estaban allí cuando yo me fui, hace cuarenta y cuatro años, de madera y mimbre. También estaba la foto de Jesús Cristo, que te perseguía con la mirada cuando uno caminaba por enfrente de él. Dije, "Todo se ve igualito." Hasta que miré hacia mis pies y noté que habían cambiado el piso y casi grité, "¿Qué le pasó al piso?"

El increíble piso de mosaico había desaparecido.

Maya dijo que desgraciadamente había una tubería de agua que se había roto y había destrozado y deteriorado todo aquel bello trabajo y no lo pudieron salvar. Mi corazón se hundió, ¡Qué pena! Esas losetas, como en muchas de las casas de la ciudad, eran artículos de cultura y artefacto que admirar. No me quedó duda que esto significaba un aire de cambio. Pensé, "Era cómo reemplazar una bella pieza de artesanía y trabajo invaluable, en diseño y colores, con algo común que era solo para el uso diario." Me sentí traicionado por este insignificante detalle, pero no mencioné ni una palabra contra aquello, pues no quise herir sus sentimientos. Y eran las cosas pequeñitas las que me hablaban del cambio más que nada.

Las hijas de mi primo Lucas vinieron corriendo a conocerme. Ellas eran una belleza de jovencitas que enorgullecerían a cualquier padre. Se presentaron como Adela, la menor y Nela la mayor. Después noté que no solo era su belleza física, sino una dulzura que me convenció de su preciosa esencia interior. Ellas eran graciosas, con un espíritu maravilloso de juventud, que parecía no ser afectado por la escasez de sus alrededores.

No pude notar en mi primera visita, pero fue después cuando regresé, que noté que la energía de estas jóvenes mujeres iba galopando fuerte como un caballo hacia el futuro. Tuve la oportunidad aquí, con las hijas de mi primo Lucas, de sentir la maravillosa simpatía como un extranjero del norte. Este mismo sentimiento, luego lo percibí de los jóvenes con quienes trabajé al final de mi viaje, en los últimos días en Cuba.

Y después de todo, "¿Dónde está Lucas?" Pregunté.

"Él tuvo que ir a hacer unos recados, pero no te preocupes que él va a regresar pronto." Dijo Nela quien tomó las riendas de la prima para enseñarme la casa. Ella me pidió que me sentara, pero yo le dije que no podía, pues quería verlo todo. Y me complacieron.

"¿Dónde están las matas de mangos?" Pregunté.

"Tuvimos que cortar la mayoría de ellas, pero la grandota esa que tú ves allá atrás es la única que queda." Y al mirar me di cuenta lo grande que había crecido. Yo me encaramaba hasta lo más alto posible cuando era niño.

Cuando crucé por el frente de la cocina, noté que habían reemplazado las cuatro hornillas de carbón que usábamos para calentar el agua para bañarnos, por una cocina eléctrica. Habían dejado la capucha que sacaba el humo y se veía de lo mejor.

Enseguida quise saber cómo estaba el baño, ¿Puedo ver el baño?

Estoy seguro de que pensaron que yo estaba loco. Y ese momento así era. Me enseñaron el baño. Estaba exactamente igual a como yo lo había dejado. Nada había cambiado, ni siquiera las maniguetas en el lavado.

En ese momento entró Luca y dijo, "Y las luces son las originales, también."

Me quedé boquiabierto al verlo. Era un hombre, no me había hecho la menor idea de que podía haber cambiado. Y con la misma, me señaló que el inodoro si era uno nuevo. Pero el bidet viejo estaba ahí. El agua no trabajaba, pero ahí estaba. Y claro, al lado estaba la ducha más grande del mundo. Ellos también habían instalado un aparato para calentar el agua. El diseño de las losetas, una blanca y otra negra todavía existía. Ni una loseta faltaba. ¡Que increíble, no se podía pensar!

Pero faltaban los cuartos por mirar. No quise insistir, seguro que se sentirían un poco molestos, y solo pedí si podía ver mi cuarto. Adela dijo, "Claro que sí, es mi cuarto ahora, y me encantaría enseñártelo, está un poquito revolcado."

"No hay problema," le contesté. Ella tenía dieciséis años y no podía tener la menor idea lo que yo sentiría al ver la claraboya en mi cuarto una vez más, mejor dicho, el de ella. Yo me pasaba todos los días y las noches mirando hacia el cielo. Y colgaba mis avioncitos modelos con hilos finos, para verlos dar vuelta y verlos volar cuando la luz reflejaba en ellos. No me pude quedar más tiempo en el cuarto o habría perdido la razón y soltarme a llorar llorones. Todo era muy presente, muy rápido y yo tenía que tomar el tiempo necesario para acostumbrarme. Todo esto fue mucho para mí y por fin, decidí sentarme un rato y conversar.

Estaba distraído al pensaba lo mucho que me gustaba estar en "mi casa." Mi familia se había portado tan bien conmigo, tan dulces y atentos. Sentí su amor llegar a mí. Estaba pensando como yo les había prestado mi casa y ellos la habían arreglado de lo más bien. Yo estaba muy orgulloso de cómo la habían cuidado. Pensé que tenía que darles las gracias por haberla mantenido. No estaba seguro si iban a comprender mi gratitud. Cuando de momento, la

realidad me dio una bofetada, "¿Y dónde coño tú crees que iban a ir a vivir?".
Me di cuenta de que yo era el visitante extranjero, yo era el que iba a estar aquí
por solo unos días. La realización me dolió un montón, pero no dije nada.
Tenía que mantenerme en el presente para conservarme sano. Era un favor
muy grande para mí poder estar aquí, porque la póliza de los gobiernos no iba
a cambiar de un día al otro. ¡Lo que sucedía ahora y aquí era un regalo para mí!

Yo viré mis deseos en ellos; quise saber todo lo que podía sobre ellos. Maya
y Tila se quedaban en la casa y se encargaban de ella. La hija mayor se había
graduado de una escuela de oficios y ahora trabajaba en una oficina. La más
chiquita estaba terminando el bachiller. Me ofrecieron dos mangos y cuando
me los puse a la nariz, casi me caí de espalda al oler su exquisito aroma. De
momento todos los recuerdos de mi infancia afloraron en mi mente. ¡Qué olor
más exquisito! ¡Era espectacular poder cogerlos en mi mano!

Era definitivamente "el olor" que no me había olvidado. Yo había oído
decir que a lo mangos le decían "la fruta de los dioses," y ahora sabía el porqué.
También pensé por qué yo no podía comer mangos en los Estados Unidos –
no tenían el mismo olor o sabor. En ese momento no sabía qué hacer, "Me lo
como, ¿o lo admiro?"

Me tuvieron que decir que me lo comiera. Cuando empecé a quitarle
la cáscara y saborearlo, entendí lo difícil que era describir el sabor, pero a
lo mejor esto es a lo que llaman cielo. La masa de la fruta se derretía en mi
boca, mientras el color perfecto de la pulpa y el jugo corrían a los lados de mi
cara, tenía miedo de limpiarme. Me vería un poco desarmado. Pero para mí
era como si hubiera llegado al estado de nirvana. El otro manguito lo guardé
para después.

Caminamos al patio donde las jaulas de las gallinas existieron una vez.
Eso ya no existe, pero lo que sí estaba ahí era el tanque de concreto, cuatro
por cinco pies y por lo menos cuatro pies de hondo al lado de la cocina.
Ahora contiene agua. En mi niñez lo usaban para tirar los cangrejos del río,
venían vivos y mi tío los traía en un saco de yute llenito. Claro, a nosotros
los muchachos nos encantaba observar cómo se encaramaban, uno arriba del
otro. A unos pasos de la cocina, mi abuelita tenía un molino para hacer harina
de maíz. Ella me instruía cómo girar la manigueta, para que yo le moliera
el maíz que ella preparaba y hacía la masa de las hayacas más deliciosas del
mundo. También la llaman tamales. Pero ahora los vecinos habían construido
alrededor de todo el patio y se sentía muy restringido, no se parecía a cuando
mi abuelita lo tenía lleno de flores y abierto al aire libre para poder mirar al

cielo. En este momento yo quería quedarme para siempre, quería regresar a mi hogar.

Yo estaba pensando en el "hogar" que sentimos en nuestro corazón. El lugar a donde uno pertenece, donde haces amistades y tomas tu tiempo y energía fundando un área mejor donde vivir, un lugar donde puedes colgar tu sombrero. Yo tengo el temperamento muy impulsivo por lo cual mudarme para Cuba no tomaría mucho.

Una vez en la isla, mi tendencia sería de tratar de socorrer a las personas que no tienen voz en el gobierno. Creo que me tirarían a la cárcel por decir las cosas que digo o por tratar de organizar un comité o grupo para hacer demandas al gobierno. ¿Sería posible que yo pudiera protestar en las calles como lo hice cuando era estudiante contra la guerra de Vietnam? No creo.

¿Sería posible que yo pudiera protestar como lo hice en San Francisco por los derechos del gay?

De ninguna forma. ¿Sería posible que yo pudiera formar reuniones para socorrer aquellos con SIDA o VIH? Lo dudo. Y finalmente, ¿Habría marchado por un héroe caído, un amigo y un miembro del Consejo como Harvey Milk o como el alcalde George Moscone? Una vez más, no lo creo. El gobierno cubano no me daría aprobación.

Pero ahora no tenía tiempo para pensar lo de la mudanza. Mis primos me habían invitado a regresar otro día, para que ellos tuvieran tiempo de cocinarme algo especial. Les dije que sería un placer. Tomé el tiempo para pasar un rato con mi primo Lucas, que fue como mi hermanito chiquito. Él me llevó en su bicicleta a visitar a unos amigos del pasado. Yo iba sentado en la parte de atrás y arrastrando los pies, cuando él me gritaba, "Levanta las canillas esas largas que tienes que me estás haciendo trabajar más duro." Nos reímos pensando de cuando éramos niños otra vez.

Cuando regresamos, Lucas sacó un rifle de juguete que nuestro primo Jimmy había dejado cuando ellos salieron; el rifle disparaba pelotas de ping-pong. Lucas todavía lo tenía. Todo el mundo estaba loco por Jimmy, quien era muy amoroso pero travieso. Él era el más chiquito y corría atrás de nosotros para tirarnos con su rifle. Si lo pudieras ver hoy, después de graduarse de la universidad, se casó con una muchacha maravillosa, llevan 38 años juntos. Tienen una hija lindísima y cuatro nietos bellísimos. Yo le pregunté a Lucas si todavía tenía el libro de postalitas que estábamos coleccionando cuando yo me fui. Él dijo que sí lo tenía.

El próximo día salió con su álbum y me dijo que estaba completo y estaba pensando donarlo a un museo. Y con la misma añadió, "Yo creo que el álbum tuyo se lo dieron a los hijos de un primo." Para conseguir las postalitas caminábamos por la calle con la boca llena de chicles, porque teníamos que comprar una cantidad grande para poder sacar las postalitas necesarias y terminar la historia de la Revolución. Nos encantaba intercambiarlas y de una vez conocer los eventos. La Revolución tomó dos años de lucha y aquí estaban condensadas en un álbum de postalitas.

Mirando a las páginas reflexioné cómo nuestros juegos de indios y vaqueros se había sustituido por los rebeldes contra los casquitos, los rebeldes ganaron. Nosotros creíamos en nuestros héroes. Sabíamos que la Revolución iba a ser algo inmenso. Era una revolución de héroes y todo iba a ser bueno. La ironía fue, que era una nube para cubrir una ideología. Y en ese momento pensé, "Hasta ahora, ¿qué es lo que he visto?" Yo había visto muchos niños ir a la escuela y muchos centros de salud, pero no había podido entrar a ninguno de las escuelas. No había mucha comida que escoger, pero todo el mundo se veía saludable y no muy gordos. Algunos miembros de la familia estaban enfermos, pero hasta ahora lo estaban tratando por su malestar. Pero no decían mucho del tratamiento. Sentí como todos los cubanos estaban satisfecho en su estado, pero que yo no podía medir, por lo cual pensé, que como yo era un visitante no me decían lo que pensaban. Y eso era lo que veía más que nada; todos estaban muy incómodos de no poder abiertamente intercambiar ideas.

Mientras doblaba las páginas del álbum de postalitas, noté que era historia y que debía pertenecer a un museo.

# Capítulo 12

## Viaje a Santa María

Había llegado el miércoles y parecía que los cuatro días en Cuba habían pasado volando. Hilda había preparado un desayuno exquisito y mientras tomaba mi cafecito, pensé cómo en la ciudad de Miami habían casi podido igualar el sabor y el aroma del café. Pero aquí, el sabor era diferente. ¿Qué era lo que hacía que mi paladar lo sintiera como ningún otro? ¿Sería el café en sí, o como lo preparaban? Me reí al pensar, ¿podría ser el agua? ¿Quién sabe? Era como decir – hay que probarse el par de zapatos para saber de buena tinta que era el perfecto. El aroma nos hacía recordar muy claro un tiempo de inocencia y el sabor se distinguía como el deleite de una tierra que hacía crecer alegría en nuestras vidas, la pasión y el espíritu del amor.

Esa mañana, Sandy regresó del trabajo después de unas horas y me preguntó si yo quería ir con él en su motocicleta a dar una vuelta. Pudiéramos ir a Santa María, una comunidad rural que quedaba al este y por el río Guaso. No lo esperaba y me sentí muy agradecido por su invitación. Él se disculpó por ser solo en su motocicleta, pero yo le aseguré que era genial para mí y podíamos ir a donde quiera que sea. Mas me llevé mi cámara, para poder tomar fotos de los lugares que fueron mis preferidos en mi niñez.

Emprendimos la ruta hacia el sur y llegamos al parque de la calle 24, lo habían convertido en un parque para niños para tocar a los animales. Desgraciadamente los animales se veían malnutridos y no muy saludables.

Sandy apuntó hacia un estadio de deportes en una lomita al fin de la ciudad. El gobierno lo había construido en tierras apropiadas de un reparto, cuando los dueños habían salido del país. Luego supe que era el reparto en el cual mi mamá, mi tía, tíos y otros en la familia estaban comprando para tener sus propias casas antes de irnos. La ironía era que ahora pertenecía a los jugadores de pelota que mi tío llamaba, "… una porquería y siempre están perdiendo…" Y yo pensé, que lastima, por lo menos si jugaban bien nos daría orgullo saber que dimos nuestras tierras por ellos.

De ahí salimos rumbo el noreste, cruzando el puente sobre el gran Río Guaso rumbo a las afueras de la ciudad. Pasamos por debajo del puente de tren, que cruzaba el río y la carretera. Me acordé de que cuando niños, nos gustaba nadar y jugar en ese lugar por horas. Siempre teníamos que cruzar el puente a pie y esperar si había tiempo suficiente antes de venir el tren. El área me hizo recordar mucho a mi niñez y a mis primos en aquellos tiempos cuando jugábamos juntos.

Mi primo se embalaba en las curvas y yo me agarraba de sus hombros. El aire que nos batía se sentía riquísimo. Mientras en la carretera, pasamos a un complejo construido para la gente del pueblo, y se parecía a muchos otros complejos que yo había visto en el centro de la ciudad u otras áreas pobres del mundo. Pero aquí se presentaba lo que yo esperaba – estaba más sobrepoblado. Las ventanas estaban rotas, la pintura de afuera se había deteriorado completamente y había una cantidad de niños andrajosos jugando afuera. Me pude imaginar cómo sería por dentro y descubrí una vez más, que el comunismo es comunismo donde quiera que sea, tanto en Guantánamo como en Berlín del este. Los pobres son pobres, donde quiera, así como si estuvieras en las afuera de la Ciudad de Guatemala, las afuera de El Cairo, Egipto o un pueblito pobre de España. Yo lo he visto con mis propios ojos.

La ironía era, que a una milla en la carretera habían construido una escuela de artes plásticas. Era de lo más bonita, limpia y de construcción moderna con un pasto bien cuidadito.

Como en otros países comunistas, el arte era considerado importante y demostrativo del gobierno. Pero lo que el gobierno no se daba cuenta, era de que un edificio tan bien cuidadito, limpio y moderno luce horrendo cuando enfrente de semejante pobreza. ¿Cómo es posible que el edificio nuevo sea indicativo del "bien" que Fidel ha producido cuando a su alrededor se ve tanta pobreza?

Llegamos al Club de Los Leones y los otros dos clubes que existían alrededor. Los clubes no eran elaborados come el famoso Copacabana, pero eran más que nada reconocidos por las familias de allí, porque era donde traían a sus familiares a pasar el tiempo cerca del río. Las familias traían comida, tocaban música y jugaban y se reunían con otras familias haciendo lo mismo. Pero esa tarde el exterior del club se veía triste, no era ni siquiera la sombra de lo que fue una vez. Pensé que, a lo mejor, me hubiera gustado entrar corriendo a verlo, pero su apariencia fue suficiente para retroceder y no intentarlo. Los tres clubes estaban dilapidados y feos. Decidí quedarme con mis memorias de muchacho intactas. Recordé vivamente los tiempos que bailamos ahí. Para mis nuestras actuaciones fueron importantes porque estábamos actuando en un club nocturno.

*En este mismo club en el año 1958 cuando yo tenía once años, yo participé, al igual que mi primo Jimmy, en un baile. Y claro, a Jimmy siempre lo invitaban a participar en alguna función, con tal de mantenerlo siempre ocupado y no causando sus travesuras. Jimmy era tres años menor que yo y vivía con sus dos hermanas, Janet y Lucille y sus padres, Frank y Matilde, a una cuadra de la casa de mi abuela.*

*Como yo era parte de una familia grande conocíamos muchas personas, siempre había una fiesta o un cumpleaños que celebrar. En las fiestas había mucha comida, pero la música era un requisito y todo tipo de música se tocaba. Los que atendían eran jóvenes o mayores, miembros de familia o no, pero todos bailaban. El único requisito era mover los pies al compás de la música.*

*Como se tocaba todo tipo de música, todo el mundo tenía chance de bailar. Por ejemplo, los danzones del tiempo de antes para música suave, pero el chachachá era para el ritmo del día. También se bailaba rumba y merengue. Las guarachas que Celia Cruz cantaba también eran parte del ritmo. Y no hay que olvidar que la música americana también se tocaba para todos, era el tiempo del rey del rock, Elvis Presley.*

*Y yo siempre disponible y listo para enseñarles a todo ellos el amor y la pasión por el baile, me prestaba a toda oportunidad sin perder un paso. Me encantaba la música clásica y me daba delirio la música flamenca de España. Mi mamá dejaba que yo oyera sus discos en un tocadiscos que ella había comprado. La radio también tenía música y otros programas, pero la televisión se miraba solo por las noches.*

*Para este evento Jimmy y yo teníamos que hacer el papel de bandidos mexicanos. La idea de ser hombres con sombreros grandes y con cintas de balas y con pistolas en la cintura, sería ideal porque a nosotros nos encantaba jugar así.*

*El grupo practicó muchos días. También tuve la oportunidad de ser el compañero de una de las muchachas más lindas del pueblo. Su nombre era Rebeca Ulloa y tuvimos un amor de niños sin palabras. Esta fue la primera vez que sentí la cosquillita del amor. También supe que ella tenía los mismos sentimientos por mí. ¡Qué alegría! Ella iba a otra escuela y cuando nos reuníamos, siempre era algo especial.*

*Siempre había tiempo para coser las piezas y vestidos que se iban a usar en los bailes.*

*Mi tía Elda era la costurera. Ella era la penúltima en una familia de nueve muchachos, mi mamá era la pequeñita. Mi tía era una de las tres hermanas que eran rubias de ojos claros. Ella había estudiado para costurera y siempre estaba cosiendo vestidos y ropas para niños. Todo el tiempo había un grupo de señoras que venían a la casa a coser todo el día. A mí me gustaba observar cómo todo se unía y como los pedazos de tela se convertían en vestidos. A los varones no los dejaban coser, pero a mí me dejaban mirar. Para mí, representaba hacer algo de la nada.*

*Desgraciadamente a las mujeres no les gustó la idea de las balas y los bandoleros, así que esa idea se tuvo que poner a un lado. Aunque las balas iban a ser plásticas. El disfraz por fin fue el de un Mariachi con un sombrero enorme y decorado. Las niñas se veían bellas. Ellas usaron unas faldas anchas y decoradas con lentejuelas. El bordado era un águila con una serpiente en la boca, igualita a la bandera mexicana.*

*El baile en el Club de Los Leones fue uno de los más divertidos y mejor ejecutados que habíamos logrado. Bailamos en el piso grande de madera, que estaba cubierto por un techo de guano en el centro del club. Interpretamos el baile típico del sombrero mexicano. Los saltos y vueltas fueron suficientes para satisfacer nuestras ideas salerosas de divertirnos y disfrutar. Para mí, todo salió perfecto y con la suerte de poder demostrarle a mi interés amoroso, Rebequita, el mejor talento que yo tenía, el baile.*

Ya era tarde y nos estaba entrando el hambre y con la misma decidimos regresar a la casa. De vuelta pasamos por un área donde el río estaba bajito y cruzaba una carretera. Ahí los hombres traían sus carros y camiones para lavarlos, había un Cadillac negro y viejo y un Oldsmobile del tiempo de la nana, más un Jeep tipo SUV. Y sí, esta área no había cambiado nada tampoco, seguía siendo el mismo lavadero de carros de hace unos cuarenta años.

Caminé hacia una represa que mantenía el agua del Guaso para formar una piscina y me recordé que unos pies atrás, era donde aprendí a nadar y lo hacía contra la corriente.

Seguimos rumbo a la ciudad, pero por otra ruta. Yo quería ir a ver el hospital en donde mi tía trabajaba y donde nos asistíamos cuando chiquito y Sandy me preguntó si yo quería pasar por el cementerio también, pues nos quedaba cerca.

"Claro que sí me gustaría." Le dije.

Cuando llegamos al cementerio, lo encontré solo y definitivamente dilapidado. No había ni una pulgada que no se hubiese usado, o que alguna persona o familia no se haya apropiado. Yo sabía que mi abuelito estaba enterrado ahí, pero Sandy no sabía dónde y no íbamos a entrar a buscar. Era inmenso, por lo menos cuatro cuadras o más. Dije una oración en silencio y con la misma nos fuimos.

Cuando llegamos al hospital, me quedé completamente sorprendido. Era uno de los edificios mejor cuidados. Estaba todo pintadito, una sala era rosada y la otra era azul clarito. Entonces fue cuando Sandy me dijo que era un hospital para las madres dar a luz. Las palmas y el jardín estaban todos bien cuidados y adornados.

Cuando terminamos con el tour por el pueblo, me di cuenta de que la ciudad todavía era bella en muchas cosas. Puedo decir que después de cincuenta años de la Revolución cubana, no había cambiado mucho. Yo no podía decir que había progreso, solo en pensar en el hecho de que, si no había ninguna industria, tampoco había mucha destrucción de ambiente. Pensé, "¿Sería posible que alguna forma de luz al final del túnel sobresalía? Que no haya sobrepoblación o industrias"

# Capítulo 13

# Respeto y Honestidad

Al otro día fuimos a comer almuerzo en la casa de Marta, la hermana de Hilda. Subimos al techo para poder observar mejor la vista de la ciudad. Se podía ver una clase para niños pequeñitos en un parque al lado de la casa. Mientras yo le ponía oído a lo que la maestra les decía a los niños, me di cuenta de que les estaba enseñando canciones alabando a la Revolución y luego cantaron el himno. Todos tenían el uniforme típico de los alumnos y otros luego recitaron poesías que habían escrito. El sujeto una vez más, era la Revolución y los deberes de un buen ciudadano. Había una cantidad mayúscula de propaganda de parte de la maestra. Esta forma de enseñanza, no se parecía a nada de lo que yo suponía que debía ser una escuela. A los niños se les debe animar y enseñar a explorar y a reconocer varios materias y opciones. Aquí todo parecía indicar lo opuesto. Me puse de roñas y pensé esperanzado de que algún día estos niños podrían conseguir un mejor entendimiento de las oportunidades que el mundo puede ofrecerles. ¿Pero cuándo va a suceder esto? ¿Y qué tiempo va a durar este tipo de enseñanza? Yo no tenía la respuesta y fue entonces donde decidí que yo tenía que compartir con el mundo lo que yo acababa de ver.

Con Sandy a mi lado, caminamos hacia la ciudad y después de un tiempo empecé a dejar mi enfado a un lado. Llegamos a mi escuela primaria. El edificio había cambiado un poco al igual que todo. El color era el mismo, rosadito, pero parece que nunca lo habían pintado y estaba muy veteado, sin embargo, el color no me importaba tanto como el estar ahí. Llegamos a la entrada y subimos las escaleras. Cuando entramos en el foyer y pasamos las vitrinas de cristal, pude ver una vez más que la arquitectura no había cambiado. Enfrente de mí estaban las escaleras semicirculares que te llevaban al segundo piso. Al verla, me dieron escalofríos. Enfrente estaba el escritor inmenso que daba la bienvenida. Al dar unos pasos, vino una muchacha y me pregunto, "¿Lo puedo ayudar?"

"Solo quería mirar por un momento dentro del colegio," le respondí.

"Lo siento mucho, pero si no es asunto oficial, usted no puede entrar." Me contestó.

"Pero es que yo asistí a este colegio hace muchos años y solamente quería…"

Ella me cortó la palabra inmediatamente y me dijo que esa era la ley y tenía que seguirla. No quise insistir o causar una escena fea, por lo cual me retiré. Le di las gracias y con la misma me di la vuelta y salí. Una vez más me dolió lo que me hicieron y me estaba poniendo de mal humor cada minuto que pasaba. Parece que este día no iba a ser fácil. Yo iba a regresar y decirle lo que me pasaba por la mente, pero pensé en mi familia y tomé otra dirección. Me puse a pensar que esta gente ni me conocía. Yo había ido a esta escuela de kínder hasta el octavo grado. Esta era mi escuela y debería tener permitido visitar mi escuela. Reflexioné sobre un incidente en el cual también fui tratado mal y mal interpretado. Yo estaba en el quinto grado y casi cumplía los 10 años. Había una maestra a quien yo quería mucho, pero un día ella dejó que el mundo se derrumbara a mi alrededor.

*El año era 1957, cuando en una tarde tranquila en la escuela, los estudiantes esperaban el final del día para que sonara la campana, que nunca venía a tiempo, y poder salir corriendo afuera y dejar la rutina de tanta formalidad.*

*Todos estaban sentados calladitos, pretendiendo oír a la maestra, que todavía estaba tratando de dar instrucciones aburridas en un intento de mantener la atención hasta el último minuto. Cuando repentinamente, otro estudiante que traía un mensaje apareció en la puerta y la maestra le dejó entrar. Cuando pasó la puerta, anunció que había un ensayo del coro después de las clases en la iglesia.*

*No sé lo que me pasó. Sería el deseo de acabar con el aburrimiento o posiblemente lo más probable, la inclinación de ser 'el payaso de la clase.' Y sin mala intención ni pensarlo mucho, canté a todo pulmón una imitación de dos segundos, del clisando de un soprano ario.*

*¡Ta Daaaa!*

*Hasta yo mismo estaba sorprendido de lo que había salido de mi boca, pero era muy tarde, no pude retroceder lo que había hecho. ¡El daño ya estaba hecho!*

*Recibí lo que esperaba de mis compañeros, cuando una ola de carcajadas explotó en toda la clase, para desbaratar el aburrimiento pendiente.*

*De momento, el silencio regresó al aire y unas cuantas risitas y susurros se podían oír gruñir por la clase. El viento quedó quieto y un alfiler se pudiera haber oído caer al piso.*

*La maestra enfurecida dedujo que el sonido había venido del área donde yo estaba sentado. Ella preguntó quién había hecho el canto. El silencio prevalecía.*

*Ella miró a la clase y repitió, "¿Por favor, alguien me va a decir quien hizo ese ruido?"*

*Una vez más, el silencio prevaleció. Ella dio la vuelta y mirándome a mí, me preguntó directamente, "¿Fuiste tú?"*

*De una forma u otra las palabras que salieron de mi boca fueron, "A lo mejor fueron los muchachos afuera. Pues, la clase ya salió y ellos están corriendo por allá dando gritos." Una vez más, el silencio era rey.*

*La maestra no me creyó. Ella miró alrededor del cuarto, y en un silencio siniestro se quedó pensando en lo que quería hacer. De momento parece que una idea ingeniosa le vino a la mente y dijo, "Yo quiero que todo el mundo, y quiero indicar, todo el mundo, camine hacia el frente de la clase, mire hacia el Cristo que está aquí en la pared y respetuosamente le diga a toda la clase en voz alta, para que todo el mundo lo oiga, y acentuó, "si fuiste tú," y esta vez con la voz más alta dijo, "o no fuiste tú el que cantó." El silencio seguía su calma.*

*"¿Me entendieron?" Añadió enfáticamente.*

*"¿Qué hago?" Mis principios estaban revueltos. Pensé en pánico," ¿Digo una mentira o digo la verdad?*

*Yo nunca le había mentido al Cristo. Era un símbolo sagrado y si decía una mentira significaba que no lo respetaba e iría al Infierno cuando me muriera, aunque ahora parecía ser parecido.*

*Hice la siguiente deducción, "La mayor parte de mis compañeros saben que fui yo el culpable. Especialmente aquellos que me rodeaban y luego ellos mismos me iban a delatar.*

*Pero le dije a la maestra que yo no fui. ¿Miento otra vez? No sé qué hacer ni dónde esconderme.*

*Esto es un chantaje religioso."*

*Sentí que el mundo se derrumbaba alrededor cuando, uno por uno, mis compañeros iban al frente de la clase y debajo del Cristo declaraban su inocencia. Y de repente, llegó mi turno para enfrentar mi destino al frente de la clase. Me quedé petrificado. El temor me había dejado paralizado; muy despacio y poco a poco me levanté, cuando comencé a caminar por la fila. Mi primera idea fue, "Tienes que cubrir lo que has hecho. Tienes que mentir."*

*Llegué al frente de la clase. Estaba a un paso del Cristo y lleno de pánico. Con un llanto muy fuerte me tiré a la pizarra y dije, "¡No puedo!"*

*No podía decir las palabras exactas – Si, yo lo hice, yo fui el que cantó el aria. Y con mi cabeza sentada en mis brazos lloré muy fuerte.*

*Me quedé acostado contra la pizarra y continué oyendo al resto de la clase acercarse atrás de mí, a proclamar su inocencia.*

*Durante este tiempo sin fin, me habría gustado que el piso se hubiera abierto y me hubiera tragado enterito. Me habría gustado que mi cuerpo se encogiera hasta desaparecer.*

*Quería desistir de este mundo.*

*Me quedé solito, parado hasta que el timbre sonó y todos mis amigos salieron huyendo de ese momento tan feo. Parado solo y sin ninguna energía, di la vuelta para recoger mis libros y cosas del escritorio. Me sentí como si me hubieran partido en dos.*

*No estoy seguro lo que sucedió después del incidente. De una forma u otra volví a reunirme con mis compatriotas. Pero una cosa era cierta, me tomó años para perdonar a la maestra que me sometió a tan grande humillación.*

Fue un desafío muy grande, pues a mí me gustaba la maestra antes del incidente. Fueron años después cuando aprendí, que sí vale la pena perdonar aquellas personas que uno ama. Si por casualidad ellos no te aceptan, por cualquiera razón, tus sentimientos por lo menos se pueden quedar incondicionales. Yo le podía haber dado a la maestra el beneficio de la duda. A lo mejor ella estaba bajo un estrés grande y yo fui la marioneta de su resultado. Pero yo era un chiquillo entonces y no entendía. Al fin y al cabo, hice lo necesario y yo tuve la suerte de aprender porque pude reconocer la diferencia entre "decir la verdad" y "mentir para que se me vea bien." Porque yo no mentía en frente del Cristo, que era un símbolo muy significante para mí, aprendí que podía ser honesto y preservar mi dignidad. Pero unos años después en la misma escuela, la historia fue completamente diferente cuando nos aprovechamos de la situación y nos llevó a mí y a mi clase a un problema con la maestra principal.

*La maestra entregó un examen sin advertencia a la clase cuando los estudiantes no estaban preparados. El examen los haría ver mal. Muchos de ellos expresaron su desagrado, aunque no completamente libre, pero por lo menos bajos sus voces.*

*"Ella nos podía haber avisado." Murmuraron algunos.*

"Sin advertencia y sin haber estudiado va a ser un desastre." Respondieron otros.

Mientras los murmullos seguían sus pasos, parecía que el consenso era que la maestra, la cual no era muy popular, y que estaba consciente de ello, iba a tomar ventaja de eso para enseñar a la clase una lección. Claro todo el mundo estaba preocupado qué examen les iba a destruir sus notas.

Mientras los papeles eran distribuidos fila por fila, se veía que los estudiantes que no estaban preparados comenzaron a sudar, incluyéndome a mí. Tan pronto todos recibieron sus papeles, que era un examen de múltiple-selección, el reloj comenzó su tictac.

El examen iba a ser recogido así estuviera terminado o no. La tensión en el cuarto se podía cortar con un cuchillo.

Yo pude reconocer algunas de las preguntas y las respuestas me llegaron a la mente inmediatamente. Pero algunas de las preguntas eran difíciles, y yo no sabía responderlas. La verdad del caso fue, que era un examen difícil. Yo miré alrededor del cuarto y reconocí que no era solo yo el que tenía problemas. Me quedé mirando al frente, el crudo destino se acercaba, esperando a que vinieran a recoger el papel con pocas respuestas, cuando a su tiempo apropiado sucedió lo impensable.

De repente, la maestra dio una vuelta en su silla, se levantó y caminó fuera del aula.

Todo el cuarto se quedó atónito, ni un pelo se movió.

Yo me quedé con la cabeza baja, "¿Que está pasando? Pensé, "¿Por qué esta mujer está haciendo esto, será un truco? Otra idea me vino a la mente, "¿Ella no sabe qué nosotros nos podemos decir las respuestas los unos con los otros?

Pasaron unos segundos, cuando de momento y sin vacilar, alguien en la segunda fila se había levantado y actuando como un ladrón de las películas — mirando de lado a lado — y con mucha cautela para no causar revuelo ni sospechas, caminó hacia el escritorio de la maestra. El miró una vez más, y sin vacilar, tomó un pedazo de papel que estaba en la esquina del escritorio. ¡Soplón!

Su acto atrevido nos dejó con la boca abierta, por lo menos a aquellos que lo vieron, porque el resto nunca se dieron cuenta. No tuvieron la sorpresa de ver la coreografía improvisada que había sucedido en frente de ellos.

Rápido y como la velocidad de luz, él copió las respuestas en su papel y con la misma agilidad y muy astuto, devolvió el papel a su posición en el escritor.

Un millón de preguntas me vinieron a la mente:

"¿Voy a delatar al alumno estafador?"

"¿Voy a dejarle a saber al resto de la clase lo que había observado?"

*"¿Voy a gritar bien fuerte cuando la maestra regrese o peor que todo, voy a tratar de beneficiarme del robo y obtener las respuestas yo mismo y salvarme el pellejo?" ¿Qué hago?*

*No sabía qué hacer, estaba confundido.*

*Miré y vi que otros estudiantes estaban copiando las respuestas sin titubear ni pensar que era un crimen.*

*Y de momento, enfrente de mí – ahí estaba. Alguien trataba de tomar mi atención para que yo cogiera el tesoro mal robado. Era una copia de la copia. Lo pensé por un minuto y me sentí apresurado y luego animado.*

*El último pensamiento fue: "¿Por qué no?"*

*Y la respuesta frágil del error gigantesco se había realizado.*

*Yo me aproveché de la situación; preferí coger la vía fácil y copié todas las respuestas que no tenía, una por una.*

*"Ya no me puedo echar para atrás. El crimen se ha cometido." Reflexioné, y me sentí sin ninguna preocupación.*

*Le pasé la nota a otro. Parecía que todo el mundo estaba en el círculo ahora. De momento, el entusiasmo me estaba causando un estado nuevo de euforia. El murmullo se podía oír por toda la clase, como si un pedazo de dulce prohibido se había saboreado. Era como el aire de una tarea que no se había definido, pero se había cumplido por soldados en una zona de batalla. No se sentía por ninguna parte la sensación de haber hecho algo deshonesto.*

*La maestra regresó y recogió los papeles tan pronto el timbre había sonado. Todo el mundo salió corriendo de la clase lo más pronto posible.*

*La semana siguiente y por sorpresa la maestra no regresó a la clase, sin embargo, en su lugar sustituyendo y sentada en el escritorio, estaba la directora del colegio, la señorita Miss Clancy.*

*"¡Ay, Madre mía, estamos en un problema grande, ¡nos han descubiertos!" Y así mismo fue, mi idea era verdad. Nos habían atrapado en la farsa.*

*Todo fue fácil y simple. Sin darnos cuenta, no solo habíamos copiado las respuestas correctas, pero también habíamos copiado las respuestas incorrectas. El ladrón ingenuo o uno de sus camaradas había plagiado erróneamente unas respuestas.*

*Era imposible verificar, pero la razón hablaba por sí misma. La probabilidad era muy alta para que todas las respuestas correctas, al igual que las incorrectas, estuvieran en la mayoría de los papeles*

*Pero ¿por qué estaba la directora sentada en el escritorio?*

*Ella no tardó en decir que había venido a expresar su descontento. Dijo que nadie había confesado ni nadie había acusado a los responsables.*

*"Las notas que sacaron han sido todas borradas. No solo van a tener que quedarse después de la escuela, pero también van a tener que tomar el examen otra vez." Añadió. Pero también tuvimos que escuchar el sermón que ella nos tenía preparado.*

*Miss Clancy era muy querida, respetada y tratada con mucha reverencia por sus estudiantes. Ella había venido hace muchos años atrás desde los Estados Unidos y vivía en una sala de la escuela con su fiel perro. El perro era de raza Pastor Alemán, con un pelo muy bonito al que todos los alumnos admiraban. Era común en pensar que como él era grande, si algunos de los estudiantes se portaban mal, el perro con sus colmillos inmensos les gruñiría y después se los comería uno por uno. Pero esa tarde el perro estaba acostado pacíficamente en el piso al lado de su dueña, mientras ella esperaba que nosotros termináramos con nuestros exámenes.*

*Yo sentía que los estudiantes estaban abochornados de lo que habían hecho; ciertamente yo lo estaba.*

*Nos merecíamos el sermón y yo lo tenía que aceptar. Voy a recordar para siempre una cosa que dijo Miss Clancy esa tarde. Ella no parecía tener miedo, ni dejó de hablar con certeza cuándo lo hizo. Su manera de ser era directa y simple; pero lo que más me sorprendió fueron las palabras que nos dijo. Después de su disculpa, Miss Clancy añadió que la maestra se había aprovechado de nosotros con el examen.*

*"¿Qué está diciendo, está hablando en serio?"*

*Ella dijo que nosotros habíamos dejado que nuestros miedos, preocupaciones y curiosidad se animaran. Pues fuimos atraídos por las respuestas que deseábamos que fueron dejadas a nuestro alcance inmediato. Fue tanto culpa de la maestra como de los estudiantes.*

*¡Cómo! Sus palabras resonaron en mis oídos.*

*"No se debe tentar a otra persona a hacer el mal. Si uno facilita que una persona cometa un crimen por coger la ruta suave, entonces tú también has errado. Hay que proteger a los menores, especialmente porque todavía están aprendiendo a distinguir el bien del mal."*

Desafortunadamente Miss Clancy y sus empleados se fueron del país, al igual que muchos de sus estudiantes. El tipo y nivel de enseñanza había cambiado definitivamente desde mi niñez. La educación de hoy no parecía ser lo que yo esperaba. Yo estaba esperando que todo fuera a ser diferente cuando llegara a La Habana. Mis expectativas estaban por el cielo porque tenía fe, que el espíritu de Cuba no se había fracturado.

# Capítulo 14

## Diciendo Adiós

Antes de irme caminé por las calles de la ciudad unas cuantas veces más. Un día, Sandy y yo nos encontramos frente a la iglesia a la que pertenecía cuando niño. Ahí, frente de mí se lucía, majestuosa como siempre, pintada de un color cremita en lugar de la enredadera de hiedra que una vez la cubría. La torre con la campanilla se veía igual a como yo la recordaba. Mi iglesia favorita, construida en la esquina de una cuadra y se podía ver a la distancia, llamada La Iglesia Episcopal de Todos los Santos. La cerca de hierro que rodeaba la iglesia estuvo cubierta de una enredadera buganvilia, pero esta vez estaba completamente descubierta. Me acordé un día de desesperación, cuando un incidente en el edificio le dio un giro a mi vida.

*Las dos puertas macizas de madera invitaban a la congregación a entrar y rezar. Una vez adentro, una cruz de madera oscura, suspendida en la pared de atrás, atraía la atención a lo largo de la nave. La cruz, que era más grande que la vida misma, dominaba todo el espacio.*

*Las paredes estaban pintadas de blanco y formaban un contraste con el color oscuro del techo de madera. A lo alto aparecían ventanas de arcos que casi llegaban al techo. Más allá se veía el cielo tras las ventanas, para que las oraciones llegaran arriba. El cristal era claro dejando que el brillo del sol entrara y volviera la iglesia soleada y luminosa. No había ninguna otra decoración de santos, y su simpleza la hacía ver muy humilde. Casi siempre me sentía modesto debajo su abrazo.*

Las vigas inmensas que soportaban el techo le daban a uno el sentido de estar dentro del Arca de Noé. Sentía que todo el universo estaba protegiéndome cuando entraba.

Como la mayoría de las iglesias, el piso estaba compuesto de dos filas de bancos de madera oscura, que iban de la entrada hasta el frente del altar. Un par de escalones le permitía a la congregación llegar al altar, que estaba cubierto con un manto de lino blanco. Una cruz hecha de oro, muy delicada y detallada, estaba sentada arriba flagelada por dos candelabros.

De todo en todo, yo estaba convencido que era la iglesia más bella del mundo. Hablaba de la humildad de Jesús y me proveía de consuelo cuando yo rezaba. Yo descubrí una realidad increíble en mi iglesia favorita.

No estoy completamente seguro como sucedió, pero sé lo que causó esta experiencia maravillosa. En esos días yo había hecho algo malo, cosa de muchacho. Seguro que tenía que ver con algo de contestarle mal a una persona mayor. Sea lo que sea, le causó bochorno a mi mamá, poniéndola muy enojada conmigo. Yo estaba avergonzado por lo que había hecho. Mis sentimientos eran sinceros. Y este era el factor importante.

Tenía que ser algo serio para mí, porque el remordimiento en mi corazón y el arrepentimiento es lo único que recuerdo. Mi honestidad fue el gatillo que desencadenó el resultado de ese día. El evento fue simple y corto en todo detalle, pero sus repercusiones fueron trascendentes.

Era un domingo por la mañana cuando yo había asistido a la misa con la familia y estaba de rodillas, como era la costumbre durante la oración del Padre Nuestro. Mientras se decían las palabras en las que el perdón se pide, no eran solo palabras, sino que me sentía sinceramente arrepentido por lo que había hecho. Sentí desde muy dentro y de algún lugar, oí una voz que me dijo, muy clara, como si fuera una persona, "Te perdono."

Yo miré alrededor, impresionado y aprensivo para ver quién había dicho cosa tan semejante. Pero no vi a nadie hablándome ni observándome.

De momento, sentí como si una carga increíble de culpa se había desbaratado. Era como si una frazada pesada se había caído de mi cuerpo. Lágrimas de gratitud cubrieron mi cara y me dieron la sensación de estar seguro. Me sentí vivo y yo, un niño cualquiera, había sido perdonado.

Por un instante, mi cuerpo y mi corazón sintieron que había sido valorado.

"Yo he sido reconocido por Dios," pensé, "Yo oí la respuesta muy fuerte y clara."

*La sensación era tan poderosa que yo sentí como si fuera a estallar por dentro y brillar de alegría. Nunca en mi vida pude olvidar ese momento de lo que fue esa experiencia.*

*Yo oí la voz de Dios. La experiencia me dio coraje para enfrentar mis tiempos difíciles. Se me han sacudido las botas, pero nunca he temblado de temor, porque he probado que no estoy solo.*

Durante los momentos más oscuros en mi vida cuando cuestioné la presencia de Dios, siempre me acuerdo de aquel momento de claridad y me regresa a la gratitud y al perdón. Si yo pudiera aplicar lo que había sucedido aquel día en la iglesia a la injusticia que yo veía alrededor de mí, yo podría obtener una visión increíble de cómo comportarme.

De una forma u otra, yo sentí que tenía que resolver la disparidad entre los pobres y el gobierno. Quería culpar a algo o a alguien durante mis últimos días en Guantánamo.

¿Quién es el culpable? Yo sentí que la mayor parte de la culpa caía sobre la mentalidad cerrada del gobierno Revolucionario, pero también sobre el gobierno obstinado y compulsivo de los Estados Unidos. Yo tenía que perdonar a aquellos que culpaba por la situación en mi tierra. "Pero ¿cómo hago esto?" Me preocupaba.

"Yo puedo perdonar espiritualmente, pero el castigo debe ir de acuerdo con el crimen. Muchas vidas habían sido trastornadas, encarceladas y hasta desaparecidas. Yo no creo que solo el castigo capital pueda ser la respuesta, porque hay que hacer reparaciones."

De repente, me di cuenta de que la respuesta estaba frente a mí, "Yo no estoy aquí para juzgar, solamente he venido como testigo." Como activista, tengo que abogar por opiniones saludables y cooperar con cambios que puedan traer unas condiciones mejores a las que había encontrado.

Yo tenía que aprovechar el poco tiempo que me quedaba y decidí ir a visitar al resto de mis primos. El tiempo voló y el día de salida, que temía tanto llegó. El día que salí, Sandy y yo visitamos a la casa de mi niñez y una vez más comimos el almuerzo. Luego unos de la familia tomamos una caminadita. Fue una inspiración muy grande ver de nuevo la calle ancha, donde los carnavales se realizaban, vi la esquina donde a mi abuelita y a mí casi nos arrolla un carro malvado. De repente, vi la casita que fue mi primera escuela y mis recuerdos me hicieron sentir como un niño otra vez.

*Lo más lejos que me acuerdo de mi vida era cuando estiraba mi brazo lo más que podía, para alcanzar y coger la granada roja-tinta y bonita que colgaba de la rama del árbol. Con mi otro brazo, me agarraba como podía para mantener el equilibrio en la cerca de madera que, estaba por caerse, y dividía el patio del vecino con el patiecito de la escuela primaria.*

*Yo me había encaramado muchas veces para coger la fruta. Los adultos me habían advertido en todas ocasiones que no me encaramara en la cerca, pero a los cuatro años, mi deseo por la fruta prohibida era muy fuerte. De una forma u otra siempre me jalaban, antes de yo poder agarrar una de las frutas. Pero nunca me pudieron desanimar; la perseverancia ha sido una cualidad que ha permanecido conmigo.*

*Encontré que las historias que leían a los niños en la escuelita, en voz alta, me cautivaban. Las historias eran divertidas pero los libros no me entusiasmaban todavía. Fue mucho más tarde en mi vida, cuando encontré una pasión por ellos.*

*Pasábamos mucho tiempo jugando en aquel patiecito, pero a mediodía, todas las acciones paraban para tomar la necesitada siesta. Todos los días me fajaba para no hacerlo. No era mi actividad favorita. Yo quería jugar más y explorar más; no quería acostarme calladito, quería saber cómo las cosas se construían y por qué se movían. Me acordé de mi inquietud por saberlo todo.*

Por mi actitud inquieta y necesidad de querer saberlo todo, me encontré en Cuba una vez más, pero cuando me encontré allí, fue el clima, la gente y la familia lo que lo hizo más entrañable.

Mis primos querían saber todo acerca de los Estados Unidos.

¿Es verdad que Las Vegas es como en las películas?" Me pregunto mi primo Marco. El me hizo otras preguntas que discutimos; es más, también hablamos de política. Me atreví a decirle a él y a su hermano que yo pensaba que el embargo era malo e injusto para todos, pero ellos no dijeron nada abiertamente como yo lo había hecho. A lo mejor ellos no estaban acostumbrados a hablar abiertamente. Después de mi arranque, no mencionamos nada del gobierno otra vez o ningún otro tema de esa forma. Podía ser verdad, las paredes tienen oídos y estaban oyendo. Actualmente yo empecé a sentirme un poquito así antes de salir del país.

Pero, una cosa si daba por segura, y es que me llevaría conmigo su capacidad inmensa de sobrevivir. No era solamente que los cubanos podían hacer cosas increíbles prácticamente de la nada. Pero era en cosas pequeñitas que me sorprendían, por ejemplo, los números en los huevos de gallinas. Yo noté que los huevos en el refrigerador tenían números escritos a mano. Una serie con un número y luego otros con otro número.

"¡Que interesante!" Pensé.

Así que el día antes de salir de Guantánamo, tenía que preguntar el porqué, ¿Por qué tienen números los huevos, prima?"

El esposo de mi prima, Gustavo me dijo, "Bueno, es que tengo que hacer el seguimiento de las fechas para distinguir los nuevos de los viejos."

Y yo pensando que era la tienda la cual le daba los números, pero era Gustavo el delincuente. Todo tenía ciencia, pues ellos también tenían los huevos de las gallinas del patio y como los usaban para intercambiarlos, había que llevar la cuenta clara de cuáles eran cuáles. Esto me hizo comprender las maneras ingeniosas que todos allí en Cuba tenían de hacer las cosas para lidiar con la supervivencia. También lo más gracioso fue la forma en la que él me lo contó.

Ellos podían encontrar humor en algo tan terrible.

Yo borré todos los detalles de mi salida de Guantánamo, hasta diciéndole adiós a mi tío.

Fue todo tan doloroso y difícil como lo imaginaba. Una cosa si me acuerdo y fue que le pagué a Chicha el pasaje de guagua, para que regresara conmigo a Santiago. Yo quería pasar más tiempo con ella. Ella pensó que yo estaba loco en querer pagar todo ese dinero, pero su hermana Hilda, le dijo que ella me haría un favor porque yo necesitaba compañía. Yo creo que Hilda me conocía mejor de lo que yo me conocía a mí mismo.

Recuerdo que cuando el taxi nos llevaba a la estación de guagua, no hubo ninguna conversación importante, solo lo común, "Dale mi saludo a la familia."

"Nos encantaría verte otra vez; tú siempre estarás bien recibido aquí."

Conversaciones ligeras mantenían el dolor de separación piano, pero el dolor persiste y es como una espada de doble filo. Un filo es un poco de esperanza, la expectativa de vernos otra vez, pero el otro filo es la ausencia de no vernos jamás. Y luego nos preguntamos por qué nos desmoronamos o por qué nos duele el cuerpo. Chicha y yo esperamos por la guagua en un estado de suspensión surrealista hasta que por fin llegó. Abrazos, besos y lágrimas fueron derramadas en silencio y susurros. ¿Cuándo sería aquella vez que nos veríamos otra vez?

Nos sentamos en los asientos que quedan al frente de la guagua y tuvimos la oportunidad de tener toda la escena del campo frente para disfrutar. Hablamos de la familia y de nuestros trabajos, pero nunca tuvimos el valor de hablar del estado político del país. Aunque si lo comunicábamos con los ojos, las cejas de arriba a abajo y señales de las manos. Me quedé en la Pensión como habíamos planeado. Visité la casa de Chicha esa noche y conocí a su familia, luego comimos juntos. Encontré que la mejor manera para despedirme era mantener las palabras a un mínimo; sino probablemente los habría asustado si me vieran agitado.

Los de la Pensión estaban bien y me desearon lo mejor y me recordaron darle a Brooke un beso y decirle que esperaban verla pronto. Antonio, el esposo de Victoria, la dueña, me llevó al aeropuerto en su taxi y me dijo, "Sería fenomenal si me mandaras una maquinita de tocar cintas de música para mi carro." Pues yo le dije que sí, porque no lo quería decepcionar, pero mi idea era lo contrario, "¿Cómo voy a confiar en alguien del correo?"

El aeropuerto parecía vacío y yo le eché de menos a los gallos de pelea y a los turistas entusiasmados. Las cartas postales no me atrajeron, no había nada que me importara. Me sentía solo. Acababa de venir de un refugio de amor, y ahora encontraba por mi cuenta de nuevo. Todo parecía fuera de acción, excepto por un muchacho quejándose porque no podía llevar unos balances en el avión y estaba causando un retraso. La sangre cubana tratando y tratando lo necesario, me sentía apático y completamente insensible.

Traté lo más que pude en concentrarme en el futuro. Todavía estaba en Cuba y me quedaban dos semanas más para planear y enfrentar mis clases. Decidí concentrarme en ayudar a otros, pues era la única forma de dejar de pensar solo en mí. Recordé muchas cosas que fueron importantes en mi vida y comencé a sentirme mejor porque iba a trabajar con personas que estaban afectadas por el SIDA. Las buenas memorias que vinieron a mi mente me ayudaron a reconocer por qué yo había podido sobrevivir esta enfermedad fatal hasta ahora. Y claro, también me puse a pensar cómo podría transmitir esa habilidad de mantenerse positivo, a aquellos que serían puestos a mi cargo en Cuba.

Una vez que llegué al aeropuerto de La Habana, tomé un taxi como había acordado con Brooke. El taxi me llevaría al hotel donde yo iba a pasar las dos semanas siguientes. El taxista era un muchacho joven y bien parecido y hablamos de mi viaje, pero no le quise contar mucho porque él tenía una licencia del gobierno. Ellos tienen que reportar y mantener un registro de número de personas y cuanto cobran y quien sabe qué otra cosa. Seguro que tienen que reportar todo tipo de información, y como ya dije me sentía un poco desconfiado de todo el mundo. De una vez que llegamos al hotel, él me pidió cuarenta y dos pesos *convertibles*. Yo no tenía cambio, y dijo que él tampoco. Él me dijo que fuera a la tienda de la esquina, y ellos tampoco tenían cambio, ni siquiera el hotel. Así que le di los sesenta pesos *convertibles* para ya salir de todo, con una gran propina. Me sentí como el 'americano malo' que tiene todo y que los demás no tienen suficiente. Una manera desastrosa en la que mi mente funciona a veces.

Esa misma noche me reuní con Brooke en unos de sus *Paladares* favoritos para hablar de mi viaje y terminar de planear nuestras semanas entrantes. Le dije lo del taxi y ella me dijo cómo él se había aprovechado de mi ignorancia. Debería de haber sido quince pesos *convertibles* por el viajecito. No pude hacer nada por el dinero, pero una decepción inesperada, donde el acto de ser abusado fue peor que perder el dinero.

Brooke me dijo una cosa que siempre recordaré, "La próxima vez, haz la negociación antes de montarte o espera por un mejor acuerdo."

Yo acababa de negociar con mi familia en una escala mayor y de alguna forma había ganado el premio de consolación, haber recibido su amor y haber pasado el tiempo con ellos. Pero en aquel instante, los extrañaba mucho y me sentía decaído también al ver a mi país en tanta pobreza. Yo tenía más preguntas que respuestas.

# Capítulo 15

# Caminando el Malecón

Las ideas de cómo construir un plan de enseñanza mejor, daban vuelta en mi cabeza como un huracán y me despertaron a las seis y media de la mañana. Me volteaba de arriba abajo y traté de coger el sueño otra vez, pero las ideas me tentaban y no me dejaron desperdiciar otro minuto acostado. Salté de la cama y dije en voz alta, "Este día es el comienzo de un nuevo reto en mi vida."

Prácticamente salté dentro de las ropas que había dejado afuera la noche anterior. Todo esto se debía a una promesa – "Lo primero que voy a hacer cuando me levanté por la mañana es salir y dar una caminada por el muro favorito de la ciudad, El Malecón."

Pasé por enfrente del mostrador del hotel y los saludé, luego salí doblando a la derecha rumbo al mar. Estaba oscuro todavía, pero oía el sonido de las olas y el olor distinguible del mar. La impresión era misteriosa, porque yo había oído decir que el cielo siempre es más oscuro antes del amanecer. Y una brisa ligera y con serenidad llevaba una neblina del mar por todo mí alrededor, sobre mí y dentro de mí. Una temperatura fresca le daba energía a mi cuerpo.

Llegué a la muralla en menos de cinco minutos. El área estaba mojada, bañada en agua salitre, donde las olas chocaban con los sostenes de la muralla y sobre saltaban toda la calle y la acera. Me sentí parte de un mundo surrealista, que me devolvió en segundos lo que cuarenta y cuatro años me habían quitado.

Caminé tranquilo, perdido en mis ideas cuando de momento, el agudo ladrido de un perro me hizo saltar; era fuerte y daba miedo, rompiendo el silencio de la meditación que llevaba. El pobre animal estaba tenso y ladrando trepado arriba de la muralla, cuando de momento se tiró hacia mí; no me alcanzó porque estaba amarrado por el cuello, gracias a Dios. Yo pensé que el pobre perro estaba haciendo su trabajo; él tenía razón en ladrarme. ¿Qué otra cosa iba ser el pobre animal?

De cualquiera manera lo maldije con mi mente, pero sin decir una palabra y sin abrir mi boca. De repente vi a unos hombres pescando en el mar. Supuse que el pobre perro le tenía que permanecer a uno de ellos. Supongo que era una buena hora de pescar y era definitivamente un día bueno para mí también, porque sería mi primer día como maestro en Cuba.

No podía distinguir muy bien el contorno de la ciudad, pero sí podía ver como tomaba una curva hasta llegar a la boca de la bahía. No muy claro, pero al final sentado en las rocas mirando hacia el mar, como un centinela se hallaba el fuerte del Morro. La silueta distinguible del faro encaramado al borde de la pared del fuerte se diferenciaba contra el cielo como lo había hecho desde hace unos cuatrocientos años. Las pocas luces que estaban encendidas se bañaban con la neblina del mar. Miré hacia el este y pude ver la incierta luz justo antes de salir el sol. Me dio un sentido de misterio. Mientras caminaba por la acera ancha, al regresar se podía ver con más claridad las fachadas de los edificios. Los años que llevaban sentados frente al mar, habían dado paso a colores desvanecidos mientras la luz de la mañana los brillaba en ellos. El espectáculo frente a mí era increíble, pero no suficiente para calmar mi mente. Yo tenía que hacerle frente a la lección del día. También era el principio de las últimas dos semanas que pasaría aquí. Lo más interesante era que el tiempo, la caminata y las vistas me habían demostrado donde yo estaba. La ciudad era evidente, yo estaba en La Habana, Cuba lo cual me ayudó a relajarme. La revelación de que había seguido con mis planes de regresar acá me inundó el pensamiento.

El autor parado al frente de la estatua de José Martí, en
el Parque Central de la ciudad de Guantánamo.

La estructura construida para las bandas situada en
el mismo parque. Refleja la arquitectura de la era de
los 1950. Sigue en buena construcción hoy.

Donde se lavan los carros que queda donde cruza la carretera y
el rio Guaso. Una pared que no es muy alta aguanta el agua del
rio. Aquí aprendió a nadar el autor cuando era jovencito.

Esta es un ejemplo de la arquitectura bella del centenario
pasado y antepasado en Guantánamo. Desgraciadamente
no se han podido reparar muchas.

La Iglesia de todo Los Santos donde el autor atendió
cuando niño. Las ventanas en la parte arriba de la pared
hacen que la estructura no sea oscura por dentro.

Uno de los Institutos de Enseñanza en Guantánamo.
Todavía se usa para lo mismo.

El puente donde los ferrocarriles pasan sobre el Rio Guaso. El autor jugaba mucho con sus primos y amigos por horas en este lugar. Después tenían que cruzar el puente que era muy peligroso para regresar a la casa.

La Plaza de Independencia en Santiago de Cuba donde se conmemora Antonio Maceo, un patriota de la Guerra de Independencia contra España.

La piscina del cisne en el Hotel Comodoro en la Habana que fue un refugio donde vivían personas de la Mafia. La pared tiene perforaciones hacia el mar que permite que se llene de agua del mar caribeño.

La Plaza de la Independencia en Guantánamo conmemorando las madres de los patriotas de la Guerra de Independencia contra España. Dedicado a Mariana Grajales, la madre de el General Antonio Maceo y sus hermanos.

Un área del Vedado en la Habana en la cual se puede distinguir
las condiciones de los edificios.  Algunos edificios han podido
recuperar sin embargos muchos son abandonados.

El autor pensando y descansando y contra la muralla del
famoso malecón.  El fuerte del Morro que es la entrada a
la bahía de La Habana se ve al final de la fotografía.

# Capítulo 16

# El Factor SIDA

Había un factor grande y muy importante que jugó un papel decisivo para que yo participara en este viaje. En los últimos años, un movimiento en Cuba había iniciado un estilo de teatro improvisador similar al nuestro. Ellos habían educado e informado a los cubanos como era infectarse y ser afectado por el virus del VIH/SIDA. Mi misión era llevar más datos a las personas que habían contraído el virus. Esta indicación de esperanza me interesaba porque yo había revelado a la tropa en el taller de Nueva York en aquel tiempo, de que yo era VIH-positivo desde hace 17 años. Por lo cual, me calificaba como candidato perfecto para también ejecutar ese trabajo.

Después de salir de la universidad, yo viví en San Francisco a principio de los setentas, y diez años después, a fines de los ochenta, la prueba salió positiva. Tomó tiempo, pero al fin acepté que esta enfermedad estuviese conmigo para el resto de mi vida o me iba a matar. Y una vez aceptada tuve que fajarme a luchar con ella. Durante los primeros años de la epidemia, no se sabía mucho y se propagaba por donde quiera, todo daba miedo; y como ya dije, significaba una sentencia de muerte. Muchos de los que contraían el virus se morían entre uno o dos años y la expectativa de vida era de no más de diez años.

Me mudé para Jacksonville en 1990 y sobreviví hasta ahora siguiendo un régimen que ha hizo una gran diferencia en mi vida. Siempre llevando esperanza y la regla si es aplicado diariamente. (Las reglas se encuentran al fin del libro.) Una de las cosas que yo hice fue compartir mi historia en las comunidades por donde yo vivía y luego afuera del estado. Los que iban en este viaje me preguntaron, si yo quería compartir con los cubanos cómo había sobrevivido y si quisiera comunicar algunas de mis habilidades para sobrevivir. Mi idea fue clara: sobrevivir no sería muy difícil para los cubanos, porque ellos estaban acostumbrados a subsistir en circunstancias fuera de lo ordinario – sobrevivir era parte de su sangre.

Preparé mi tarea antes de ir de viaje. Quería compartir con ellos cómo había recogido toda la información y cómo me había educado acerca de la enfermedad y cómo había usado personalmente muchas herramientas para sobrevivir. Las lecciones que preparé para aquellos afectados enseñaban cómo descubrir sus sentimientos y cómo enfrentar el virus enemigo, quien (¡Sí, para mí, era como un enemigo vivo!) nos estaba robando nuestras vidas.

Mi currículo sugería una serie de preguntas. Por ejemplo: Yo quería saber si aquellos infectados se prestaban como voluntarios para pruebas de drogas nuevas, y cómo se sentían por haber participado. Yo también quería saber, si los padres recibían apoyo, ¿Había un grupo o alguien quien los ayudaría a cuidar a sus niños? Si el padre estaba infectado, ¿Había tenido relaciones fuera del matrimonio? ¿Había un grupo de ayuda solo para las mujeres? Yo sabía que las mujeres tenían preguntas diferentes a los hombres.

El SIDA fue un tema de mucha importancia al principio de los años 1980, en San Francisco, California donde yo vivía. Cuando era aún un adolescente, ya me había familiarizado con la "vida americana" en la Florida. Terminé mi bachillerato en Melbourne High School y fui a la Universidad de la Florida por cinco años, donde estudié arquitectura. En aquel tiempo, muchos marchamos contra la guerra de Vietnam, donde casi me tuve que enlistar como soldado, pero tuve la suerte de recibir un número alto en la lotería del reclutamiento. Muy cerca de terminar mi programa de cinco años en arquitectura, elegí otro camino. Después de todas las protestas, convertirme en un hippie, dejar crecer mi cabello y quedarme completamente desilusionado con el establecimiento, dejé la Florida en el verano de 1972.

Le hice caso al pregón, "Hacia el oeste, hombre, hacia el oeste." Pero no sabía que iba a parar en San Francisco, y no tenía la menor idea de que era la Meca del mundo Gay. Yo proclamaba que estaba en busca de creatividad y vida espiritual, pero en realidad buscaba libertad y expresión sexual. Y muy pronto encontré mi expresión sexual cuando les arranqué las bisagras a las puertas del closet y "salí por fin al mundo."

Yo no seguí una carrera como artista profesional, pero el deseo corría bastante fuerte por mis venas. San Francisco era la cuna y el refugio de los "flower children" y de los que tenían pensamientos inquisidores e inéditos. Yo fui a muchos conciertos de "rock" en el área de la bahía. Por mis habilidades para el baile, un grupo de teatro musical me preguntó si yo quería actuar y bailar con ellos. Era un grupo muy avanzado en forma de "avant-garde," chiflados, quien participaban en las calles como guerrilleros al estilo Gay. El nombre del grupo era, "The Angels of Light," creado por Hibiscus, quien dejó a otro grupo llamado, "The Cockettes," que participaban en extravagancias desenfrenada, de brillantinas y teatro espontáneo.

Éramos parte de una cooperativa común y vivíamos en casas donde se repartía todos los quehaceres. Vivimos en comunidades de hasta 18 personas, incluyendo jóvenes, adultos y niños. Nuestra casa era la del entretenimiento, mientras otras se dedicaban a la comida, empresa y mantenimiento social. Tuve la oportunidad, por primera vez en mi vida, de ver el nacimiento de un bebé, un milagro en sí. Nuestras obras de teatro eran gratis al público y representaban producciones más que gigantescas y expresiones de bailes y canciones. Las escenas eran armadas por nosotros mismos, cuando buscábamos en los basureros las cajas de cartón más grandes, como las de refrigeradores que las pintábamos y les pegábamos brillantinas por donde quiera. Los vestuarios eran cocidos a mano y hechos de dos, tres vestidos y telas de cortina. Eran hechos de cualquier material que se pudiera coser, pegar y hasta usar grapas. Arriba en la cabeza siempre iba uno, dos, tres o más pelucas con plumas altas que llegaban a lo más alto del techo. Todos participábamos, incluyendo los niños, y también servíamos comida a la audiencia traídas por los camareros que luego participaban en el "espectáculo." Esos fueron años de mucho descubrimiento y fue un tiempo de mucha felicidad y alegría durante mis veinte y treinta años. Siempre tuve una vida muy arrebatadora y no desperdicié nada en mi juventud.

Pero todo llegó a un fin cuando los jóvenes empezaron a enfermarse. Le llamaron, el cáncer Gay, al principio. Me recuerdo cuando algunos de mis amigos y compañeros del teatro fueron al hospital y nunca salieron con vida. Por fin la enfermedad fue aislada y llamada SIDA, Síndrome de Inmune Deficiencia Adquirida.

Pero con el miedo de ser infectado con SIDA, todavía me sentía invencible. Siempre buscando el nirvana, y muchas veces pensé que la había adquirido, pero solo era inducido por las drogas y el alcohol. Prefería las alucinaciones y las disfrutaba para divertirme y sabiendo que las drogas eran una mentira y una imitación y nunca me convencieron de que lo que yo buscaba era entender la vida. Leia todo lo que me atraía. Pude deducir mientras seguía leyendo que éramos todos uno. Atendí grupos intelectuales y de conciencia y viajé extensamente. ¿Pero cómo era posible frenar toda la diversión? Y por doce años, más o menos, me dediqué a una vida loca.

Pero, poco a poco, el cambio tenía que llegar y un día comencé a parar la locura. No fue fácil ni tampoco llegó de una noche a otra. Con la tristeza en mi corazón de ver como mi comunidad se destrozaba y mis amistades desaparecían, empecé a dejar las drogas. Yo me buscaba el dinero con muchos tipos de trabajos, como mudanzas, construcción ligera, jardinero y algunos trabajos con arquitectos. Todo para mantener a flote mi existencia y tener tiempo para disfrutar mi "teatro gratis" por las noches.

Un día con mucha suerte tuve la visión – si puedo acumular mis talentos y todo lo que he aprendido seriamente, podía entrenarme en computadoras, que eran el futuro. Me inscribí en el San Francisco City College y aprendí a usar CAD, como diseñar con las computadoras. Me ayudó a trabajar con firmas de arquitectos en el área donde vivía. Empecé a superarme de una vida menos recreada, "Me he convertido en un trabajador de escritorio," dije, pero pagaba la renta, la comida y me daba tiempo para trabajar en el teatro.

Fue divertidísimo participar en drama y teatro musical con mis amigos, organizamos un grupo al que llamamos, "Teatro Telos." Interpretamos muchas de las obras clásicas del teatro, las cuales me absorbieron completamente. Me encantaba diseñar y construir las escenas, además de participar como actor de reparto, lo cual hizo enamorarme del teatro aún más. Viviendo en esos tiempos y en la ciudad más maravillosa del mundo entero, era como un sueño realizado.

Pero desgraciadamente, algunas de mis conductas no eran las mejores. Sabía bien lo que estaba haciendo, pero mi pensamiento estaba limitado. Tenía dos opciones – "Nunca me voy a infectar o me moriré como el resto de los miles quienes ya han sucumbido."

Me sentía completamente culpable porque yo me sentía bien, no me había enfermado, pero sin embargo muchas de mis amistades nunca se mejoraban hasta morir. Otra cosa que pensaba, "Estoy en una zona de guerra, y seré parte de los muertos. Mi vida está en la mano del Todopoderoso. Uso protección lo más que puedo, pero no puedo dejar de vivir." Mi pensamiento era confuso y completamente estúpido. No podía ver el bosque por los pinos.

Unos años pasaron y vi morir a muchos de mis compañeros del teatro, otros amigos con quienes vivía, y hasta amantes, y sin embargo yo no presentaba signos de la enfermedad. Siempre traté de acercarme a mis amistades y les preguntaba si tenían con qué vivir. Muchas veces salíamos al parque a coger aire libre y nos sentábamos a conversar. Siempre pensando que algún día yo sería el necesitado. Tenía miedo de tomar el examen de prueba, porque si el resultado fuera negativo, me sentiría como "uno de los que no se enferman, los que tienen suerte, los que no mueren." Un día me entré en pánico cuando supe que mi doctor personal y examante, padecía del sarcoma de Kaposi. Unos meses después murió.

Y la vida seguía su camino hasta que finalmente una simple decisión hizo toda la diferencia para mí-Quería convertirme en padre. Una amiga mía lesbiana llamada Jerry, Corina, su compañera y yo éramos amigos de mucho tiempo y discutimos la posibilidad de ser padres. Cuando la idea persistía, yo tenía que saber la verdad sobre mi salud. Les pregunté a mis compañeras si querían ir conmigo a la clínica y obtener el resultado. Ellas estuvieron conmigo esa noche y muchos otros días después. En noviembre del 1988 fui diagnosticado VIH positivo, que era el precursor del SIDA, una sentencia de muerte. Mi vida cambió aquella noche. Muchos años después escribí una obra que expresa aquel momento cuando la noticia por fin llegó.

El siguiente es un extracto de la obra, "Diálogo entre mi Virus y yo." Acto I

*"Esto no está pasando. No puedo creer lo que me está pasando," era la única idea que cruzaba por la mente. Mi amigo y yo habíamos manejado por horas cuando dimos la vuelta a lo que parecía un motel abandonado. El carro paró. Estaba aturdido, cuando oí a mi amigo decirle algo a alguien acerca de un cuarto y con mi maleta en su mano me estaba señalando que fuera con él. Me dijo, "Te veo mañana por la mañana; lo siento, pero no me puedo quedar contigo." Y con la misma dio la vuelta y se fue.*

*Me quedé mirándolo. Cuánto tiempo, ¿Cuánto tiempo me quedé parado ahí? No lo sé.*

*Di la vuelta y entré al cuarto. "Más vale que saque la ropa de la maleta y coloque mis cosas." Cuando inmediatamente pensé,*

*"Pero ¿qué me pasa? Es que nada importa." Grité a todo meter, "¡Mira a este lugar!"*

*Ya sé dónde estoy, lo reconozco, bien. Ahí está el letrero, enciende, no enciende, enciende, no enciende.*

*Era uno de esos moteles baratos al final del pueblo. Un maldito hueco hundido y abandonado, decrépito con mucha necesidad de pintura. Lo mejor sería una demolición completa. Las paredes estaban llenas de mugre, se podía ver la grasa correr en el papel desgarrado y destrozado. El cuarto se veía sucio por donde quiera, con el olor de cigarro viejo, KY, sexo, pasión emanada por drogas, vómito.*

*"¡Que basura!" hubiera dicho Bette Davis. "Se han equivocado; yo tengo que llamar a la clínica. Este no podía haber sido mi resultado, se habrán confundido con el resultado de otra persona."*

*¿Dónde está el teléfono? ¿Dónde rayos está el teléfono? Grité histérico, cuando de momento me detengo al darme cuenta.*

*"Dios mío, ¿Cómo es posible que yo pueda ser tan estúpido? Hoy en día el examen está hecho infalible. Cuando una vez más, la verdad surge a mi mente – sí, es el mío.*

*Y ahora, ¿qué hago? ¿Dónde me voy a meter? Tú te crees que estás preparado a oír la mala noticia, porque has pensado lo peor tantas veces. ¡Pero no es así! La noticia todavía se siente como una pared de ladrillos que se viene derrumbando sobre ti. Y piensas que la clínica debería de estar preparada a darte una indicación, de cómo arreglártela con la desgraciada noticia. Pero, a ellos no les importa. Creo que recuerdo a la enfermera u otra persona diciendo, "Lo siento mucho que sea yo la que tiene que darte esta noticia que tu resultado es positivo, pero...," y continuaba hablando, y hablando. ¿De qué estaba hablando? Yo no tenía la menor idea. Sentí como si todo me estaba ahogando, como si estuviera en una neblina muy espesa. Sentí escalofríos por todo mi cuerpo, de arriba abajo. Yo podía oír su voz, pero no tengo la menor idea de lo que ella estaba diciendo. Cuando otro pensamiento me vino a la mente.*

*"Dios mío, ¿qué le voy a decir a mi familia? ¿Me atrevo a decírselo?"*

*Les he fracasado a todos. Lo siento, lo siento mucho. Más vale tomar drogas. Tomaría una cantidad inmensa de drogas y llegaría hasta el cielo. Pudiera tomar suficiente para una sobredosis y terminar con mi vida para siempre.*

*Recé constantemente, pero de una forma u otra los peores pensamientos llenaban mi mente. Como, por ejemplo, ¿Qué pasa si se enteran en el trabajo? ¿Qué pasa si el seguro no cubra los gastos? Un millón de otras preguntas se desbordaban en mi cabeza como un chorro de agua cayendo de una cascada. ¿Qué tiempo pasaría antes de que me sintiera enfermo? ¿Quién me iba a cuidar cuando yo no pudiera funcionar más? Y continuaban cayendo en mi mente, ¿Quién iba a cuidar a mi perrito? ¿Qué le pasaría a mi apartamento? Cuando de repente, vi que no importaba, nada importaba. Yo me iba a morir de cualquiera forma. Así que más vale, la respuesta era acabar con todo y quitarme la vida. Y a la misma vez pensaba, ¿Pero, tengo el coraje para hacerlo?*

*Gritaba, "¡Dios mío, dame el valor!" Mis ideas me traicionaban, ¿Será posible que no hay un Dios? ¿Por qué Él me ha hecho esto? Y si no fue Él, ¿entonces, ¿quién? ¿Quién me hizo esto, quién me infectó? Podía ser alguien que yo amaba o alguien por venganza.*

*Recapacité cuando pensé, "Pero ¿cómo es posible que esté culpando a otro cuando yo, también he podido infectar a otro?*

*Mi cuerpo no sentía nada. Me estaba hundiendo. El fin de mi vida y todavía no he podido descubrir el secreto de la vida.*

*Pensé que sería una buena idea si me bañaba, si pudiera quitarme la mugre del cuerpo. Me sentía sucio. Me sentía como si miles de animalitos fluían por mi cuerpo. Entré al baño y noté que había una cantidad de cajitas de trampas para las cucarachas y dije, "Parece que están esperando visita de las tropas. ¡Que asqueroso! Olvídalo, no creo que me vaya a meter ahí.*

*Miré al espejo y pensé que sería apropiado cortarme las venas y sangrar en la bañadera y de esta forma le daría al lugar algo de credibilidad.*

*"¡Ya, ya, ya! Me estoy volviendo loco. Te juro que me estoy volviendo loco." Regresé al cuarto y me senté en la cama para tratar de descansar un poco cuando de momento oí un golpe y un chirrido escalofriante. Salté del susto y fui con mucha precaución al baño, cuando prendí la luz, miré como las cucarachas corrían huyendo por donde quiera. De repente mire hacia la esquina.*

*"¡Es un ratón!" grité y vi que una ratonera había matado un ratón sucio y cochino! Ya se ve como la muerte acaba con todo.*

*Cuando di la vuelta corrí directamente contra una trampa de papel para las moscas colgando del techo lleno de insectos pegado en ella. Con mis brazos dando vuelta por donde quiera para salir del envuelto corrí hacia la cama. No sé si era mi imaginación, pero veía una cantidad inmensa de ratones en el piso. Todo tipo de insecto estaba volando hacia mí, yo podía ver como salían las arañas por las rendijas en la pared, salían por debajo del piso y todos venían hacia mí. Llegaron a mi cuerpo y los sentía caminar por mi piel.*

*¡Grité! y con mis brazos los espantaba, pero eran muchos y cubrieron mi cuerpo entero. Saltando en la cama les gritaba que no podían tomar de mi cuerpo. Sentí como me picaban, sentí el dolor y veía la sangre corriendo por mis brazos y mis piernas. Grité un sonido gutural, "¡No, no! ¡No se pueden apoderar de mí!" Caí en la cama de rodillas y me tapé la cabeza gritando, "¿Dónde está todo el mundo, adónde se han ido todos, por qué me han dejado solo?*

"Bien, por fin soy parte del grupo de los muertos," Pude decir aquel día. Fueron uno de los días más nublados en mi vida. No eran completamente negros porque por dentro sentía,

"Este no puede ser el final de mi vida; todavía no he empezado a vivir."

Los próximos dos años en la ciudad se convirtieron en una montaña rusa, sube y baja. Unos días eran buenos y rosados, pero otros días eran puro infierno y caos. Mientras me mudaba de un lugar a otro o de un trabajo a otro, la depresión y la apatía me seguía donde quiera que yo iba, hasta que, por fin, todo en mi vida se quedó sin un mínimo de interés. Era muy doloroso ver como mis amigos en el teatro se desfiguraban por la enfermedad del sarcoma de Kaposi, el cáncer de la piel, como le paso a Tommy Pace. Él tenía mucho talento, era comiquísimo y muy directo cuando le daban un papel que representar o uno que él mismo hubiera escrito.

Mi otro queridísimo amigo fue Rodney Price, quien era uno de los bailarines principales en nuestro grupo "The Angels of Light." Se pasó de ser un hermoso joven a un frágil bailarín en silla de ruedas. Su deseo de actuar era inmenso. Él era de Ohio y tenía ese deseo transparente estar en el escenario actuando. Él sabía dibujar maravillosamente, lo cual se podía ver en los programas y las escenas de las obras que montábamos. Uno de sus más grandes talentos, era el bailar el "Tap Dance" y tomaba clases para luego enseñarnos en la casa. A Rodney después le fascinó el baile clásico de la India. No solo bailaba, pero era excelente en los vestuarios y su maquillaje detallado. Su liderazgo y carisma nos animaba a trabajar más para alcanzar su esplendor. Pero más que nada, era un bailarín de primera clase y su tenacidad fue única. Fue muy doloroso ver su transformación, ellos eran dos de mis amigos más queridos.

Nosotros éramos muertos caminando. Por las calles solo nos bastaba con mirar en los ojos del otro y con un movimiento breve de la cabeza era suficiente para indicar. Cada uno reconocía que lo teníamos, lo aceptábamos y podíamos oír la voz decir, "Si, yo también lo tengo."

La última vez que vi a mi ex compañero de cuarto Lorenzo Báez, lindo y cariñoso, me dijo que se tenía que mudar para un área mala de la ciudad en San Francisco. Él estaba viviendo con alguien que soportaba verlo beber su alcohol. Me dijo en pocas palabras que no iba a vivir mucho más. Él era descendente mexicano, por lo cual siempre hablábamos de nuestras culturas. Él también actuó con nosotros en unas cuantas ocasiones y con su deseo siempre de ser el mejor, sus excesos cómicos nos tenían riendo de la buena. Él era muy bien parecido, siempre era muy cauteloso al vestirse con la mejor ropa y ahora era horroroso ver lo que la enfermedad le había traído a su apariencia. Las manchas moradas en la cara lo habían desfigurado. Tomamos nuestros últimos tragos juntos en una barra llamada, "El Final" ¡Que irónico!

Un día nublado reflexioné en que no tenía un lugar fijo donde vivir, que el lugar donde trabajaba no me gustaba y tampoco tenía un amante que me mantuviera en la ciudad al lado de la bahía, que había dejado de ser la ciudad más mágica del mundo. Decidí mudarme lo más pronto posible, quería estar en Jacksonville, cerca de mi madre y mis hermanas, a quienes no las había visto en un largo tiempo. Empaqué todo lo que no se podía reemplazar en mi carrito "Toby," un Mercury Tracer y con mi corazón en mil pedazos y llorando a cantaros, crucé la línea que divide el continente en dos, todo el tiempo manejando lo más rápido posible hasta llegar a la Florida. Una vez más, me vi con lo más poco que tenía. La mudanza tuvo gran efecto en mi vida, al igual como las otras dos situaciones anteriores que habían sucedido en mi vida. La primera fue la Revolución, dos años después de Castro estar al poder, un telegrama americano insistió que huyera de Cuba; yo tenía solo trece años. Como muchacho al fin, no fue gran cosa hasta después cuando le eché de menos a mi familia, mi lengua, mi comida y mis costumbres. El cambio fue por razones políticas. Pero la misma política me traicionó una vez más, cuando nos evacuaron de la Base Naval de Guantánamo durante la Crisis de los Misiles. Empecé a sentirme como un inepto con la maleta en la mano. Sentí que no podía tenerle confianza a nada, porque de pronto me iban a pedir que me mudara otra vez. Y ahora sucedía por una tercera vez, otra promesa sin cumplir, la traición de la revolución del "Amor Libre." No sabía que tendría que pagar con mi propia salud por no haber actuado responsablemente. Yo fui a San Francisco a buscar aventura, y la encontré, por cierto.

Pero esta vez, en mi viaje a Cuba, yo iba a estar preparado a que nada me engañara. Pero tenía el presentimiento que, si la política era parte del juego, entonces había un chance de que lo peor iba a pasar. Puse al cabo todos mis esfuerzos para protegerme, pero, no me sirvió de nada, la política me absorbió enterito, cuando me enamoré perdidamente de mi patria una vez más y me di cuenta de que Castro no había cumplido con muchas de sus promesas.

# Capítulo 17

## Jacksonville

La caminata en el Malecón me hizo ver muy clara la misión que quería cumplir y por qué yo estaba en Cuba. Yo había jugado con mi vida en la ciudad mágica de San Francisco y me habían tirado una baraja inapropiada. Pudiera haberme llenado de resentimiento, pero así no es como yo quería que fuera, ni como me gustaba jugar. Yo tenía suficiente información – la buena, la mala y la mórbida, pero también tenía esperanza y veía un futuro que quería compartir con mis estudiantes en Cuba.

Me di cuenta de que la vida es muy corta y tuve que aprender a decir lo siguiente, a la buena o a la mala, "¡Despiértate, estúpido!" Y había una regla que tuve que reconocer muy rápido, "No vas a ser joven para siempre, pero si aprendes todos los días a cuidarte, a amarte a ti mismo, a vivir con tus dolores, tú puedes descubrir todos los días, el dulce olor de las flores. Puedes darte cuenta de que El Todopoderoso te da lo que necesitas con sus milagros cada minuto de tu vida." Y amigos, ése era mi mensaje.

Pero antes de reconocer mi mensaje, estaba Jacksonville. Durante mis primeros meses en esta ciudad, me había unido a un grupo llamado Actitud Positiva. Yo quería disfrutar más de la vida y quería conocer a otros que estaban en mi situación. Llegué a la costa del este en el verano del 1990 y estaba muy consciente de que estaba yendo a un área del país completamente diferente al ambiente de la ciudad de San Francisco. Yo me había decidido cuando llegué, en no culpar a la ciudad super religiosa y adormecedora de mentes. Las barras se convirtieron en mi consolación, pero solo servían como un lugar oscuro donde esconderme, beber profusamente y sudar bailando con mis lágrimas al aire. Todavía tenía tiempo para darme mis corridas, siendo la cara nueva en la ciudad, y divertirme un poco. Deseando que fuera mi atracción sexual y mi encanto quien atraía mis conquistas.

Fue en este grupo donde otro escenario cambió mi vida: Me surgió la idea de escribir. El grupo comenzó a crear el efecto de una familia, en la cual compartimos desventajas. Y hoy atribuyo mi vida al trabajo de dos mujeres inigualables, que eran las que facilitaban el grupo. Sus enseñanzas y su constante aliento para mantener una actitud positiva, me salvó la vida – y yo siempre he querido compartir lo mismo. Nosotros participamos en muchas afirmaciones positivas y leímos libros escritos por Louise Hayes y Bernie Siegel, MD, gurús de esta forma de enseñanza. Nosotros también participamos en meditaciones y visualizaciones. Una noche mágica, Patty Carroscia, a quien le debo por salvar mi vida, inteligente, con un valor inmenso de enfrentar a muchos de los no respetaban a otros, por intentar cambiar su actitud y aprender a sobrevivir. Ella nos dio una tarea durante una sección muy innovadora. Nos dio un papel y lápiz en el cual teníamos que escribir "Preguntas al virus de VIH." Esto fue como nada para mí, porque yo tenía una habilidad fenomenal de ver el virus, cuando hacíamos los ejercicios de visualización y comencé a escribir furiosamente. Yo hacía las preguntas como si fueran de mi parte y las respondía como me imaginaba que él respondería. Minutos después había escrito una página entera y una idea fenomenal me vino a la mente, "¡Esto es tal cual como los diálogos que me tenido que aprender y he actuado en las obras!"

Se lo mencioné a Frieda Saraga, mi otro ángel salvador, humilde y dedicada facilitadora que solo pedía de nosotros que nos cuidáramos, dulce y amorosa como una madre. Ella me dijo enseguida que siguiera escribiendo para ver lo que podía lograr. La primera obra que escribí nació, "El Diálogo entre mi Virus y Yo" Tuvimos la oportunidad de montar la obra en varias partes de la comunidad en el año 1983. En realidad, había escrito la obra para desahogar mi horror, mi cólera y mi angustia con las experiencias personales con el virus. Yo tenía muchas preguntas que hacerle al virus, ¿Quién eres, ¿qué eres? Y más importante, ¿Por qué yo? Y ¿Qué hice yo para merecer esto?

En la obra enfrenté el miedo, la desesperación y la ignorancia de mi situación. También pude expresar que la enfermedad no es discriminante, y que ataca a todas las razas, y que la edad no importa, ni el género o la diferencia social y para mí, lo más importante fue, que no solo afectaba los gay, pero también a los que no lo son. En la obra, la vulnerabilidad de cada personaje da un giro completo y comienzan a comprender, de cómo la compasión, el perdonar a otros y a sí mismos y preocuparse por otros, le da valor a cada uno. Y así podemos sobrevivir y afrontar la vida con los términos que la vida nos da. La obra me dio fuerza y confianza para decir que yo podía afectar a muchos en la comunidad de una forma positiva. Tuve la oportunidad de ver como las barreras se abrieron para las personas de la audiencia al igual. Y también inspiraba a aquellos que tenían una enfermedad terminal.

Establecí un grupo llamado, "Curas en el Teatro" en el cual muchos de los miembros estaban infectados con el virus. Tuvimos la suerte de presentar la obra más de cincuenta veces en las universidades, hospitales, iglesias, casas de personas infectadas, cárceles y muchas oficinas de corporaciones. Una de mis actuaciones favoritas, fue cuando el grupo estaba formado por los residentes de una institución donde muchos vivían con el virus, se llamaba Horizon House, "La casa de donde se ve el Horizonte." Ellos pudieron actuar, pintar el escenario y formar parte de toda la obra. Ellos luego me dijeron que estaban muy contentos de poder ayudar y también poder salir de sus cuartos. El halago que recibí de la obra fue más de lo que yo pensaba. Pues no me di cuenta, de que cada madre, hermana, hermano o amistad que me dio las gracias, me estaba ayudando. Todos me hicieron sentir feliz y le dieron valor a mi vida para continuar montando otras obras más en muchos lugares, hasta afuera del estado.

Después escribí otra obra llamada, "La Cura," que fue una ciencia ficción en la cual también se trataba del VIH y el SIDA en el futuro. Luego escribí la obra, "Embargo en el Puerto Gloria," donde pude expresar las dos opiniones respecto al embargo por Estados Unidos: uno en contra, y el otro mostrando la convicción de la mayoría de los cubanos exilados en el sur de la Florida, de mantenerlo como es.

En aquel momento yo había enfrentado y triunfado en cómo manejar mi estatus como una persona con VIH. También había podido reunir información de todas aquellas personas y grupos que eran VIH positivo, con los que había compartido mi experiencia. Yo estaba dispuesto a crear una diferencia en esas personas afectadas y mucho más en la juventud cubana.

# Capítulo 18

# En las Afueras de La Habana

Las caminatas en el Malecón durante la madrugada se habían convertido en un momento de relajación bien apreciado. También despertaban mis pensamientos para crear ideas firmes e innovadoras y compartir con los estudiantes. Mientras caminaba, la preocupación era cómo cambiar el estigma que todo el mundo tenía a la palabra SIDA. Yo estaba convencido que teníamos que educar a los padres que repudiaban a sus hijos cuando se enteraban de que habían contraído el virus; teníamos que educar a los otros niños en la escuela, a que no fueran crueles a los que estaban infectados. También teníamos que deshacernos del pensamiento que "es solo otra enfermedad" y que se podía controlar con solo tomar píldoras y sería suficiente. Pero con mi experiencia podía explicarles, que es el régimen de la medicación, el sube y baja de las emociones al igual como la parte física del cuerpo y la vida social, lo que agota las personas afectadas.

Mientras caminaba, también pensé en mi querido amigo, quien tuve la buena suerte de haber conocido. Él me enseñó el significado de estar infectado, pero más que nada, como ser un buen amigo. Él decía, "Si un amigo no puede ver quien tu eres y acudir a ayudarte cuando lo necesitas más que nada, entonces, ese no es un amigo. Un amigo no juzga tus pensamientos ni juzga como te expresas. Un amigo te quiere, así como eres." Su nombre era Kenneth Pezza, nosotros lo llamábamos Kemp. Él había estudiado ballet y actuó y bailó en muchas obras musicales. Siempre tenía el deseo de divertirse, de hacerte reír y explorar la naturaleza. Era pequeño de estatura, pero un gigante en bondad, en querer ayudar a otros, pero más que nada, manejar su convertible rojo. Sabiendo lo mal que estaba de salud, decidió ir a bailar a otro estado de los Estados Unidos y un día nos mandó una carta:

"No hay un momentico en esta vida que se pueda desperdiciar, cada momento es precioso. Yo me he dado cuenta de que cada minuto que pasa en el que no estoy contento, es un minuto perdido. Quiero aprovechar toda la oportunidad para poder hacer lo que amo más en mi vida, que es bailar y actuar, porque esto es lo que me va a dar vida. Por favor, ámense los unos a los otros, porque el amor es la forma de vida más fuerte que existe. No crean ni esperen que todas las cosas que vienen a sus vidas sean preciosas. No juzguen a otros, porque cada uno de ustedes tiene un corazón y un alma que necesita ser tocada y acariciada. Yo los dejo y me voy con un recuerdo bello y vivo de cada uno de ustedes. Y espero que cada uno de ustedes se lleve un pedacito de mí, en sus corazones. Acuérdense de mí."

Con la información en mis manos y la memoria de Kemp en mi corazón, yo estaba listo para atacar cualquier cosa. Yo estaba bien de salud y de ánimos, y sentí que mis esperanzas del viaje iban a elevar mi espíritu. Con las lecciones preparadas, yo estaba listo para enseñar.

Cuando regresaba al hotel en la luz de la mañana, le di la vuelta al monumento del U.S.S. Maine, que estaba en el Malecón. El monumento aparenta un barco con dos cañones montados arriba y también se encuentran dos columnas muy altas con un pedestal. Me di cuenta, por fotografías anteriores, que el águila, símbolo de los Estados Unidos, la habían quitado por completo. Leyendo con detalle al costado y todo el alrededor también noté, que las palabras habían cambiado. El gobierno había quitado las letras con la frase conmemorando a los marinos americanos, que habían dado sus vidas cuando el barco U. S. S. Maine explotó en 1898, por un epitafio más Revolucionario sin reconocer a los marinos. Pero lo más interesante de todo no era el audaz cambio, sino que no se habían tomado el tiempo de cubrir las hendiduras que quedaban cuando habían quitado las letras del mármol. Dejando atrás, claramente las grietas formadas por las palabras preexistentes. La posibilidad de cambiar la historia con tan audaz facilidad era tener cabezadura. Pero también pensé que en este caso – la historia le pertenece a los que ganan.

Regresé al cuarto y me bañé con el agua bien caliente. Me hizo sentir feliz al saber que el hotel tenía bastante agua caliente y más que nada, sin tener que figurar el calentador con alambres de corriente eléctrica expuestos.

Después de vestirme, bajé las escaleras para llegar al salón de desayuno. El menú fue igual por el resto de las dos semanas. Consistía en huevos revueltos o un emparedado de jamón y queso con café con leche y pan con mantequilla. Había frutas, casi siempre naranjas o piñas, presentadas en platillos de lo más bonitas, peladas y cortadas en diseños para semejar a los hoteles de lujo. Unos bolillos pequeñitos y un cartón de jugo de frutas tropicales, los que yo me lo llevaba para tomar después durante el día.

Al regresar al cuarto, la señora a cargo de las sabanas y limpieza estaba en mi cuarto doblando toda la ropa que yo le había dado el día anterior. Pues, yo le había preguntado si había un lugar donde lavar la ropa y ella me contestó, "Mi hijito, no te preocupes, tú me la dejas y yo te las lavo y tú me das lo que tú quieras."

"Si yo estuviera en casa, me costaría por lo menos 3 dólares por el servicio." Pensé y le di los 3 pesos convertibles. Ella me dio las gracias. Si era un poquito más, para mí, era muy necesario su servicio. Repito, que, en el mercado negro, le darían una buena cantidad.

Recogí mis materiales tirándolos en mi bolso y salí corriendo, bajando al piso y pensando que a lo mejor podía escribir en mi jornada; era martes. Pero Reggie ya estaba enfrente del hotel esperando por mí y con la misma velocidad brinqué en el asiento de atrás de su Taxi Lada, hecho en Rusia. Se volteó y me dijo, "¿Por qué no vienes y te sientas aquí enfrente conmigo?"

"Claro," le dije. "Y sería mejor para tener una buena vista." Pero luego él me explicó que de esa forma no se veía como un taxi. Brooke había preparado este muchacho para que nos llevaran, a mí y a las maestras del hotel a las clases. Las guaguas serían muy inconvenientes y muy lenta. Y habíamos puesto dinero en el presupuesto para este tipo de situación y ayudar al pueblo y no al taxi del gobierno. Y por lo visto, una cosa muy importante en Cuba, "Tú me haces un favor y yo te hago uno a ti." Y así es como funciona Cuba.

Muchos hombres trabajan un segundo empleo manejando este tipo de taxi. Ellos no eran sancionados por el gobierno y no tenían que pagar por la licencia, por lo cual podían negociar con los clientes. Reggie me dijo después, que también intercambiaban otras mercancías o productos con aquellos que no tenían el dinero. También me contó, que muchos otros negocios hacían lo mismo para poder ayudar y añadir a sus minúsculos salarios.

Reggie me dio su teléfono particular para que lo pudiera llamar cuando lo necesitara. Esto vino como una gloria para nosotros, pues él no solo nos llevaba todos los días a las clases, pero también a cualquier otro lugar que necesitábamos ir. Las dos semanas siguientes, él nos trató como amigos y se ganó nuestra confianza. Tuvimos la oportunidad de hablar con él y preguntarle cosas particulares. Él nos habló francamente.

"Les digo la verdad, yo estoy de acuerdo que hay cosas que se pudieran hacer para que nosotros, los ciudadanos, pudiéramos vivir una vida mejor y con mejores salarios. Por ejemplo, imagínate, yo nací y fui criado en la Revolución. Yo me eduqué aquí y he viajado a Rusia para completar mi servicio militar. Estoy muy agradecido por todo, pero mírame a mí ahora: yo tengo que trabajar mucho más que antes para poder sobrevivir. Tampoco no comprendo porque los cubanos no podemos viajar fuera de nuestro país y visitar otros lugares que deseamos. ¿Por qué hay tantas restricciones?"

Nosotros les dijimos que no teníamos la respuesta tampoco, pero que si comprendíamos su situación. Y lo sentíamos mucho por no entender lo que sucedía. Les explicamos que, para nosotros, lo importante era poder visitar y enseñar nuestras clases e intercambiar ideas. Tuve que pensar que el gobierno no quería que ellos compararan a otros países con Cuba. La cortina de hierro y la cortina de bambú me vinieron a la mente.

El primer día de clase, Reggie siguió las instrucciones que Delia me había dado para llegar a dar mis clases. Ella era la persona mediadora entre el gobierno cubano y mi proyecto. Pude observar la multitud de gente en la calle. Iban de un lugar a otro y en cada dirección, como en cualquier otro día de la semana. El tráfico en la inmensa Habana era enorme. Las guaguas, de todo tipo, iban llenas de gente. Las luces de tráfico eran pocas o casi no existían, ni trabajaban. Para añadir a la confusión, tampoco existían las líneas de tráfico para separar la vía. Así que poder pasar a otro vehículo era como si nada, se sonaba el fotuto y para adelante. Y una vez más, tenía que reclamar que el olor del humo de los carros, camiones y especialmente las guaguas era asfixiante. Yo me cubría la nariz con un pañuelo, pero no ayudaba nada.

Yo quería ver la guagua que llamaban 'El camello.' Era un camión con doble plataformas y el área entre el medio era protuberante, dando la ilusión de la espalda del animal. Casi siempre van llenas de gente y luego aprendí que muchas cosas pueden suceder, buenas y malas, cuando uno se monta en el camello. Me dijeron, "Hay que verlo, para creerlo."

Pero lo más increíble de todo y una maravilla de ver, eran los carros antiguos. Muchos de ellos los habían cuidado de una forma, con inmaculada atención, pero sin embargo había otros abandonados. Definitivamente, los de los años 50, eran los más admirables. Ellos habían sobrevivido todos estos años y cuando uno pasaba, por un lado, se sentía como si el tiempo se hubiese detenido y dejado de existir. Los pulían de una forma sobrepasada, que uno solo se podía imaginar el dueño pasando horas tras horas, dándole con todo el poder de sus músculos para sacarle ese brillo que iluminaba. Y así, dándole al color del carro, un lustre de orgullo y personalidad. Era una virtud y compromiso de increíble perseverancia e ingenuidad de los cubanos, mantener a estas reliquias corriendo por las calles de la ciudad, aunque el humo era sofocante para mí.

Claro, muchos estaban completamente llenos de gente y "llenos de gente" es parte de la vista en toda La Habana. Había muchas personas en donde quiera, y muchas líneas, líneas para comer el helado favorito, líneas para comprar un pedazo de pizza y líneas para ir a comer a los paladares. También vi hombres que cargaban muchas cosas sobre la cabeza, uno a uno, o ayudándose dos o tres a la vez. Ellos cargaban muebles, partes de carros, y hasta cosas que no reconocía. También había unos tipos que habían convertido los patines en un carrito para llevar y cargar sus herramientas loma abajo. Hasta había gente cargando gente en carretillas – el invento del cubano. Muchos caminaban o montaban en las bicicletas perennes.

Mientras salíamos de la periferia de la ciudad, los edificios se veían menos atendidos y deteriorándose. La escala de la ciudad iba bajando, al igual que toda elegancia. De vez en cuando se podía distinguir un edificio que sobresalía en su tamaño o podía ser un edificio de gobierno o algo público. Estos se notaban claramente, porque estaban limpios y bien pintados. Me hizo pensar que algunas personas sabían ingeniárselas bien para apropiarse pinturas.

Pasamos enfrente de una casa muy especial, que por su fachada me había dejado con una impresión muy grande. Estaba tan acabada, que se podía decir que estaba abandonada, pero, se sabía bien que muchos edificios de esta forma o en peores condiciones tienen familias viviendo en ellos. Lo que quedaba del edificio era una caricatura de lo que podría haber sido en años atrás, y lo que permanecía, era un esplendor que brillaba todavía en sus detalles y en la arquitectura. Así era como yo veía a la Cuba que adoraba años atrás. Estaba construida en una lomita, y el porche enfrente tenía ocho columnas que eran gruesas, sin adornos, redondas como aquellos construidos en el siglo XVIII en el sur de los Estados Unidos. Una cosa peculiar era la forma en que una parte del techo del porche, que debería ser soportado por las columnas, flotaba en el aire y parecía ser suspendido por una enredadera. La enredadera de una forma u otra se había enganchado de las vigas transversales, y podía soportar el peso dejando que no se desplomaran al piso. La impresión era como las entrañas del pueblo que mantenían junta la sociedad y que habían estado colgando todos estos años. Cuando el sol de la mañana brilló a través de las enredaderas, la luz que llegaba a las columnas, parecía que reflejaba los colores dorados de una pintura de Maxfield Parrish. El efecto para mí fue en pensar cuando el imperio antiguo romano, que al final de su reino era una sociedad decadente y santificada al mismo tiempo. En la puerta había unos jarrones inmensos, que parecían urnas de civilizaciones pasadas flanqueando la entrada. Sobre la columna, existía como un pedazo del Partenón de Grecia haciéndolo ver todavía más grandiosa. La fachada tenía cuatro ventanas altas y aseguradas con hierro forjado, mientras atrás se veían las persianas de madera, que en tiempos pasados debían mantener la luz afuera y la privacidad de la familia. Pero ahora, lo único que quedaba eran unas cuantas persianas que les faltaban sus tablas y permitía ver la soledad dentro del cuarto. Realice como la isla de Cuba se vería desde las costas de otros países. Pero ahora que yo estaba aquí, toda la verdad se iba a divulgar, y yo estaba mirando dentro de la casa y lo único que veía era el vacío del cuarto cubierto por un techo muy alto. Frecuentemente vi muchos edificios con el mismo destino, pero nunca uno tan intrigante como este.

## *Capítulo 19*

## El Estudio

Reggie me dejó al frente del lugar y yo le dije que me viniera a buscar a las 3 de la tarde. Cuando entré, pregunté por Delia; me dijeron que ella estaba a unas cuadras en un lugar llamado El Estudio. En lugar de esperar, decidí que sería mejor si caminaba y conocía un poquito más del área. Me di cuenta inmediatamente que la escala era menor, con casas de familia y pequeños edificios donde se encontraban los negocios. Estábamos en las afueras de la ciudad y las calles estaban sucias y sin mantenimiento. Había mucho tráfico y entre el caos de las calles había una cantidad de gente de todo tipo: atractiva, caminando orgullosa con la cabeza alta, especialmente los jóvenes quienes, se veían fresquitos y llenos de vida. La mayoría eran negros o mulatos y unos cuantos blancos; todos caminaban o en bicicletas.

En El Estudio conocí a Sam, el mánager y me dijo que también estaba esperando por

Delia. Sam era un muchacho muy atractivo de unos treinta años de edad. Él me preguntó, "¿Qué es todo esto de unas clases de las que Delia me estaba hablando?"

Le contesté, "Yo he venido a enseñar clases de teatro improvisado." Y le di una explicación corta en lo que consistía. Parecía que él estaba interesado y me dijo que lo había oído mencionar, pero que no pensaba que iba a funcionar aquí. Yo quise saber un poquito más de lo que me quería decir, pero no en este momento, porque yo quería concentrarme en el lugar. El lugar era adecuado, pues no tenía muebles que mover.

"Yo te iré explicando cómo trabaja el teatro al compás de las clases." Él tomó la explicación de lo más bien.

La señora encargada de la entrada estaba tirando balde de agua en el piso de granito. Esto era bueno, pero, pensé, ¿Cómo vamos a trabajar con tanta agua por todos lados? Luego, la señora se pasó el tiempo trapeándolo con un trapeador y una toalla desbaratada y pequeñita.

¿Qué le había pasado a los trapeadores grandes y gordos? Esto me preocupaba, y no sé por qué. Había una ventana grande de cristal con muchas plantas exuberantes, que le daba al lugar un ambiente tropical. Esto si me gustaba mucho.

Esperamos y esperamos hasta las 10:45 am, cuando por fin Delia se apareció. Entró con su cuerpecito delicado y la energía de un dínamo y me preguntó si había llegado alguno de los alumnos. "No se ha aparecido ni uno solo," le dije preocupado.

Ella se quedó boquiabierta y entonces preguntó, "¿Por qué?

Si ella no sabía, menos sabía yo, y entonces sí que empecé a preocuparme. Me acordé de todas las cosas que Delia me había contado la semana antepasada, en una obra de teatro espontáneo en La Habana Vieja. Me encantó su voz fuerte y la creatividad con la cual actuaba sin pena. Me encantó su espíritu de inmediato, y ciertamente, ella es todo espíritu, una mujer con un cuerpecito pequeñito y aproximadamente unos cuarenta y cinco años. Pero se veía un poco gastada con una vida difícil. Después cuando ella nos contó su historia, se comprobó que así fue. Podía llevarme bien con ella hablando constantemente porque tenía un corazón de oro.

Nos sentamos todos en unas sillas y Delia nos contó unas cuantas historias de su vida y nosotros nos habíamos quedado asombrados con sus cuentos, pero, nadie se aparecía. Ella nos dijo que estaba trabajando en El Sanatorio, el nombre del lugar donde vivían las personas con SIDA. El nombre me hizo pensar que triste sería tener que vivir en un lugar con ese nombre. Parece que ella notó mi resentimiento y me confesó, "El director y yo habíamos hecho un pacto con tu programa, pero después, el oficial del gobierno, quien había prometido dejarte entrar a El Sanatorio, negó tu entrada." Ella añadió, que la razón era que yo venía con una visa de turista y no podías entrar al hospital. Los pacientes tenían que salir a tomar tu clase.

Ella miró a su alrededor y añadió, "Pero parece que nadie va a venir. El gobierno tiene la última palabra y así es como son las cosas aquí."

"Está bien, yo entiendo," le dije con mucha gentileza, pero por dentro, estaba furioso.

¿Qué carajo es esta mierda? ¡Yo vengo de tan lejos y ellos no tienen ni siquiera la delicadeza de mantener su promesa! ¡Qué forma tan miserable de atender a un invitado! Todo en mi mente, pero no dije ni un pitirre.

Me sentí humillado y traicionado. Pero yo era una persona mayor y mi experiencia me había enseñado muchas formas de tratar con medidas desesperadas. Pensé ¿Qué hago ahora? Voy a respirar muy profundo; esto no es algo de vida o muerte. Esto se resolverá y una vez más respiré muy profundo y dejé salir mis preocupaciones con el aire, despacio, muy despacio.

Tuve que hacer una suposición; el oficial había hecho imposible que los estudiantes y pacientes pudieran venir. Delia nos había contado lo difícil que era sin transporte alguno, y siempre era complicado encontrar un aventón o tomar el transporte público.

Delia y yo caminamos a la Casa de la Comunidad. Yo estoy seguro de que lo que pasó, no fue su culpa. Mientras caminábamos, ella me explicó cómo veían la enfermedad en Cuba. Me dijo que había sido introducida durante los fines de los ochenta por los soldados que venían de África. Los que venían enfermos los ponían en cuarentena en El Sanatorio, afuera de La Habana. Los familiares, los pacientes y la comunidad internacional de los derechos humanos, lucharon para que los afectados pudieran tener tratamiento afuera del hospital, en los primeros años de los noventa. Desde entonces, la mayoría de aquellos infectados están afuera en la comunidad. Ella añadió, "Si un paciente tiene la prueba positiva, entonces es requerido que la persona se quede en El Sanatorio, donde le enseñan a vivir con la enfermedad y usar protección. Y los familiares y amistades los pueden ir a visitar. Tenemos un centro de educación y tratamiento en cada provincia. La decisión de cada caso se investiga uno por uno, para saber si el paciente puede ser productivo, vivir y trabajar sin percances."

Comencé a comprender y me sentí un poquito mejor. Ella continuó diciendo que estaba segura de que los cubanos estaban recibiendo "el cóctel," o la combinación de tres drogas juntas, pero, que el embargo, mantiene las medicinas que luchan contra las infecciones oportunistas, difíciles de recibir. Con todo el trabajo que se estaba haciendo allí, ella entendía que el miedo y la falta de información para el público en general, era lo que la preocupaba. Ella se estaba fajando para que todos notaran y se diera cuenta lo que era la enfermedad, y me dijo que yo estando allí, iba a ayudar con su propósito. Por lo cual ella estaba muy contenta.

Yo me quedé asombrado a lo ella me acababa de decir. ¡Pensé, esta mujer de estatura tan pequeña estaba cumpliendo con una tarea inmensa!

Delia intentó llamar a El Sanatorio, pero fue en vano. La línea siempre estaba ocupada o no funcionaba o nadie contestaba. Ella estaba enojada, pero tratando de hacerme sentir mejor. Ella dijo: "Cuba tiene la tasa más baja de VIH en Occidente y la más baja en el mundo. Los pacientes reciben atención totalmente gratuita. El gobierno proporciona atención médica como un derecho, y la epidemia ha sido controlada."

Más tarde descubrí que la educación pública es una prioridad, ya que la mayoría de los cubanos considera que, dado que el problema del VIH se redujo adecuadamente, no están en riesgo. Pero he leído desde mi regreso a los Estados Unidos, que lo contrario es cierto: las tasas de infección están aumentando lentamente en Cuba. La población homosexual constituye el aumento más rápido, así como la propagación a través de la prostitución. La creciente industria turística ha creado una nueva propagación del virus. La educación y el tratamiento basados en la comunidad ahora están siendo tensos. Para combatir la enfermedad de manera efectiva, los médicos cubanos y los trabajadores de salud pública requerirán el flujo libre de información científica y terapias médicas efectivas de los Estados Unidos que actualmente se les niega.

Se me vino a la mente qué tan diferente es el tratamiento de las personas afectadas por el VIH en los Estados Unidos. Imagina a mil de nosotros siendo llevados a un hospital, ¡habría habido una rebelión! Aunque durante los primeros años de la enfermedad, hubo muchas personas que consideraron que debíamos ser segregados y colocados en campos de concentración. Nuestro entonces presidente Reagan ni siquiera mencionaba la palabra SIDA. Cientos murieron a causa de la enfermedad hasta que la cara del SIDA se volvió ejemplo con la cara angustiada de Rock Hudson, y más tarde los atletas, como Magic Johnson, un hombre heterosexual, que llamó la atención.

Conocí a alguien en La Habana a quien llamaré Enzo, que resultó ser VIH positivo. Junto con otros, viajó por toda Cuba e internacionalmente con el mensaje de que el VIH es una enfermedad y no un paria, que todos los afectados necesitan atención y tratamiento. Su trabajo es magnífico y en realidad ha promovido el "sexo seguro" de manera efectiva. Enzo habló de algunos de sus amigos que estuvieron de acuerdo con él: "Muchas personas no quieren que sus familias sepan que son VIH positivos".

Uno de sus amigos continuó diciendo: "Durante años, los funcionarios de salud intentaron presionarme para que fuera al 'Sanatorio', y me dijeron que tenía que ir a aprender a vivir con el VIH, que había buena comida, camas, tratamiento, etc. Recibí visitas regulares de ellos. Me amenazaron con arrestarme. No quise ir. No es una vida normal. Se trata de la enfermedad y las personas pueden obtener atención médica de calidad, pero permanecen socialmente aisladas ".

Él cree que algunos de los que viven allí desde hace mucho tiempo se han adaptado, y luego agregó: "Si pudieran permitírselo, la mayoría viviría afuera. ¿Cómo puedes llamar algo una opción si no tienes otra opción?"

Él no está solo en quejarse de la falta de privacidad o consentimiento de los cubanos que viven con el VIH. En varias entrevistas que Enzo realizó, descubrió que varias personas no estaban contentas con la naturaleza paternalista del programa de SIDA, y con el estigma y aislamiento prevalecientes que sufren.

"Hay una falta de libertad aquí en Cuba, y cuando tienes VIH es mucho más difícil; las autoridades te ven como una amenaza para la sociedad. Estas opiniones están cambiando, pero la gente todavía piensa de esa manera". Pero los discursos de defensa de Enzo cuentan su experiencia con la enfermedad y lo difícil que fue transmitir el mensaje.

La respuesta del "Sanatorio" fue clara para mí, y el mensaje que yo les estaba llevando iba a tener que esperar hasta la próxima vez que regresara a Cuba. La situación fue una decepción para mí. Me sentí abandonado.

# Capítulo 20

## Reunión y Carteles

No siendo una persona que se da por vencida, tuve que continuar con mi visita y mientras caminaba esa tarde por el Centro Comunitario, se exhibía una exposición de arte del trabajo de los niños, cual comenzó a cambiar mi estado de ánimo. ¡La mayoría de las piezas eran estupendas! Estos eran niños talentosos y su trabajo fue reconfortante. Salí al patio delantero del edificio y se me ocurrió una idea: debo ser ingenioso y, al igual que la mayoría de los cubanos, necesito hacer que funcione.

Instantáneamente llegué a la conclusión, "Si no tengo estudiantes, ¡debo encontrar a algunos!"

Había una bonita zona escalonada y algunos árboles altos con mucha sombra, el día se sentía caliente y la escasez de lluvias había dejado todo seco y con mucho polvo. Me acompañó otro voluntario, en el Centro Comunitario y hablamos de teatro. Se llamaba Sonia.

Ella dijo: "Estoy trabajando en una presentación con un cofre del tesoro y los actores deben sacar objetos de él y contar una historia".

Me sorprendió la similitud con la improvisación, sentí que era una casualidad y le dije: "No podemos planear lo que dicen los actores, sino que tenemos que dejar que suceda. La vida es muy parecida a la improvisación". Ella se entusiasmó con nuestras ideas del teatro y quiso trabajar con nosotros.

Una vez más, tomé otra regla del teatro improvisador en el cual, tenemos que aceptar "el regalo" y ver como "el regalo" cambia o también puede ayudar el tema y el resto debería encajar en su lugar.

Sam nos vino a ver y después de explicarle nuestro problema, él también quiso ser parte de nuestro grupo. Trató de reclutar a algunos estudiantes que ensayaban en el piso de arriba. Estaban interesados en unirse a nosotros, pero les faltaba trabajo por terminar, ya que algunos iban a unirse al taller que enseñaríamos la próxima semana. Mientras regresábamos, le dije a Delia: "Todo lo que necesito son cinco miembros, cinco es el número mágico".

Cuando regresamos al estudio, Natalia había llegado. Natalia trabajaba en el estudio y ayudaba a Sam en la parte administrativa. "¡Con ella ya tendré a mis cinco!"

Había trabajadores pintando las paredes con cal, había mucha bulla en la calle, y luego los chicos comenzaron a tomar un descanso para fumar. Me irrité un poco, así que les dije:

"Tan pronto como hayan terminado con sus cigarrillos, podemos comenzar la clase".

Apagaron sus cigarrillos y se disculparon por fumar y entonces comenzamos la clase.

Estuvieron atentos y siguieron la dirección que les daba.

La primera clase consistió principalmente en ejercicios teatrales básicos: estiramientos corporales, movimientos con todo el cuerpo, decir tu nombre con un movimiento y un sonido, pasamos una energía imaginaria que llamamos 'woosh', nos convertimos en un espejo para los demás y, finalmente, el hicimos un humano máquina. Estaba sintiéndome tan bendecido que me hizo actuar gentilmente. Enseñar me parecía un regalo que me hacía mover entre las nubes. Yo estaba en Cuba, enseñando teatro y los estudiantes respondían bien y estaban comprendiendo los ejercicios.

Tuve que cambiar las preguntas que había preparado sobre el VIH a algo similar. "Cuéntanos una historia acerca de conocer a alguien que no conocías y que no te gustó de inmediato, alguien que fuera diferente de ti, tu raza o tu orientación sexual".

Natalia nos contó que había conocido a una pareja de muchachos gay. Antes de conocerlos, no le gustaban los homosexuales.

Recreamos nuevamente su historia en teatro espontáneo. Los alumnos aquí entendieron que lo que había sucedido era más que teatro, se trataba de la vida y de los problemas que nos agobiaban y preocupaban.

Estaban fascinados. La historia podría ser seria, pero de momentos de risa, también.

Ya era hora de terminar la clase, pero seguíamos hablando. Incluso planeamos una fiesta para el día de San Valentín. Sam dijo que él se encargaría de planear fiesta. Nos hicimos amigos y luego me mostró sus fotos de travestis; Estaba muy orgulloso de ellos. Nos despedimos otra vez, pero luego mientras caminaba de regreso para esperar al taxi de Reggie, me siguieron. Nos sentamos a la sombra de los árboles altos frente al Centro Comunitario y continuamos nuestra conversación.

Natalia me confesó que tenía que trabajar en dos trabajos, y sin embargo el dinero no era suficiente para conseguir un lugar propio. También me dijo que se sentía como si las paredes se cayeran sobre ella, pero que no podía hacer nada para sostenerlas. Hice lo mejor que pude para consolarla, pero no había palabras que pudiera decir para aliviar un problema que era tan real para muchos de ellos. Los bajos ingresos y la falta de lugares para vivir eran abrumadores.

"Todo está controlado por el gobierno", dijo Natalia.

También noté que querían saber sobre lugares alrededor del mundo. Se sentían lo suficientemente receptivos y cómodos como para hacerme muchas preguntas. Su confianza en mí era más de lo que podría haber pedido. Querían saber cuánto había viajado y sobre las ciudades y países que había visitado. Querían saber todo sobre mi familia y mi conexión con la herencia cubana. Después de un tiempo Reggie se apareció y lamentablemente tuvimos que decir adiós.

Yo estaba tan inspiré por mis estudiantes que cuando vi a Brooke esa noche le conté sobre el fiasco de "El Sanatorio". También le dije que había encontrado nuevos amigos del vecindario y que ellos me ayudaron a crear un grupo y querían asistir al taller la semana siguiente.

El próximo día no podía haber llegado más rápido; yo estaba entusiasmado con mis estudiantes y lo bien que la habíamos pasado el día anterior. Me sentía como si tuviera algo especial que ofrecer. Pensé que tenía lo que se necesitaba para ser maestro – paciencia.

Lleno de alegría, me vestí y me preparé para mi caminata en el malecón. Era otro día gris y el mar parecía estar más turbulento que el día anterior; esto quería decir que había una tormenta mar fuera.

Mientras yo caminaba recordé el incidente en el que había sido testigo la noche anterior. Pues también me acostumbré a caminar el malecón después de la comida por las noches. No estaba oscuro todavía y el viento formaba cascos blancos sobre las olas. Mientras regresaba al hotel se me hizo curioso ver aproximadamente 30 guaguas parqueadas a la orilla de la avenida, y también note que al tráfico lo habían desviado a otra calle. Mientras me acercaba al monumento del Maine, pude ver al otro lado una agrupación de gente. Parece que habían traído luces para alumbrar y podía oír las bocinas vocalizar una ráfaga de un discurso popular. La multitud aplaudía ferozmente. La voz del orador se parecía a otras que yo oía en la televisión cubana desde mi casa.

Me sentí obligado investigar, pero también temeroso porque no quería atraer ninguna atención hacia mí, un gringo, con nada que fuera 'oficial.' Pero quería saber quién era el orador.

Pensé, ¿Podría ser Fidel? No, su voz es reconocible donde quiera, él tiene una voz única, pero.

¿Podría ser alguien presentando a Fidel?

La idea de ir a ver lo que estaba pasando me paso por la mente. Pero desgraciadamente después de pensarlo demasiado, el miedo me ganó, y me mantuvo afuera. También me di cuenta de que había una cantidad suficiente de personal militar al lado de las guaguas. No estaba seguro si me verían como si estuviera infringiendo la ley y me arrestaran. Tenía miedo a las historias que había oído de las prisiones y torturas, y tal vez me podrían detener por espionaje y nunca regresar a los Estados Unidos. ¡Qué bobo, yo solo estaba aquí como maestro?

Parece mentira, cómo el miedo trabaja en nuestra forma de ser. Más que nada, le tenemos miedo a las cosas que no comprendemos; si la cosa es así, se pudiera decir que, al comprender, ¿el miedo nos dejaría?

Pero desgraciadamente, mi instinto me dijo lo contrario y me sentí intimidado por lo que veía frente a mí y decidí dejar de averiguar lo que estaba pasando. Sentí que mis clases eran más importantes y quería hacer lo correcto por el grupo y no causar una conmoción. Con discreción, caminé hacia la otra dirección y tomé la ruta de la Rampa que queda al lado del Hotel Nacional, una de las joyas turísticas Cuba.

Continué mi caminata hasta llegar al hotel, y le conté al personal detrás del mostrador lo que había visto. Uno de ellos me dijo, "Él estaba ahí, *El comandante*, probablemente estaba ahí" "¿Fidel Castro estaba, ahí?" Le pregunté, completamente sorprendido.

"Si, él mismito." Me respondió sin preocupación, "Tú estabas en la plaza llamada, *La Tribuna Antiimperialista José Martí*. Ahí se reúne la gente y tienen protestas contra el vecino imperialista mientras escuchan discursos de toda clase."

Esa noche me acosté decepcionado porque pensé que podía haber sido testigo de una parte de la historia. Pero tenía que ponerme firme para poder realizar un acto como el de la noche pasada. También presentí que el miedo me mantuvo separado de la situación. En mi defensa podía decir el argumento que la historia está escrita por los que valientes y los que vencen, pero he escuchado que los que ganan también dicen que ellos han tenido miedo en tiempos de acción. Yo tenía que repensar mi plan y ponerme firme.

Eso fue la noche pasada, así que, por la mañana, quería averiguar si había quedado algún pedacito de la noche anterior. Cuando llegué al lugar, todo estaba como si nada hubiera pasado, no había ni un pedacito de papel, ni un panfleto. No había ninguna evidencia; todo estaba limpio, solo quedaban el silencio de la mañana y el viento del mar. Pero las sillas si estaban ahí, las sillas verdes oscuro, amontonadas una arriba de la otra, como veinte en cada columna. Por lo menos eso me convenció que yo no lo había soñado.

Esta mañana me sentía con un poco más de coraje, y quise caminar para explorar más no había oficiales del gobierno. Con mi nuevo coraje caminé para echarle un vistazo al edificio al otro lado del podio y la plataforma, que seguro estaba de manera permanente.

Me encontré enfrente al edificio que usan como escena de fondo y me quedé con la boca abierta, "Yo reconozco este edificio," me di cuenta de que era el edificio que veía en las noticias en casa con las decoraciones de Navidades. Está completamente rodeado por una cerca de púa de doce pies de alto y patrullado por el personal militar cubano afuera. Yo estaba seguro de que se usaba como el lugar oficial donde se reunían diplomáticos americanos. Era como una especie de embajada, pero no era y definitivamente se usaba para difamar cualquier cosa relacionada con los Estados Unidos.

En frente del edificio habían colocado unos carteles de por lo menos treinta pies de alto. En color vivo había como seis de las famosas fotos de la prisión en Abu Ghraib. Sobre las fotos habían pintado Suásticas Nazi eran inmensas y hablaban por sí mismas.

Comencé a temblar por dentro, "A lo mejor yo no debería estar aquí." Fui testigo de dos evidencias del comunismo y no estaba enteramente sorprendido. Más que nada, estaba agradecido de haberlo visto con mis dos propios ojos.

Impresionado pensé, "Estoy a dos pies de la historia."

Y añadí, "¡Pero si estoy en La Habana, tiene que ser historia!"

# Capítulo 21

## Poesía y Sensibilidad

Cuando el segundo día de clases llegó, Reggie me estaba esperando con su taxi en la puerta del hotel. Dentro del estudio, las paredes se veían blanquitas y acabadas de pintar y había una señora echándole agua al piso de granito, una vez más para limpiar las gotas de pintura que habían dejado. Aparentemente el lugar se estaba preparando para la apertura en la noche siguiente.

Decidí ayudar a limpiar mientras esperaba, me parecía lo apropiado. Ellos se sorprendieron al ver mi intento, pero creo que a la misma vez encantados. Limpié la mugre que cubría el vidrio del frente con papel de periódico. Que, por cierto, es el periódico, El Granma, único y oficial del país, y me sentí un poco rebelde con este acto de desobediencia civil.

Conocí al artista esa mañana; el hombre tenía unos de los ojos más azules que he visto en mi vida. Su trabajo artístico me atrajo. Para mí sus cuadros más importantes fueron los que describían la destrucción universal, si el uso de artillería atómica se usara en el mundo.

Delia vino temprano esa mañana y fue una sorpresa muy grande ver su entusiasmo. Ella salió a buscar a los estudiantes y regresó en veinte minutos con Lila y Augusto. Sam vino con su cafetera y coló café para todos, y lo disfrutamos en copitas chiquitas. Como siempre, yo traje mi jabuco con galleticas por si acaso me daba hambre, pues solo había productos con azúcar. Comencé a compartir con otros y pronto mi jabuco se hizo muy popular, pues también había traído los paqueticos de conserva para el pan, los cuales ellos no habían visto hace tiempo. Era un placer para ellos y luego incluí el pan de mi desayuno.

Durante el resto de la semana los estudiantes me dieron el regalo más delicioso que un profesor podría recibir. A ellos les encantaba los juegos, pero para mí lo más gracioso fue cuando les enseñé el juego de sociometría. Les pregunté qué cuántos de ellos trabajaban en obras humanitarias. Me sorprendieron cuando casi todos dijeron que sí. Ellos consideraban que ser enfermeros, maestros, administradores y poetas, era una forma de ayudar a la humanidad.

¡Que increíble! Me di cuenta de que esto es lo que la Revolución les ha enseñado a estos muchachos y muchachas.

Es un privilegio para ellos poder ayudar a otros humanos. Parecía que les era fácil expresarlo, sin ninguna preocupación y con franqueza. Presentí la semejanza con el trabajo que yo estaba haciendo allí y me sentí valorado y seguro de mi llamado. ¡Todo lo vi tan claro en ese momento!

Todos ellos eran muy astutos para las instrucciones que yo les daba con los ejercicios del teatro; ellos tenían talento. Entonces le dije, "Hasta ahora estamos divirtiéndonos con las cosas ligeras, vamos a ver que conseguimos cuando llegamos al seno de una situación difícil.

"¿Cuál de ustedes puede contarnos una historia que le cambio la vida?"

Augusto se ofreció como voluntario, "Yo estaba casado y tuvimos una niña, pero después de un tiempo el matrimonio no funcionó y nos separamos. Yo nunca tengo la oportunidad de ver a mi hija. Mi deseo en la vida es poder publicar un libro de poesía y dedicárselo ella. Yo quiero que esté orgullosa de mí."

Una vez más, todos interpretaron la historia para Augusto. La representación le dio a él la oportunidad de imaginar su sueño como una posibilidad. La habilidad de ver el potencial en cada uno es el regalo más grande que tiene nuestra forma de teatro. Terminamos el día con muchos abrazos y la promesa de vernos el día siguiente.

Sam y yo nos prometimos llamar esa noche. Desgraciadamente nunca lo cumplimos. Yo tenía que llamar a un vecino por teléfono, pero no contestaba o el teléfono estaba ocupado cuando yo llamaba. Un problema muy común cuando hay pocos teléfonos o casi ninguno. Así, que nunca tuve la oportunidad de comunicarme con él y salir juntos.

Esa noche Brooke me vino a visitar al hotel y salimos a comer. Comimos en un paladar, que era lo que estaba de moda en esos días. Eran casas privadas, en la cual convertían la sala y el comedor, o las dos, en un área pública de comer. El menú era típico y el precio adecuado. Este estaba particularmente a dos cuadras de mi hotel. El lugar era limpio y la comida era muy buena por lo cual muy popular, indicado por la cantidad de gente que esperaba afuera. Esto era una iniciativa de emprendimiento, que, por necesidad, le convenía al gobierno en este momento.

Yo había notado que en efecto había personas en La Habana, no como las del interior, que tenían dinero; ellos tenían suficiente para gastar en restaurantes y en ropa buena. Después de todo, ésta era la capital, y todo se movía muy diferente. Había negocios que prosperaban y hoteles con buen servicio que eran apoyados por estos individuos.

Al día siguiente cuando llegué al Estudio, esperé por el grupo. Mientras tanto, la rutina del día había comenzado y la mayoría de las pinturas colgaban en su lugar. Una cosa muy interesante ahí, fue que muchas personas se asomaban a la puerta para averiguar qué era lo que estaba pasando. Muchos se quedaban decepcionados de que tenían que esperar hasta la tarde para la apertura, pero siempre respondían que iban a regresar. Había una forma intensa de anhelar arte y una satisfacción muy grande de ver la cultura cubana con sus costumbres y creencias en muestra.

Augusto se apareció y dijo, "He compuesto un poema y te lo he dedicado a ti."

Yo dije, ¿Puedo verlo? El respondió, "No, todavía no. Pero voy a regresar. ¿Has visto a

Lila?"

"No," le dije y con la misma él salió por la puerta como gato por su casa, gritando que iba a regresar.

Después que regresaron pudimos tener el grupo junto una vez más, un poquito tarde, pero por lo menos juntos. Como estudiantes, eran muy receptivos y curiosos, conversaban constantemente y muy expresivos en su forma cubana. Ellos usaban el cuerpo entero, manos, cara, dicciones y más que nada gritando sobre otro y cada vez más alto porque todos querían ser oídos a la misma vez. Qué maravilla tratar de callar su entusiasmo y encapsular sus emociones mientras relataban sus historias, discutiendo y compartiendo entre ellos. La mayoría de los americanos son tímidos. Ellos no eran tímidos, de ninguna forma. Sus cuerpos expresaban exactamente lo que querían, confrontando, tocando y cuidando de cada uno, aún si el tema era la sexualidad. Pensé, ¡Que grupo más fascinante de guiar!

Augusto, que había regresado con su poema en un pedazo de papel, lo pudo leer a la clase. Su poema dedicado para mí era como un regalo y un honor que a cualquiera persona que enseña en su vida, podría apreciar inmensamente.

Durante uno de los ejercicios, Augusto quería resolver el problema, que era lo opuesto a lo que tenía que hacer, aceptar el sentimiento e ir con lo que se le había presentado. Él quería arreglarlo, como es el caso con todos los cubanos. Si hay algo que arreglar, el cubano está ahí ofreciendo con todo placer, la posibilidad de ayudar. Es en el ofrecer que viene la diferencia, aunque puedas o no. ¡Tú puedes contar con su opinión!

Hay comida en Cuba, pero no se puede esperar que sea de buena calidad. Natalia y yo salimos un día a comer almuerzo en una casa pequeña a unas cuadras y teníamos que tocar en la puerta para que nos dejaran entrar. Supongo que tenían el derecho de dejar entrar a quienes ellos quisieran. Hasta ahora no entiendo la razón por la que se deba tocar la puerta, y mi única explicación era que en lugar donde un negocio es necesario, de alguna forma había que tener reglas para poder mantenerlo. El lugar era al resto de los otros restaurantes. Yo pedí la lasaña, pero, uno de los quesos era el peor queso yo que había probado en mi vida. Natalia pidió una pizza, y me ofreció un pedazo que no era tan malo y se ofreció a intercambiarla conmigo. Este fue un ejemplo de lo malo que puede ser la comida para la clase trabajadora.

Pero el café cubano que tomamos después del almuerzo, lo arregló todo. Ella me dijo que tenía email, pero nunca compartimos las direcciones. Creo que después de haber oído su historia, en la que su marido se había ido para los Estados Unidos y nunca había regresado, comprendí que ella no quería poner su confianza en otra separación una vez más.

Cuando regresamos, yo les pregunté a los estudiantes qué significado tenía el teatro para ellos. Natalia respondió, "Yo me maravillo al ver la paciencia que tú tienes."

Le pregunté a Delia la misma pregunta y me respondió, "Es encontrar la esencia de la historia."

Augusto dijo, "La relajación y la paz que encuentro."

Tomamos fotos ese día después de las clases, antes de irme para el hotel. A ellos les encantó posar y hacer cosas divertidas enfrente de la cámara.

Esa tarde, después de bañarme, caminé hacia la Casa Rosada, que era el nombre que yo le había dado porque estaba pintada de color rosado. El nombre oficial era La Casa de Prevención de Infecciones y quedaba a media hora del hotel. Llegué a Cópelia, la heladería hecha famosa por el cine cubano en la película, "Fresas y Chocolate." Se podía ver a la distancia en la lomita la Universidad de la Habana, donde mucha historia se dice haber sucedido. Al igual que cualquier otra institución orientada a la juventud en un país con caos y desorden, una universidad es la cuna de manifestaciones y protestas. El mismo Castro tuvo muchas situaciones en la cual él estuvo involucrado cuando estudiaba. De ahí viré hacia la Calle 23 que es un bulevar con muchos negocios y casas bastante grandes y en mejor estado. Este era el Vedado, un área de buena sociedad y un distrito caro.

Una vez en la Casa Rosada, yo tuve la oportunidad de conversar con aquellos que estaban allí visitando y pude encontrar más información y hechos relacionados con las personas que viven con SIDA en Cuba. Me dijeron que el año pasado más de un millón de pruebas para el VIH se distribuyeron en la población de más de once millones. El uso de condón se ha duplicado en los últimos años y los distribuían en los bares, clubes y farmacias, pero la cantidad era limitada.

Un muchacho joven que estaba jugando al pin-pon me dijo, "Se supone que es decisión de la persona revelar su estatus de VIH al gobierno, de tomar el control de su situación e informar a las personas con quien ha tenido relaciones" Me continuó contando, "Pero las autoridades aplican una cantidad enorme de presión para que se lo revelen. Y si ellos te llevan al

Sanatorio, te mantienen encerrado porque no te tienen confianza."

"No existe ninguna forma de privacidad," el continuó contándome, "En el minuto que te diagnostican, de pronto, todo el mundo parece saberlo. El estado no te puede proteger. Y aunque ahora hay una ley nueva que dice que no pueden despedir a una persona VIH positivo, yo conozco a unos amigos que han perdido su trabajo. También conozco otros amigos que han tenido sexo sin protección con sus parejas seropositivas, pero no quieren tomar la prueba, por miedo a que los lleven al hospital y que pierdan su trabajo. Muchos no dicen nada o se encuentran en negación, por lo cual las estadísticas parecen ser como si no hubiera muchos casos de VIH positivo."

Luego esa noche me estaba preparando para salir y continuamente pensando en todos los hermosos jóvenes en la Casa Rosada. Reggie me recogió en el hotel y me llevó a La Madriguera, donde el grupo de Brooke estaba practicando. Este lugar era como una "selva tropical," en el medio de La Habana. Llamada también, La Quinta de los Molinos, con una historia política antes de la Guerra de Independencia, es un lugar maravilloso que muchos artistas usan para exhibir sus obras y teatro. Después del ensayo fuimos con dos amigos de Brooke al Barrio Chino a buscar algo de comer. Nos montamos en sus motonetas, que fueron muy divertidas y el restaurante fue maravilloso; incluía palitos chinos y una galletica de la fortuna. Aquí, como en el resto del mundo, la comida china es como comer en los Estados

Unidos. Regresamos a la Madriguera para escuchar un muchacho que había ido a la Escuela de Música de Ballard en los Estados Unidos, pero luego dijo que no le gustó porque había mucha competencia. Me hizo pensar, si, esa es la forma de estar en un país libre, donde la competencia acciona el motor que diferencia a los mejores. Cuando salimos de allí, el lugar estaba repleto. El muchacho era magnífico con su música.

Brooke me dijo que, si tomábamos un taxi juntos, íbamos en diferentes direcciones y costaría más, pero que yo estaba lo suficiente cerca como para caminar. Me pregunto, "¿Crees que puedes encontrar como llegar al hotel?"

"Estás bromeando, ¿verdad?" Respondí al saber que tenía la oportunidad de disfrutar recapitulando mi viaje.

Me despedí tomando la dirección que ella me había sugerido, pero cambié de idea. Con mi mapa en la mano pude reconocer que sería más corto si cortaba sobre la loma de la universidad y así poder ver la ciudad de noche. Yo estaba correcto con mi ruta, pero también tenía un presentimiento que quería poner en acción.

"Todas las rutas van al sexo," era mi idea al momento. Mientras me acercaba a la universidad tuve una fuerte sensación del radar gay." Vi unos muchachos que caminaban juntos hacia la universidad y de momento vi un hombre, alto, fuerte y muy guapo caminando su bicicleta. Él paró en el estacionamiento de la guagua. Si se hubiera fijado en mi mirada, yo hubiera tenido sexo en Cuba. Pero no fue así.

Mientras caminaba solo hacia el hotel, me maravillaba al pensar lo similar que son los hombres "gay" en todas partes del mundo que había visitado. Nosotros los cubanos somos un grupo con mucha sensualidad en nuestro caminar, vestir y personalidad, por lo cual es fácil reconocer la esquina de la Calle 23 y la Calle L, en frente del cine Yara y el quiosco de Cópelia, donde se reunían tantos jóvenes. También era fácil reconocer la zona gay para ligar en la Calle de la Rampa que iba al Malecón, donde yo caminaba todas las noches antes de irme a dormir.

Pero esa no era mi intención en este viaje. Estaba interesado más que nada en mi regreso a lo que fue una vez mi país, y ver cómo todo había cambiado, ver lo que era evidente desde que yo me fui. No tenía tiempo para ser indulgente. Nunca lamenté mi decisión; a lo mejor en otro viaje.

# Capítulo 22

# Reflexión en Clase y Cultura

Cuando llegué al Estudio el viernes por la mañana, tenía sentimientos encontrados; por un lado, me sentía mal, porque quería que mis clases pudieran seguir por el resto de mi vida, pero también estaba contento por todo lo que había logrado hasta ahora. Miré a las paredes y todas las pinturas y esculturas estaban en su lugar.

Una vez más, la gente que pasaba cuando miraban por la ventana, entraban a preguntar cuando se abría la exhibición. Pero como siempre, se les tenía que decir que era más tarde esa noche. Ellos se daban la vuelta y se iban, pero no sin antes decir que regresarían.

Sam había llegado temprano esa mañana y parecía un manojo de nervios. Se veía como si hubiera tomado diez tazas de café. Caminaba de arriba abajo reordenando las pinturas y diciendo que algunos de las piezas no iban juntas y que todavía faltaba un tema central. De momento salió de su oficina para mostrarme un pañuelo con las más hermosas conchitas de caracol de todos colores, llamadas *polímitas*, que eran una plaga que se comían las hojas del café del Guantánamo. Pero ahora eran muy famosas porque eran usadas para hacer joyas y cosas similares. Él me regaló unas cuantas para que las llevara conmigo. Desde entonces, han sido un tesoro para mí. Sam regresó a su oficina y vino con unos huesos y caracoles y me explicó que eran artefactos de Santería que él tenía. Me dijo, "¿Tienes algunas preguntas que quisieras saber?"

"Claro que sí," le respondí.

"Yo te puedo responder tres, por lo menos."

Para no ofenderlo, divertirme un poco y tratar algo nuevo, por lo menos una vez, le dije que sí lo haría. Por lo menos si se hacía en serio, no jugando y con respeto.

Sam añadió, "No tienes que decir la pregunta en voz alta."

Con mi primera pregunta, no dije nada, ¿Tendré problema cuando regrese a este país?

Sam dijo, "Ya tú sabes la respuesta de esa pregunta."

Yo no sabía que esa podía ser una respuesta. Muy bien, me cogiste la primera vez.

Una vez pensé en mi segunda pregunta, pero la respuesta fue la misma.

¿Se estará burlando de mí? ¿Por qué me preocupo en preguntar? O a lo mejor no estoy haciendo la pregunta apropiada. Necesitaba algo más serio, más concreto y le pregunté en voz alta.

"¿Vamos a tener éxito con este programa?"

Él dijo, "¡Claro que sí!" Y todos nos reímos a carcajada. Claro, era lo que yo quería oír.

Nos sentamos a conversar y esperar por Delia, quien nunca se apareció ese día. Luego me enteré de que su hermana estaba muy enferma y tenía que cuidarla. Delia es un ángel en la tierra. Lila y Augusto se aparecieron mucho después, porque la feria de los libros acababa de abrir y ellos necesitaban ciertos libros. Otra cosa que Delia me explicó después fue que ella los había persuadido para participar con nosotros porque ella podía conseguir libros que ellos necesitaban.

Hacer más tratos, pensé inmediatamente. Hacer tratos es como las cosas se hacen en Cuba, pero la falta de todo hace mago a cualquiera. Parece que todos pueden sacar no solo conejitos de un sombrero, sino que también milagros.

Sam seguía saliendo y entrando, mientras el resto de nosotros sentados seguíamos conversando muy calmados.

Yo le había dicho a Reggie que me recogiera a la una de la tarde, pues teníamos que ir al aeropuerto a buscar a Ashley esa tarde. Ella era nuestra maestra estelar que venía en un vuelo de Cancún. Reggie llegó puntual, como de costumbre, y el grupo se despidió despreocupadamente con solo algunos de los que quedaban de nosotros. Fue muy decepcionante, y me sentí muy triste. Yo esperaba unas trompetas especiales o algo, sobre todo porque sentía que había hecho un buen trabajo, pero supongo que no era tan importante para otros como era para mí.

En el aeropuerto, su vuelo estaba indicado a venir por las puertas A y B, pero ella se apareció por las puertas C y D, al otro lado. Otra de las ocurrencias en Cuba, la mayoría de los letreros no están muy bien especificados, o pueden ser viejos y pueden no funcionar bien si son eléctricos. Ella estaba cansada pero su emoción y brillo no se podían ocultar. Me gustó verla de nuevo; habíamos trabajado juntos antes en el teatro en los Estados Unidos. Le conté que estaba pasando un tiempo muy bueno y que no podía esperar trabajar con ella una vez más.

Era fácil de ver que ella no podía esperar por su oportunidad para enseñar; ella había estado en Cuba años atrás, así que la experiencia no era extraña, y eso era bueno. Después de acomodarse en el hotel, nos encontramos con Brooke en La Madriguera donde su grupo estaba actuando.

La actuación fue recibida con entusiasmo por todos los que habían venido a ver la función. Había atraído a muchos aficionados de todas partes de la ciudad. Nos dio la oportunidad de conocer los próximos estudiantes y hablar con ellos sobre su arte. Fue entonces donde empecé a enamorarme de los estudiantes y su pasión por el teatro.

Los estudiantes avanzados en la clase de Brooke actuaron maravillosamente y yo me quedé sorprendido al ver lo mucho que ellos entendían las formas necesarias para comunicar con la audiencia. Viré hacia Ashley y le dije, "Ellos son jóvenes y con ansias de aprender; no tienen miedo de dar todo de sí mismos, y de tomar el riesgo para hacer del teatro algo mágico. Ellos son el reflejo de la nueva juventud cubana."

Fueron estos jóvenes los que me hicieron sentir que el espíritu cubano había permanecido y todavía era el más generoso. Percibí el amor genuino por su arte. Una vez más, fue reflejado en su arte mientras ellos generosamente daban todo los unos a los otros. Como sus maestros, yo sentí su amor también. Este amor de humano fue la parte más increíble de mi viaje. Ellos mostraban admiración por lo que estábamos enseñando. Mi trabajo valía la pena. Me acerqué a Ashley y le susurré al oído, "Esto es un sueño hecho realidad." Las incongruencias del país no eran parte de mí esta noche; yo estaba de lo más contento por haber venido. Esto era mi tierra, mi hogar y mi gente.

# Capítulo 23

# Los Estudiantes Enseñan al Maestro

La última semana estaba por llegar y yo estaba ansioso por su venida. Incluía los estudiantes con años de experiencia y el progreso era significativo. Después de todo fue una experiencia con madurez, reflexión, pero a la misma vez también hubo sus peculiaridades.

Brooke pudo conseguir un teatro en el centro de La Habana para tener nuestra serie de clases. El edificio fue construido en los cincuenta y ahora parece que servía como un auditorio. Tenía un escenario bastante amplio para poder practicar y hacer una función pública al final de las clases de la semana.

Uno de los retos que encontramos fue que el lugar tenía mucho polvo y con falta de mantenimiento. Barríamos el piso todas las mañanas. También teníamos el problema persistente de mucho de los barrios en la ciudad, no tener agua. Era difícil de creer, pero los estudiantes me dijeron que la falta de servicios públicos era común. El agua y/o la electricidad desaparecían por horas a la vez, sin ninguna causa o explicación. Por lo cual, el inodoro era un problema mayor y el olor era insoportable. Había un tanque como de cincuenta galones, afuera para recoger el agua de lluvia. Pero estaba casi vacío y lo usábamos solo cuando era necesario.

Como ya he mencionado antes, una de las lecciones que aprendemos cuando viajamos alrededor del mundo, es que los servicios públicos que damos por sentado son imposibles de obtener, especialmente en Cuba.

Algunas mañanas durante las clases, se oía un perro ladrar, y no nos dejaba oír. Un día se escuchaban a los vecinos tener una fuerte discusión que luego se volvió un pleito así que decidí ir a ver lo que sucedía. Les pedí que bajaran las voces porque estábamos tenido una clase en el teatro e inmediatamente se disculparon. Me sorprendieron, pues se ve que la educación se respeta mucho en el país.

El teatro de improvisación fue introducido en Cuba hace unos años atrás y nuestro propósito era continuar con esa misma educación involucrando tanto estudiantes con experiencia como aquellos que eran nuevos. Todos los estudiantes estaban listos para aprender, pero también tenían unos cuantos retos personales que negociar. Solamente uno de ellos tenían carros, aunque todos eran lo suficientemente mayores para tener una licencia. No existía dinero para comprar un carro. Todas las mañanas nos reuníamos, pues veníamos de diferentes aéreas de la ciudad. La mayoría tomaba la guagua o caminaban. Tenían por lo menos unos veinte años de edad, y todos estaba muy ansioso por aprender. Eran cuatro mujeres y ocho varones, lo cual encontré interesante, más hombres que mujeres.

Ronda era parte del teatro de Ashley en los Estados Unidos y se había unido al grupo el día anterior. Ella hablaba español y comenzaba la clase con varias formas de ejercicio, incluyendo yoga. A todos nos encantaba estirarnos y preparar nuestros cuerpos para la clase. Yo participaba lo más que podía. La ropa que los muchachos usaban era simple y básica. Al principio de la clase, una cosa me daba mucha gracia, era que ellos se cambiaban de ropa y se ponían otra ropa para ensayar. Supongo que no querían ensuciar su ropa diaria o sería el orgullo de vestirse con el uniforme de bailarines profesionales con camisetas y pantalones sueltos. Algunos tenían zapatillas con cinta adhesiva todo alrededor. Ellos tomaban su arte muy en serio.

Ellos tenían una capacidad de aprender rápidamente. Ashley les introdujo nuevo material durante la semana entera, y ellos las saborearon pedazo a pedazo. Es una experiencia magnífica y gratificante ver a los estudiantes florecer, donde a veces es el maestro veterano quien aprende una o más cosas de ellos.

Para mí, lo que descubrí fue, que ellos no solo actuaban, sino que no dejaban de explorar profundamente la situación. Este grupo extendía una fuerza y ansiedad por la materia que yo nunca había visto.

La mayoría de los estudiantes se esforzaban hasta el límite, sin embargo, hubo otros que les tomó unos cuantos días para permitir sus sentimientos volar. Ellos necesitaban nuestra confianza, pero tan pronto la tuvieron, pudieron estar a la par del resto. Como he mencionado antes, los cubanos no tienen problema en demostrar sus emociones y despejar su mente. A los muchachos les encantaba una buena discusión como 'la forma' o el ejercicio se podía concebir mejor, y de vez en cuando un argumento surgía. Me daba un poco de miedo, pero también era estimulante al observar como el teatro les había dado la libertad de expresar sus pensamientos más profundos. Todos tenían muchas historias que contar.

Las historias que compartimos les dieron a los estudiantes la facilidad de comunicar muchos de sus conflictos e incertidumbres. Los temas nunca fueron de política o ninguna opinión parecida. Algunos se conocían desde hace años y se respetaban, se cuidaban los unos a los otros y exhibían mucho amor entre ellos.

Tomábamos nuestro tiempo para almorzar y caminábamos a un timbiriche a dos cuadras del auditorio. Ellos podían comprar unos sándwiches simples y baratos, más un vaso de algo de tomar hecho con mucha agua y azúcar, también estaba el cafecito cubano, que no faltaba. Ese era el tiempo que yo aprovechaba para hablar con ellos uno a uno acerca de su vida personal y sus planes para continuar con los estudios. Nunca les hice preguntas de política por temor a afectar su confianza. Ellos también estaban interesados en mi vida. Querían saber de mis hermanas, mis otros familiares y por qué había dejado a Cuba. Ellos habían oído la historia de la generación llamada, "Niños Peter Pan," a quien los dejaron ir con familias desconocidas a los Estados Unidos con la esperanza de algún día estar con ellos otra vez. Les dije que yo me había ido a vivir con mi tía y su familia. También les pregunté qué clase de música les gustaba. Les encantaba todo tipo de música y unos tenían CD que tocaban en sus Walkman.

Todos los días, se abrían más individualmente conmigo. Pude descubrir que la mayoría eran de La Habana y estaban involucrados en algún tipo de teatro, arte o música durante la mayor parte de sus vidas. Y también descubrí que les encantaban las fiestas.

Tuvimos una fiesta el último día después de nuestra actuación. Una de las madres de los estudiantes quería conocer a los maestros y darles a los muchachos la oportunidad de celebrar. Ella nos invitó a pasar el tiempo en su casa. Fue muy divertido, y la comida era lo usual, unos sándwiches de queso y otros de jamón con galleticas. Ellos vivían en el décimo piso y tuvimos que subir las escaleras, lo bueno fue que teníamos una vista increíble de los edificios de La Habana iluminado el horizonte. Les gustaba la música americana, pero lo que le gustaba más, era lo que estaba de moda, "El Reggaetón," una combinación de reggae, latino y rap todo en uno.

Al otro día también tuvimos una fiesta en casa de Brooke, donde Andy cocinó para nosotros. Él había llegado de Santiago para participar en la última semana de clase. Bailamos toda la noche, hasta la mañana, así que es fácil decir que el espíritu de fiesta y diversión no se ha perdido en la juventud que vive en esta isla.

# Capítulo 24

# Los Niños No Hablan Política,
# Pero Cargan Fantasmas

Antes de que la semana tuviera su final y todas las fiestas se hubieran celebrado, tuvimos la oportunidad de oír las historias de cada estudiante y ver cómo interpretaban lo que habían escuchado, mientras las actuaban y rehacían. Siempre le preguntamos al original de la historia, si el protagonista había comprendido la interpretación y si estaba contento con el contenido.

El viernes, el último día, hicimos lo que se llama, "Boxeo de sombras," primero representando dos amigos en un argumento y después con dos enamorados. Después del ejercicio una cosa que nos afectó mucho vino a la superficie. Uno de los muchachos rompió en llanto porque estaba muy triste de vernos partir. Estoy seguro de que todos nos sentíamos como él, pero no decíamos nada. Muchas lágrimas escondidas rodaron por nuestras mejillas involuntariamente, pero tratamos de seguir adelante.

Muchas de las historias que ellos contaban fueron memorables y se quedaron grabadas en mi mente. Por ejemplo, la de Néstor, que nos contó su niñez montado en un monopatín por las calles de La Habana hasta llegar a ser hombre. La historia comenzaba en casa, llevando la vida de un niño normal. Como el resto de los niños, todos crecimos sin poner atención a los cambios económicos del país o de la política y sus implicaciones, sólo poniendo atención a nuestros juegos de niños.

Como muchos otros niños, en Guantánamo yo tenía muchas preguntas y mucha confusión cuando el tema del chiste no era claro. Yo trataba de entender, pero no tenía la menor idea de que se trataban. Siempre pensaba, ¿Y qué tiene eso de gracioso?

Una cosa sí era clara, los chistes se referían al sexo, y la gente se reía a carcajada, pero nunca se discutía. El tema era tabú, y por supuesto era gracioso para casi todos y a la vez sucio.

Los muchachos mayores sabían por qué y se reían, mis primos mayores también entendían, pero yo no sabía nada. Y para poner la cosa peor, no tenía el valor de preguntarles a los mayores a que se referían. Es más, si yo me atrevía a preguntar, ¿De dónde vienen los bebés?

Se hubiera formado un requeté.

Yo no creía en la historia que nos decían de la cigüeña. ¡Por favor! A mí me insultaba pensar que trataron de venderme esa idea.

¡Un pájaro muy grande carga al bebé en su pico y lo deja en la casa!

Era lo suficientemente listo para notar los cambios en el cuerpo de mi tía cuando estaba embarazada. Yo sabía que había un bebé en su barriga, pero la cuestión era, ¿Cómo va a salir ese niño de ahí?

Yo tenía muy buena imaginación y pacientemente pude descifrar por mí mismo. Las películas me daban un poco de sospecha, el dolor, la agonía y de momento se presentaba un bebé llorando y todo el mundo se ponía contento.

Pero las preguntas no paraban ahí, ¿Y qué pasaba entre esos meses?

Y otro rompecabezas, ¿Cómo llegaba el bebé a la barriga?

Una vez pensé que los niños llegaban a cierto tiempo en la vida de una mujer, después de casarse. Cuando la mujer llegaba a cierta edad, tenía un bebé.

Durante el teatro en La Habana, historias de nuestra juventud fueron siempre excelentes para la improvisación, porque ellas han estado guardadas en nuestras mentes por tan largo tiempo, que sacarlas en el momento y lugar apropiado hacían una gran diferencia. Nos permitía explicar algunas de las consecuencias de nuestras acciones como adultos. Algunas veces fueron profundas y oscuras; Natalia tuvo mucho coraje cuando voluntariosamente nos contó la de ella.

La historia era una de la más ocultadas en la sociedad. Ella nos dijo que su padrastro la había violado cuando ella era jovencita. Los estudiantes interpretaron la más profunda y hermosa improvisación que yo había visto en mi vida. Fue presentada con inocencia y ternura y al mismo demostrando el dolor y la pena que ella sufrió. Usaron muy pocas palabras, pero con las telas y música pudieron representar la confusión interna que estaba sintiendo Natalia. Yo los felicité con la mejor cortesía y les di las gracias por una de las mejores presentaciones de improvisación que yo había visto en mi vista, y fue en aquel momento que no pude contener mi emoción y lloré como un bebito en frente de todos.

*Mi historia sucedió el verano del año 1956, cuando yo no había cumplido los nueve años todavía. Era un día muy bonito con el cielo azul, y como los otros muchachos de mi edad, yo estaba disfrutando una de las actividades favoritas de esa edad: volando una cometa. Estábamos con un grupo de amigos en los techos del vecindario. No era un lugar donde nos permitían jugar porque era muy peligroso, pero el viento fuerte nos atraía a desafiar las reglas. Tampoco había sobre las calles, ningunas obstrucciones como cables eléctricos, ramas de árboles o alambres que pudieran destruir nuestros cometas.*

*Ver tu cometa volar lo suficiente alto en el cielo puede hacer a cualquier muchacho pensar como si fuera el capitán de su propio barco. Pero hacer un cometa con tus propias manos era prueba de un volador serio. Días antes de subir a los techos, un primo mío había venido de visita, y él nos había dicho que era un experto construyendo cometas. Él nos ayudó a construir cometas nuevos, hechos con nuestras propias manos.*

*Para comenzar a construir las cometas era necesario limpiar pedazos de palito de las ramas para hacer la cruz que forma la parte principal. Pero yo le había rogado a mi tía Elda que me comprara madera de Balsa, que era una madera ligera. El siguiente paso que había que hacer era amarrar las coyunturas y después aplicarle un papel fino, celofán, al marco. El papel se tenía que tratar con delicadeza porque si no, se rompía. Pero yo tenía mucha paciencia y mucha habilidad a los detalles y todo salió bien. Por lo cual, teniendo nuestros cometas acabados de hacer y un día perfecto, era suficiente excusa para subir a los techos.*

*El deseo de cada uno de los muchachos era construir su cometa único, indicando la individualidad y personalidad de cada uno. Yo escogí para el papel, los colores blanco y azul. Para añadir el toque final, se necesitaba una cola que le diera estabilización. La hicimos de tela, pedazos de camisas viejas y hasta corbatas atadas juntas. Otra cosa importante era la cuerda, tenía que ser fuerte para aguantar el viento y la cantidad posible para poder soplar la cometa hasta el infinito del cielo. Ya de una vez terminadas era tiempo para sacarlas a probar.*

*Trepamos de la mata de mango hacia el techo y de ahí, a otros techos a escondidas.*

*Hasta ahora había sido una semana muy buena, especialmente cuando el viento volaba con fuerza sobre nuestras cabezas. Los expertos con las cometas hacían todo para mantenerlas 'enganchadas en el paraíso', que quería decir que se quedaban como suspendidas en el aire y parecían como si estuvieran besando a los ángeles del cielo.*

*Yo no era un experto en volar, pero me las hacía bien. Por alguna razón, ese día había sido difícil. Mi cometa subía hasta llegar suspendida, pero de momento perdía altitud y caía y aunque siempre la recuperaba, me pasó lo que les pasa a tantos, lo más temido. Grité, ¡Oh, no!*

*¡Se cayó y quedó atascada! Esto sería la infracción de mi excelente medalla de volador.*

*¡Qué desastre! Grité frustrado.*

*Abandoné la idea de rescate en ese momento. Y con mucha rabia, corté la cuerda y vi como el pedazo restante se arrastraba calle abajo. Enrollé lo que quedaba y lo metí en mi bolsillo. Junto con otro de los muchachos que habían tenido la misma desgracia, decidimos regresar, bajamos de la mata de mango y fuimos hacia un lote vacío a jugar balines con otros muchachos que estaban ahí.*

*El juego me mantuvo interesado por un rato. Uno de los que estaban ahí, mencionó de un muchacho nuevo que había venido a ver y que quería jugar con nosotros. La oportunidad de ganarle balines me daría satisfacción.*

*Llamaron que era hora del almuerzo y todo el mundo corrió para sus casas respectivas. Antes de salir corriendo, nos pusimos de acuerdo para regresar a continuar nuestra confrontación y desafío.*

*Comí tan rápido que nadie se dio cuenta que había salido a la calle otra vez. Nadie había regresado al lote y yo comencé a practicar mis tiros especiales.*

*Yo estaba agachado, cuando vi frente a mí un par de piernas. Miré y esperando uno de mis amigos, me sorprendí al ver una cara nueva. ¿Este sería el visitante? Pensé.*

*Parece que él había terminado su almuerzo temprano también, y estaba listo para jugar.*

*Lo apropiado sería preguntarle si él quería jugar con nosotros. Pero, antes de que yo pude decir algo, el jovencito anticipó la conversación.*

*"Yo te estaba mirando y vi como tu cometa se había enredado en los hilos eléctricos." "Si, yo sé," le dije un poco enojado.*

*"Está prácticamente colgando afuera de mi ventana." "Oh," le dije sorprendido.*

*"Yo te puedo ayudar a salvarla." Me dijo.*

*"A lo mejor, después," le dije porque yo estaba interesado en continuar el juego de balines. Él era definitivamente mayor que yo, por unos cinco años o más, era alto y se veía que, tenía musculatura. Podría ser que trabajaba en el campo porque estaba bastante moreno por el sol, o a lo mejor era mulato.*

*"Te dije que estaba colgando afuera de mi ventana. La podemos buscar ahora o te puedes olvidar de ella." Parecía que él estaba un poco enojado porque yo estaba ignorando su oferta de samaritano.*

*Viendo que el jovencito quería solo ayudar, yo no quería parecer un desagradecido.*

*"Muy bien," le respondí, muy contento de poder recuperar mi cometa, "Pero ¿cómo vamos a resolverlo?"*

*"Si vamos a donde me estoy quedando, podemos subir a la azotea y alar el cometa con un palo." Dijo el jovencito.*

*Eso me pareció bastante fácil.*

*"Pero ¿no va a ser un poco peligroso con los hilos eléctricos?" Le pregunté reconsiderando.*

*"No, yo lo he hecho muchas veces." Después de unos segundos, dijo, "Muy bien haz lo que quieras, si no estás interesado, lo hago por mí mismo."*

*"Oh, no, yo vengo contigo." Nadie se iba a apoderar de la cometa que yo había hecho.*

*Y así, caminamos al lugar donde este amigo nuevo se estaba quedando. Era una casa de familia, pero alquilaban a trabajadores en el piso de arriba. La casa estaba en frente de mi casa y a la izquierda. Entramos por el callejón al lado de la casa y subimos las escaleras al segundo piso y después hacia otras escaleras que llegaban a la azotea. Cuando llegamos, el jovencito me enseñó la cometa. Y como él había dicho, ahí estaba, colgando y enrollada en los hilos, pero el papel estaba bien, un poco suelto. Y me hizo pensar que se parecía una bandera triste y destrozada.*

*"A lo mejor el marco está en buenas condiciones y se puede salvar." Dijo el jovencito.*

*"Si, si, la podemos sacar enterita, yo estoy seguro de que la podré reparar," dije muy contento.*

*Había un palo con un gancho tirado al lado de unos cuantos cubos viejos. El palo estaba hecho para alar los mangos y recogerlos en los cubos.*

*"Perfecto." Dijo el jovencito, y yo le confirmé con mi cabeza.*

*Con todo su esfuerzo el jovencito trató de jalar la cometa. Él trató varias veces y de diferentes posiciones cambiando su estrategia. Él tenía mejor alcance, pero no pudo sacarla de su encierro y claro, los hilos eléctricos eran algo que considerar. Un jalón desacertado pudiera ser desastroso, pero como toda la juventud, la tenacidad persiste sin tener cuidado.*

*Pensé que sería buena idea si yo lo intentaba. Aun cuando sabía que el alcance del muchacho era más que el mío, yo tenía que tratar.*

*Le dije, "Déjame tratar."*

*Él respondió, "Muy bien, haz lo que tú puedas."*

*Yo hice lo que pude, pero la cosa se ponía peor, la cometa comenzaba a desbaratarse delante de mis ojos con cada jalón.*

*"Déjala, la recuperaré luego cuando tenga más tiempo" Dijo el muchacho.*

*"Déjame por lo menos darle una última tirada, eso es todo que le hace falta." Le dije muy determinado y una vez más me estiré. El gancho agarro el papel y lo rajó por la mitad y la separó del marco.*

*"Está arruinado," dijo el muchacho.*

*Frustrado y casi llorando le devolví el gancho a mi ayudante y decidí regresar a mi juego de balines. Con una tristeza le dije, "Gracias por todo; a lo mejor tengo mejor suerte con los balines."*

*El jovencito me puso sus brazos alrededor y dijo, "Ven conmigo para yo recoger mis balines grandes y jugar con ustedes."*

*Desilusionado lo acompañé a su cuarto que quedaba en el piso de abajo. Una vez en su cuarto, él comenzó a buscar por su tesoro. Encontró algunas de ellas y enseñando su colección, me dijo que podríamos intercambiar.*

*La conversación dio un giro de ganar balines a como aprender a ganar muchachas y como tirarles piropos y cosas así. Me entusiasmé al pensar que había encontrado a una persona, a la cual yo le podía hacer preguntas de lo que era tabú, el sexo. Y de cualquiera forma, él parecía tener más experiencia que cualquiera de mis amigos.*

*Con el deseo de saber más, una pregunta nos llevaba a otro tema más atrevido. Yo estaba entusiasmado al poder expresar cosas que no podía hablar con otros. Pero lo que no me di cuenta, fue que el muchacho también se estaba excitando con mis preguntas.*

*De repente, él insistió en enseñarme un truco que él había aprendido años atrás mientras jugaba a los balines.*

*Me dijo, "Se requiere una posición especial." "Enséñame," le dije impacientemente.*

*"Con esta posición tienes la ventaja sobre el jugador opuesto y puedes golpear todos los balines fuera del círculo a la misma vez."*

*El muchacho que era como un pie más alto que yo y con un cuerpo más grande, decidió agarrarme por la espalda.*

*"Yo te voy a enseñar este truco, pero te voy a golpear si se lo dices a alguien." Me dijo en el oído muy bajito.*

*"No, te prometo, no se lo voy a decir a nadie." Le dije, mientras empezaba a sentirme un poco molesto y un poco desorientado. A lo mejor, este no es el lugar en el que debo de estar, pensé, sintiendo un poco de miedo y especialmente en esta*

*posición. Mi instinto se disparó, pero ya era muy tarde. Me sentí petrificado y sin*
*poder moverme. El muchacho me sorprendió cuando agarró mis pantalones y me*
*ordenó a que me los desbotonara.*

*"¡Quítatelo!" Me dijo determinado.*

*No me podía mover y antes de que me diera cuenta, el muchacho, con un*
*jalón me había arrancado los pantalones hasta los tobillos.*

*¡Ay, Dios mío! ¿Qué está pasando? Fue mi único pensamiento.*

*Yo estaba desnudo. Hasta mis calzoncillos estaban en mis tobillos.*

*Pensé, ¿Grito con toda mi fuerza? O a lo mejor si me quedo tranquilo, él no*
*se va a molestar y no me hará daño. Un millón de ideas me vinieron a la mente,*
*pero ninguna de ellas era perfecta. Desesperado, traté de empujarlo con mis manos*
*y descubrí que se había sacado el miembro y lo estaba tratando de maniobrar*
*dentro de mí. Lo natural era empujar mis piernas cerradas, pero mientras más*
*lo hacía, más él me apretaba el cuello con sus inmensos brazos. Me dijo, "Haz lo*
*que te digo. Afloja un poco y no te voy a hacer ningún daño." ¿Cómo salgo de esto?*
*Era mi único pensamiento.*

*Mi único instinto era sobrevivir. Pensé, si podía ganar su confianza y hacer*
*lo que él quería, me soltaría del pescuezo.*

*No me moví; ni tampoco forcejeé. Me acordé de los chistes incomprensibles de*
*los que se reían los muchachos grandes y de momento entendí sus implicaciones.*
*Pero no tenían nada de gracia, para nada, y especialmente no en esta situación.*

*Podía sentir repetidamente su miembro contra mis muslos, pero no hubo*
*penetración. Yo deje que él continuara, cuando de momento se dio cuenta que no*
*había penetrado; se puso furioso.*

*"Piojo, ¿crees que te estás saliendo con la tuya?" Y con furia comenzó a*
*ahorcarme. Sin pensarlo, tiré un grito a todo meter con el galillo más alto de mi*
*vida. ¡No!*

*Lo cogí por sorpresa y soltó mi cuello, me dio la vuelta y comenzó a sacudirme.*

*"Cállate, cállate," repetía varias veces en una voz baja, esperando que nadie*
*en el edificio había oído mi grito.*

*De un tirón, me solté de los brazos del asaltante y corrí por el pasillo con*
*toda la velocidad que podía, mientras me halaba los pantalones y casi me caía.*
*Volé las escaleras hacia abajo. Mi ardor por la vida tenía que haber tenido un*
*impulso veloz. Corrí a todo meter hasta que llegué a mi casa. Con el miedo que*
*tenía no quise entrar y me escondí detrás de una columna en frente a la casa.*
*Desde el lugar que estaba, podía ver si mi agresor me había perseguido o no. ¡Casi*
*no podía respirar!*

*Mientras me calmaba empecé a mirar alrededor para ver si al quien me había visto.*

*La costa estaba despejada, a esa hora del día todo el mundo estaba tomando una siestita. No había un alma en la calle, pero mi corazón todavía latía como por lo menos mil veces por minuto; mi estado de horror no me había dejado llorar.*

*Tomé un respiro muy grande, me recompuse y entré a la casa. Caminé directamente a mi cuarto y recé en silencio con toda mi intensidad y todo mi poder para que todo estuviera bien. De seguro me iban a interrogar para saber en dónde estaba y me iban a descubrir. Una vez más, mi mente estaba llena de preguntas: ¿Qué tal si el jovencito le dice a todo el mundo lo que había pasado? ¿Qué tal si él quiere acusarme de que yo inicie todo? ¿Qué pasa si le creen? Continúe rezando.*

*Mi tía me sorprendió al entrar al cuarto y me preguntó por qué estaba tan callado. Yo le dije, "He perdido unas de mis balines favoritas. ¡Mis favoritas! Y traté lo más que pude, pero no pude recuperarlas y estoy muy triste."*

*"Ya te pondrás bien." Ella me respondió y me dejó solo.*

*¡Qué bárbaro! Me sorprendí al pensar de dónde había aprendido a cubrir mis errores.*

*No salí de la casa ese día, ni el resto de la semana. El lunes por la mañana rumbo a la escuela, tenía que cruzar enfrente a la casa del delito; caminé aterrado. Lo único que pensaba era que el muchacho saliera a confrontarme. Regresé del colegio y me quedé en mi casa, sin salir, todos los días de la semana hice lo mismo. Preocupado de que toda mi familia, el vecindario, y los estudiantes se enteraran lo que había pasado, me quedé en la casa por dos*

*semanas hasta que un día mi tía me pregunto, "¿Por qué no sales a jugar?" Le di la excusa de que tenía mucha tarea.*

*Unas semanas después, oí a un vecino contarle a mi tía que el jovencito había regresado a su pueblo. Con cuidado comencé a aventurarme y ver si la gente hablaba de mí o me miraban con cara extraña o si había algún chisme o historia circulando. No oí nada.*

*Mi boca estaba cerrada y nadie, en ningún lugar iba a saber lo que me había pasado. Después de un tiempo, yo traté de olvidar y finalmente pensé que todo estaba bien. Nunca en mi vida quise volver a estar en una situación así. Con mucho cuidado, en muchas situaciones precavidas, anduve con cautela y nunca le tuve confianza a nadie.*

# Capítulo 25

# Rabia

Antes de que terminara la semana hubo un incidente, una peculiaridad que sucedió en el lugar donde ensayábamos en La Habana. Los muchachos habían trabajado duro todos los días y estaban listos para dar una exhibición esa noche a sus familias y los invitados, ahí en el lugar donde practicábamos. Después que terminó la actuación salimos a darle las gracias a los invitados. Me sorprendí al ver el hombre encargado del lugar, llenando un balde de agua con una manguera afuera del edificio.

¡Agua! Dije sin creerlo. ¡Hay agua!

Furioso pensé en una sola cosa, ¿cómo es posible que este hombre nos había visto trabajar tan duro, y nunca se ofreció a echarle agua al inodoro, que olía tan apestoso? ¿Había agua todo este tiempo? ¿O el tipo se la estaba robando? Yo no podía pensar de lo enojado que estaba.

¡Los estudiantes habían trabajado tan duro como para que los trataran así! Contuve mis palabras, así que no le dije nada al hombre. Pero no pude contenerme con Brooke, quién me calmó y explicó que así era la situación aquí, ella dijo, "A lo mejor había venido el agua en ese momento."

De alguna forma, yo no estaba completamente convencido de la acción del hombre. Empecé a inventarme excusas para el hombre: tal vez era ignorante y no sabía lo que estábamos haciendo, quizás no podía oler el inodoro, y quizás no lo usaba porque tenía su propio inodoro. A él no le importaba ofrecer una mano a aquellos que estaban haciendo lo más que podían de una situación mala. Yo no entendí su apatía y su actitud inconsiderada.

*Cuando yo tenía por lo menos diez años y antes que Castro agarrara el poder, la ira se apoderó de mí una tarde. Siendo un jovencito, yo no tenía la experiencia de manejar el bombardeo de 'cohetes y flechas' que venían hacia mí. Me hirieron mis sentimientos porque mi palabra y mi honor fueron cuestionados y mi orgullo lastimado. Fue luego en mi vida donde aprendí que cuando estaba enojado me ha enseñado a aceptar la situación y dejarla pasar.*

*Durante los días de verano, los vecinos se reunían por las tardes para jugar bingo en la casa del frente. Era la costumbre que los mayores jugaran, pero los muchachos siempre le daban la vuelta al juego para ver cómo se jugaba.*

*El juego parecía simple y divertido de jugar.*

*Las reglas eran fáciles: Oír al número y la combinación con la letra que salía, cubrir con un grano de maíz o un frijol si tu combinación estaba en tu tarjeta. Cuando tenías una línea recta, podías gritar la palabra ¡BINGO!*

*Era simple pues no había que llevar ninguna puntuación.*

*Mientras la noche progresaba, algunos de los adultos decidieron añadir un poco de diversión e introdujeron dinero para hacer el juego más interesante, porque había unos cuantos que estaban aburridos y querían irse. Para mantenerlo de familias, y por el bienestar de los niños, solamente jugaban con centavos.*

*Yo estaba embelesado con la sobrina del vecino y decidí quedarme por más tiempo. Una vez más, quiero aclarar que, de jovencito, la regla era que a los hombres les gustaban las mujeres. Para mí no había ninguna distinción en la palabra 'gustar.' Yo admiraba y me atraía una mujer bonita tanto como un hombre apuesto, tal como lo es para mí hasta el día de hoy.*

*Ella tenía por lo menos diecisiete años y como veía que yo estaba loco por ella, me dejó sentar a su lado y colocar los granos de maíz en su cartón.*

*Sí, era bella, pues fue una de las seis finalistas en el concurso de Miss Cuba el año anterior. Ella representó a la Provincia de Oriente, donde Guantánamo era una de las ciudades. Ella tuvo suerte y ya había ganado una pila de centavos en varios juegos. En algún punto, se despidió para hacer unos mandados y me dejó a mí en cargo de su juego.*

*Desgraciadamente, después que ella se fue, cambió la suerte y la pila de centavos empezó a disminuirse. Me sentí mal y traicionado por el destino. Pensé, ¿Cómo es posible que esto me suceda a mí? Yo había comenzado a endulzarme con ella. Seguro que ella pensaría que yo era solo un niño y no un hombre para cuidar del negocio, literalmente. Me sentí mal al pensar así.*

*Para añadirle sal a la herida, escuché a una vecina decir, "¿Qué pasa con la pila de centavos que ella tenía? Parece que se están desapareciendo."*

*Me sentí ofendido y pensé, ¿Qué está insinuando esta señora?*

*Ella dijo en voz baja pero suficiente para que otros la pudieran oír, "A lo mejor se está llenando los bolsillos."*

*¡BOOM!*

*No quise ni pensar que ella me estaba acusando. La acusación me hizo hervir de la rabia. ¡Sentí mi sangre correr de mis pies hasta mi cabeza!*

*Lo negué completamente, "¡Yo no me estoy cogiendo el dinero!" Pero ella jugando insistía que era un poco sospechoso.*

*Me metí la mano en los bolsillos y los saqué vacíos para enseñarle. Pero esto no era suficiente para ella. Yo no sabía cómo defenderme y me sentí completamente atrapado y humillado en frente de toda la gente.*

*Yo no iba a soportar ese abuso de ella y salté de la silla y salí corriendo del cuarto. Yo iba echando humo por el pasillo. A medio camino, antes de llegar a la puerta, paré, di la vuelta y grité a todo pulmón, "¡Eres una bruta!"*

*Cuando llegué a la puerta, ella también estaba.*

*Me cogió por los hombros y me dio una vuelta, su mirada se fijó en mis ojos.*

*Con el dedo en mi cara me gritó, "Yo no puedo creer tu comportamiento. Tú eres el jovencito más irrespetuoso que he conocido. Si no fuera porque yo conozco a tu familia tan bien, te diera una cachetada que te haría dar vuelta la cabeza."*

*Yo me quedé completamente asombrado a su reacción tan violenta. Sí, yo había sido un poco irrespetuoso al gritarle, pero en serio, no comprendía su ferocidad.*

*Desafortunadamente la palabra 'bruta', suena similar a 'puta' y esto era exactamente lo que los vecinos y ella escucharon.*

*"Así, que me has forzado a decirle a tu familia, que me llamaste una puta."*

*"Yo no dije eso. Yo te llamé una bruta."*

*"Todo el mundo lo oyó."*

*Ninguna de las dos palabras era bonita, esa es la pura verdad. Las lágrimas de ira llenaban mis ojos y no pude responder apropiadamente ni defenderme. A mí me habían enseñado a respetar a los mayores y no tener argumentos con ellos. Como yo le había gritado a ella, claro, no la había respetado. No tenía palabras que decir y caminé a mi casa lleno de angustia y de rabia.*

*Los rumores decían, que los que estaban en el cuarto de juegos les pareció que yo le había dicho esa palabra de la que ella me acusaba. Yo traté lo más que pude aclarar la equivocación. Unos me creyeron, pero otros tuvieron duda. Me hirieron mucho al pensar que muchos no tuvieron confianza a lo que yo decía, pero tuve que aceptar que la percepción no se podía cambiar sin pruebas. Ese día aprendí una gran lección.*

Durante otro incidente fui compensado por ponerme enojado. Yo me estaba quedando en la casa de unos amigos de mi mamá mientras jugaba en el patio con uno de mis carritos. Yo estaba construyendo caminos y puentes con tierra y fango, uno de mis pasatiempos favoritos. De momento me dio hipo y corrí por las escaleras hacia la casa. Me acerqué a Loida, la amiga de mi mamá y le pregunté si ella me podía quitar el hipo.

Con mucha sorpresa, me respondió, "¿Por casualidad has visto el real que dejé en la mesa?"

Le respondí, "No."

Ella insistió, "Yo lo dejé aquí, arriba de la mesa, hace unos minutos."

Inmediatamente defendí mi inocencia, "Yo no lo he visto, ni me lo he cogido."

"Bueno, yo estoy segura de que yo lo dejé, aquí mismito." Me dijo con una voz más firme.

"Yo estoy diciéndote la verdad, lo juro." Le dije.

Ella me miró como que no me creía y eso fue todo lo me hacía falta. El fervor me subió y sin pensarlo le grité, "¿Por qué no me crees? Ya te dije que yo no he cogido el real."

Explotando y echando humo, salí del cuarto, di la vuelta y grité, "Te odio y me voy para mi casa."

Antes de que me fuera muy lejos, ella me detuvo y me preguntó, ¿cómo tienes el hipo?"

Todavía un poco enfurecido le dije, "Yo no tengo hipo"

"Claro que no, yo te lo curé."

Por ahora, se habían ido, pero todavía estaba algo molesto.

"¿Por qué me acusaste de eso?"

Ella tuvo que tomarse algunos minutos para calmarme y explicar que era solo una forma que se usaba para quitar el hipo, cuando uno asustaba a la persona. Ella me aseguró que ella sabía que yo no era capaz de robarme una cosa.

"Te pareces a un fosforito."

"¿Y qué quiere decir eso?"

"Te prendes rápido y furioso, te salen llamas de la nariz, unos minutos después, te calmas, el fuego se extingue y sólo queda el humo."

Me di cuenta de que había actuado como un bobo y me sentí un poco avergonzado y dije,

"Después de la explosión, es muy tarde para remediarlo, lo siento." Ella se dobló y me dio un beso en la frente.

Hoy he aprendido a calmarme mejor. Por supuesto, mi orgullo es fácil de herir, especialmente con personas cercanas a mí, a las que quiero con todo mi corazón. Cuando ellos no comparten mis sentimientos. Y es aquí donde la incomprensión es mía, la cual me causa tanto problema – yo pienso que otros se dan cuenta de que los quiero mucho y de que soy sincero y me importan. Hoy comprendo mejor equivocación mejor hoy. Yo no puedo cambiar a nadie y mucho menos si estoy furioso. Solo yo puedo cambiar. Mis inspiraciones vienen del escritor Thich Nhat Hanh, un monje budista de Vietnam. Leyendo muchos de sus libros me introdujo muchas de sus enseñanzas quien dice que la ira es como 'un bebé.' Cuando el bebé llora es porque necesita atención, y tenemos que averiguar las razones del porqué está perturbado. Tiene hambre como nosotros tenemos hambre por compasión y atención; el bebé necesita amor como lo necesitamos nosotros. Hay que encontrar la razón y el porqué, entonces resolverlo como lo haría una madre, con ternura.

Cuando siento la ira, no le pego a una almohada, en su lugar, respiro, me concentro a relajarme y decir repitiendo, "Déjalo ir, déjalo ir…" Las tantas veces necesarias hasta que comienzo a amarme otra vez.

## Capítulo 26

## El Principio del Final

Una noche, los cuatros maestros, Ashley, Brooke, Ronda y yo, junto con Andy fuimos a una actuación bellísima en un teatro profesional. Se llamaba, "La Parada de Cubanos y el Chachachá." Yo lo llamé el show de 'las chancletas' porque me gusto oír el sonido que hacían los bailarines con las chancletas en el piso. Las muchachas también usaban abanicos y los muchachos usaron papeles de periódicos y otras cosas para crear la música. Esta interpretación de la danza creó una rutina maravillosa. Una cosa que me sorprendió fue que ellos también hicieron el número, donde el dueño del solar estaba dejando a los inquilinos sin agua. Este baile me enseñó claramente, que el fiasco en el auditorio no era un incidente solo.

La verdad sobre este evento reveló una profunda tristeza en mí, porque yo no podía hacer paz por la falta de agua, la falta de comida, de electricidad y de tantas otras cosas.

Luego, esa misma noche, mientras estaba acostado en mi cama, un pensamiento muy preponderante me vino a la mente, ¿Por qué hubo una revolución? Obviamente, era para deshacernos de Batista y su régimen corrupto. Era triste pensar en las decepciones de los dictadores del pasado en Cuba y a toda la América Latina. Era muy doloroso pensar en todos los incidentes que transcurrieron hasta el presente. Me hice una pregunta, ¿estaba Cuba atrapada en una vuelta del destino?

Pasé muy mal tiempo tratando de conciliar el sueño, ya que el sonido repetitivo de las chancletas me recordó de los sonidos de las ametralladoras y las balas cerca de mí hace mucho tiempo en Guantánamo. Nunca pude olvidar esos sonidos.

*A la curiosa edad de diez años, yo no tenía la menor idea de que la revolución en la isla caribeña de Cuba cambiaria mi vida para siempre. Era el año 1957 y mi abuelita y yo acabábamos de regresar de un viaje a Cayo Hueso. Habíamos ido a visitar a mi tía Matilde y su familia, mis primos Jimmy, Janet y Lucille y después de regresar me acuerdo de la conversación que tuvieron mi mamá y mi abuela. Y lo que más me quedó fue que mi mamá había dicho, "Yo hubiera preferido que ustedes se hubieran quedado en Cayo Hueso hasta que les avisaran." Yo pensé que eso no tenía sentido, yo tenía que regresar a la escuela.*

*Pero poco a poco, comencé a entender que tenía que ver con política y situaciones del país. Una vez más, fue a la hora del almuerzo cuando las discusiones en la mesa tomaban un tono de incomodidad y argumentos, que me hizo ver lo que estaba pasando. La discusión casi siempre era de los rebeldes en las montañas. Ellos discutían los pros y contra de los temas políticos. El plato principal era el futuro de la isla y su porvenir. Algunos de los familiares no querían que nada cambiara. Pero la mayoría de la familia simpatizaba con los revolucionarios valientes en las montañas. Ellos querían acabar con la dictadura, que estaba oprimiendo a la gente, especialmente los pobres.*

*Yo siempre simpatizaba con mi Abuelita en todo. Ella era la más inteligente y su simpatía era con los rebeldes. Diferente a lo que pasaba en la casa, en la escuela, los eventos actuales no se discutían ni eran el tema principal, y en la televisión solo veía mis programas favoritos, "Sea Hunt" y "El Zorro."*

*La vida era normal, como debería de ser para un jovencito, lo único que me preocupaba era la tarea. El siguiente ejercicio era lo único diferente que ayudaba a distraer la monotonía de las clases. Cuando se oía la avioneta del gobierno de Batista, volar por arriba de la escuela buscando a los rebeldes, la clase entera tenía que arrojarse debajo de los asientos. El ejercicio se hacía para protegerse. Pero yo nunca oí ninguna bala esos primeros días, así que era divertido porque me recordaba a cuando jugábamos a los vaqueros y los indios.*

*Nada sucedió por meses, solo susurros y rumores acerca de cuán lejos los rebeldes habían avanzado y cuán grande su grupo se había vuelto.*

*Ya para el año 1958, incidentes drásticos comenzaron a suceder en nuestra pequeña ciudad. Hubo muchas historias y en particular una acerca de la desaparición de un muchacho bachiller de mi escuela. Los rumores eran que lo habían torturado porque él había ayudado a los rebeldes.*

*"Es difícil creer que eso pase aquí". Yo pensé.*

*"Si es solo un rumor, entonces, ¿por qué él no ha regresado a la escuela?"* decían otros.

*Y comencé a formular mis propias conclusiones.*

*A lo mejor era peor, ¡lo habían matado!*

*Pensar que una persona se había desaparecido era bastante perturbador y no sentaba bien conmigo.*

*También comenzaron a publicarse artículos en los periódicos sobre las bombas "hechas en casa," para explotar en cuarteles militares. La mayoría sucedía en Santiago de Cuba y La Habana, las ciudades grandes, donde las usaban durante las protestas estudiantiles. Pero hubo un artículo publicado en el periódico de Guantánamo, de una bomba que había explotado en el sótano de una casa. Decía que los simpatizantes de los rebeldes estaban usándolo para construir cócteles Molotov que estaban "de moda." La facha había sido introducida por un amigo compañero del argentino, Che Guevara quien luego se convertiría el comandante del Ejército Revolucionario.*

*Días pasaron después de ese incidente; y de momento muchos más, pequeños y grandes, comenzaron a suceder por toda la ciudad. Muchos comenzaron a salir lastimados físicamente y hasta las propiedades fueron dañadas.*

*Un grupo de estudiantes, mis primos Maya, Lucas, Isela y yo participamos en un funeral muy grande para un muchacho que había tenido un accidente. Dijeron que él se había quemado el cuerpo entero, cuando se le cayó el cóctel Molotov que estaba construyendo. Caminamos hasta el cementerio en solidaridad con los estudiantes. Fue sombrío y temeroso, pero a la misma vez fue muy conmovedor, y una nueva experiencia poder participar en un evento que no se trataba de mí sino de otra persona.*

*Fue en ese año también donde hubo reportes de los rebeldes peleando en las afueras de la ciudad que causó gran furor y consternación a la gente del pueblo. Mi primo Lucas y yo vimos a muchos camiones llenos de soldados, empaquetados como sardinas, que manejaban en la calle por la casa rumbo hacia las afueras de la ciudad.*

*En la vida cotidiana, el sonido de los disparos se oía con más frecuencia cada día. Al oír disparos, lo que se hacía era salir corriendo, salir de la calle, esconderse detrás de un carro o una columna o cualquier otro lugar que se sintiera seguro.*

*En los días que siguieron, un incidente muy peculiar se convirtió en un descubrimiento crítico y una lección notable para sobrevivir. Sucedió un día ordinario mientras caminaba de regreso de la escuela. Yo estaba por lo menos una cuadra de mi casa, cuando de repente, oí el sonido de balas a una distancia. En ese momento no me pareció que estaba en peligro inmediato, pero unos pasos más y el sonido de las balas se oían más fuertemente y más cerca y una conmoción se desató entre las personas a mí alrededor. La gente empezó a correr y buscar refugio. Yo pensé que todo estaría bien si me apuraba y corría a mi casa. Mientras corría la distancia corta que quedaba a mi puerta, sentí que las balas me pasaban por la cabeza.*

*Pensé, "¿Me están disparando a mí?" El susto me hizo correr más rápido para llegar a la puerta de mi casa. Cuando llegué a la puerta, la abrí, pero también oí alguien gritarme,*

*"¡Oye, espera!"*

*Di la vuelta pensando que a lo mejor lo pudiera ayudar. El hombre parecía una persona normal, nada en particular lo identificaba. Entonces fue cuando oí una voz muy distinguida en mi mente.*

*¡A lo mejor este es el tipo a quien le están disparando!*

*Me quedé en completo pánico. El tiempo parecía estar en cámara lenta.*

*El hombre se acercaba. Mi último pensamiento fue, yo no voy a dejar que tiroteen a mi casa con balas.*

*Le tiré la puerta en la cara del hombre, di la vuelta y la cerré con llave.*

*Me quedé con la mirada fija a la puerta. Corrí hacia la ventana, al lado de la puerta y cerré las puertecitas.*

*Pensé, ¿Qué he hecho? ¿Acabó de sentenciar de muerte a alguien?*

*Oí el sonido de las balas, una vez más.*

*Dejé a la ventana y regresé a la puerta.*

*De nuevo, pensé, ¿Estoy haciendo lo correcto? ¿Estoy sentenciando un hombre a la muerte?*

*Al par de mis pensamientos podía oír el sonido de las balas.*

*¡Tengo que abrir la puerta!*

*Mientras me acercaba a la puerta y casi al tomar acción, sin darme cuenta una risa histérica me atacó. Me caí al suelo y no pude contener mi risa desesperante.*

*Mi prima Maya vino corriendo y comenzó a registrarme para ver si me habían dado con una bala.*

*"¿Qué está pasando, porque te estás riendo, de qué te estás riendo?" Ella me preguntaba consternada por mi inestabilidad.*

*Yo no podía explicarle lo que había pasado, no todavía, me reía demasiado. Ella pudo ver que yo no estaba herido. Pero intoxicada con mi risa contagiosa; ella también comenzó a reírse.*

*Los dos nos reíamos, dando vueltas en el piso sin control. Mientras tanto el tiempo pasó, nos pudimos componer y también el sonido de las balas cesó.*

*Quedó el silencio, un silencio total.*

*Esperamos un ratito más y poco a poco y con mucho cuidado fuimos gateando hacia la ventana. Nos levantamos finalmente, y con mucho cuidado abrimos las ventanas. Yo miré por las rendijas y no pude ver nada, no había nadie alrededor. Abriendo la ventana poco a poco pude darme cuenta de que todo estaba callado, no había ni un pitirre. Y también me alegré al ver que no había un cuerpo estirado en nuestro piso. Me había quedado sin sentido, aturdido.*

*"¿Qué le pasó al hombre?" Dije sin darme cuenta.*

*"¿Qué hombre?" Dijo Maya.*

*"El hombre que me estaba siguiendo." Y añadí, "Me dio miedo."*

*Ella se quedó mirándome, pero mi único pensamiento era en aquella persona. ¿Lo habrían matado, herido o peor, se lo habían llevado?*

*Minutos después, cuando el resto de la familia y los vecinos se reunieron para averiguar lo que había sucedido y el porqué. Todo parecía estar bien. Yo les conté a todos mi episodio una, dos y tres veces más y me felicitaron por mi acción heroica y forma rápida de pensar. Pero hasta el día de hoy, no estoy seguro si lo que hice fue lo apropiado.*

*¿Me sentí culpable? Si.*

*¿Hice lo apropiado? Probablemente, sí.*

*Mi casa y mi familia eran lo más importante.*

*Los últimos días de la revolución se acercaban. Ya para noviembre del año 1958, pequeñas batallas comenzaron a suceder en las calles de la ciudad. Muchas de las familias habían dejado de llevar a los hijos a las escuelas. La escuela había dejado de tener clases regularmente por el peligro.*

*Me recuerdo una tarde, cuando Lucas y yo estábamos parados en la esquina de la calle ancha por mi casa, una vez más miramos una cantidad de camiones del ejército llenos de soldados. Esta actividad se había convertido en algo diario. Pero más y más artillería llegaba. Lo podíamos sentir venir antes de ver los tanques con cadenas, rodando detrás de los camiones, pues el ruido del metal arrastrándose en el pavimento sacudía el propio centro del mundo.*

*Le comenté a Lucas, "Qué interesante, este es la misma calle donde unos meses atrás era el fondo para los Carnavales tan divertidos." Con su cara de inocente, lo decía todo. Los tanques iban rumbo afuera de la ciudad.*

*Estuvimos parados no más de media hora cuando de momento pudimos oír y sentir el sonido de los cañonazos de la artillería alrededor de la esquina. Un vecino vino corriendo para decirnos que los rebeldes estaban en la estación del ferrocarril.*

*"¿Te puedes imaginar a los rebeldes tan cerca de nosotros?" Le dije a mi primo.*

*"Vamos a la casa para decírselo a todo el mundo."*

Mientras caminábamos, me imaginé a los rebeldes avanzando en los campos que se extendían unas cuantas cuadras hacia el río y hasta más afuera de la ciudad. Me los imaginaba en su uniforme verde, sus barbas, sucios y con un poco de municiones para enfrentarse con el enemigo. Pensé si por casualidad iba a tener la oportunidad de conocerlos por fin. Pensé en los desafíos que confrontaban y tenía miedo por ellos.

Debe de ser horrible tener que cargar con tu rifle, tan grande y pesados que son y confrontar, cara a cara, con los soldados que venían con una artillería mucho más grande y con tanques. Tenían que estar cansados, los pobres, pero con cojones para atentar a entrar a la orilla de la ciudad.

Maya, la hermana de Lucas, vino corriendo para decirnos que la familia estaba preocupada por nosotros sin saber dónde estábamos. Finalmente, en casa, cuando entré al patio podía oír las balas sobre mi cabeza porque estaban rozando por los techos. El sonido era claro cuando traspasaba las hojas de la mata de mango. Yo podía ver los trocitos de las hojas y las ramitas caer al suelo.

Mi abuela me gritó, "¡Entra ahora mismo para acá adentro, muchacho!"

La mayoría de la familia había seguido sus instrucciones. Se había discutido anteriormente que, si algún peligro inminente se acercaba, todos teníamos que tomar refugio en el cuarto del centro de la casa, el de mi tía Paqui, que estaba detrás de muchas paredes que podían parar o por lo menos desviar las balas.

Con toda la familia acorralada en el cuarto, el sonido de los cañones y el consistente martillazo de los morteros empeoraban. "Tienen que ser los tanques disparando a la estación de ferrocarril." Dijo Lucas.

¿Por qué? Preguntó Maya.

"Están tratando de matar a los rebeldes." Le respondí.

Yo sentía la casa sacudirse y veía todos los cuadros vibrando en las paredes.

No solo tenía miedo por nosotros, también comencé a sentir miedo por los rebeldes. Pues había oído que no estaban tan bien equipados como los del ejército de Batista. Me acordé de los tanques que rodaban por enfrente de la casa y viraban la esquina hacia el campo amplio del ferrocarril. Parecía que nunca iban a parar de disparar, la pared y hasta la cama donde nos habíamos cobijado se sentía como un tembleque. El colchón que nos habían tirado arriba a los jóvenes no parecía desviar el sonido que estaba dejando sordo no solo a mis oídos sino también a mis sentidos.

Fue una noche muy larga, y pasaron horas antes de que la calma regresara a la casa.

*Esa noche, todos dormimos juntos sin salir del cuarto, acomodados en la cama, uno al lado del otro. Cuando salimos de nuestro escondite, pudimos ver los huecos hechos por las balas en la pared de la casa.*

*Esto es lo más que quiero estar cerca de una batalla, pensé en silencio, pero también pensé, ¿cuántos rebeldes habían matado y si por casualidad algunos habían sobrevivido?*

*Las preguntas eran evidentes al ver la cantidad de municiones que les habían disparado. Tan pronto la gente pudo salir de sus casas, las críticas comenzaron, "¿Cómo es posible que los rebeldes se atrevieron a venir tan cerca del pueblo y poner a riesgo los ciudadanos en peligro?"*

*Otros comentaron que era el valor que tenían al arriesgar sus vidas para poder deshacernos de los militares que acribillaban al pueblo. También para poder derribar a Batista, el dictador.*

*Yo deduje que la proximidad de los rebeldes indicaba que existía la posibilidad que podían ganar. Yo puse mi fe en que los "barbudos" ganarían pronto. Las personas que los habían visto en las montañas de la Sierra Maestra y en los campos, verificaron que muchos de ellos tenían grandes barbas muy tupidas. Darme cuenta de que había muchos de ellos, me dio esperanza de creer que triunfarán.*

# Capítulo 27

# La Revolución y los Rebeldes

Estábamos en La Habana, donde florecieron unos de los más famosos night-clubs como el Tropicana, y nosotros queríamos salir a divertirnos un poco. Alguien mencionó un club de jazz que quedaba en el Malecón, lo que nos pareció fantástico. Cuando llegamos, vi que todo estaba impecable, pulido y con mucho estilo. Era increíble pensar como el dinero se gastaba aquí comparado con las afuera de la ciudad. Siempre va a ver personas con dinero y aquellas que no tienen suficiente. Es lo mismo estando en un país comunista como si estuvieras en un país capitalista; esto parece ser un factor común. Los que tienen el dinero, llevan las reglas del juego. Estábamos visitando un país en el cual el gobierno gritaba igualdad para todos, pero la única igualdad que yo veía era en cuanta plata tenías en el bolsillo, y cuanto estabas dispuesto a gastar. En este momento, el socialismo, capitalismo o cualquier otro "-ismo" me parecía ridículo. Sin embargo, rápidamente todas las ideas volaron por la ventana. Si yo tuviera el valor de subirme en una silla y denunciar las injusticias cometidas contra los pobres, me hubieran sacado a patadas como un cómico que se le olvidó el chiste.

Tuve que abandonar la política y mirar el lado positivo. Oíamos tocar un conjunto de Jazz cubano excelente y también me dijeron que los tragos no estaban nada mal. Pero lo más interesante para mi fueron las señoritas que estaban visitando el lugar. Me dijeron que estaban "trabajando" y que hacían buena plata. Si tuvieran un trabajo regular podían ganar por lo menos unos cincuenta pesos mensuales, pero aquí, en el club, podían ganar unos 200 pesos por semana. Se decía que, en la Habana, cincuenta por ciento de las mujeres eran prostitutas. Esto nos dejó sin palabras. A lo cual Ronda pregunto, "¿Cómo sabes eso?"

Yo con mi payasearía, le respondí, "Toman una encuesta, les preguntan a cien mujeres que hacen para vivir, y cincuenta de ellas responden, prostitutas."

Estoy seguro de que ella quería darme una patada por la nalga, pero lo único que pudo hacer era darme con una mirada que mataba.

Lo raro de esta experiencia me hizo pensar cómo fue que la Revolución tuvo su comienzo y como mucho de los sueños de las familias fueron recuperados por la victoria de los rebeldes durante esos años. La Revolución iba a otorgar sus promesas: igualdad, independencia y justicia social.

*Al fin del año 1959, cuando el combate estaba encima de nosotros, unas semanas antes de la conquista triunfal, mi madre estaba extremadamente ansiosa. El enfrentamiento diario para sobrevivir, la había forzado a buscar algún media que mantuviera a su familia a salvo, especialmente a mí. Con el instinto protector de madre, ella decidió llevarme a un lugar menos peligroso. Pensó en la base naval de Guantánamo, donde ella había trabajado por once años.*

*Ella tenía amistades allí y lo único que faltaba era como llevarme.*

*Un plan fue creado pronto que yo llamé, "El Éxodo en el Burrito." Junto con otra madre y su niña pequeña, mi mamá le pagó a un hombre que tenía una carretilla con una mula que nos llevara a Caimanera, un pueblecito pesquero localizado en la bahía de Guantánamo. De ahí las madres podían llevar sus niños en lancha para la base americana.*

*No me dijeron nada sobre los preparativos hasta el día antes de partir. Una vez que lo supe, esto no fue un problema, pues toda la idea sonaba como una gran aventura para un muchacho de once años. Yo estaba de lo más contento y sin estar consciente de los peligros que pudiéramos enfrentar.*

*Salimos tempranito esa mañana y yo casi dormido, pero me había dado cuenta de que íbamos por unas rutas menos traficadas.*

*"¿Por qué vamos por aquí?" Le pregunté a mi mamá.*

*"Esta es la única ruta que el señor conoce." Ella me aseguró. "No te estés moviendo tanto y quédate tranquilo." Este tono de voz se parecía mucho más al que yo conocía. Yo no estaba al tanto de que el ejército de Batista patrullaba las carreteras principales. Como los rebeldes estaban por tomar la ciudad, todo tipo de transportación que entraba o salía estaba prohibida.*

*Lo que yo pensé que iba a ser una gran aventura desgraciadamente se convirtió en un paseo aburrido. Más allá de la vista linda del campo, no había nada emocionante, y solo seguíamos andando. Pregunté, "¿Cuándo vamos a parar?"*

*"Ya te dije que te quedaras tranquilo y que no te estés moviendo tanto."* Insistió mi Madre.

*La niña de la señora era muy pequeñita para jugar conmigo. Así que me acosté de espalda en los tablones de la carretilla y me quedé mirando al cielo que estaba despejado con un color azul claro muy lindo. El cielo parecía un lienzo limpio con la excepción de unas nubes pequeñas dispersas por todo alrededor. De repente, con la esquina de mis ojos, vi una cosa que me sorprendió ver a esta hora del día y grité," Oye, Mima, ¡adivina lo que está sobre nosotros!" Las dos madres se volvieron locas con pánico mirando hacia el cielo, "¿Dónde está, ¿dónde está?" Mi madre gritó sin poder creer lo que estaba pasando, saliendo del carrito y jalándome por el brazo me dijo, "Apúrate, brinca en el sajón. Brinca."*

*Tirando de mí brazo para poder deshacerme de ella y confundido por todo el paripé, le dije con mucha calma, "Ahí, arriba" señalando al cielo, "¿No la puedes ver? Es la luna llena."*

*Ahí estaba en todo su esplendor, caso imperceptible la silueta de una luna llena, casi invisible.*

*Con sus nervios de punta, y sin poder hablar casi, me dijo, "Estás loco, casi nos matas del susto."*

*Su histeria se había convertido en un regaño cuando me dijo, "Pensé que era la avioneta que nos venía arriba a dispararnos. Espero que no te lo tenga que decir una vez más, siéntate y pórtate bien."*

*Bueno, como siempre, yo sabía cómo atraer la atención.*

*A la puesta de sol, cruzamos el río donde había una gran cantidad de caimanes, una especie de lagartos distintiva del área, posados en las rocas, cogiendo sol a las orillas del río.*

*Pensé que sería divertido si gritaba, "Los cocodrilos nos están persiguiendo."*

*Pero rápidamente lo pensé de nuevo pues no quería que mi mamá me diera un pescozón en la cabeza.*

*La visita a la base naval de Guantánamo no fue muy larga porque a las dos semanas en el día de Año Nuevo, la noticia resonó clara y fuerte. ¡Batista salió del país, los rebeldes han ganado!*

*Todo el mundo estaba gritando, ¡Viva Cuba Libre! ¡Viva La Revolución Cubana!*

*El triunfo había llenado con alegría a todos y las emociones rebotaban por donde quiera. Mi mamá me vino a buscar para llevarme a nuestra casa y celebrar.*

*La alegría y triunfo de la victoria fue propuesto el 1 de enero de 1959. El resultado había llegado más temprano que lo esperado.*

¿Cómo fue que todo esto sucedió? Era la pregunta que todo el mundo tenía en mente.

Los últimos dos años de batallas continuas por los Rebeldes, algunas veces eran los vencedores y otras veces los que perdían, pero tenían el apoyo de las comunidades medianas y pequeñas. Ellos ganaron el compromiso y el respaldo debido a la clara posición de las causas detrás de su batalla. Lucharon por la independencia y la justicia social, para crear escuelas y para dar tierras a los agricultores. La victoria traería una perspectiva diferente de la vida a todos en el país. El plan de los rebeldes era marchar hacia el este hasta que llegaran a la capital, La Habana. Continuaron tomando posesión de territorios, uno por uno, y siempre con el apoyo del pueblo.

La lucha había tenido lugar principalmente al este de la isla, donde estaba la cordillera montañosa más alta, llamada Sierra Maestra y que era el territorio de Fidel y el de su hermano Raúl. Hombres como Huber Matos, habían batallado ferozmente y habían podido llegar a las afueras de Santiago de Cuba, a unas cuantas millas de Guantánamo, que era un área llena de militares del ejército de Batista. Otros comandantes como Camilo Cienfuegos y Che Guevara controlaban el área montañosa de la provincia central de Las Villas. Una vez que las últimas batallas habían sido un éxito, el pueblo estaba detrás de ellos, apoyándolos para liderar la causa de la Revolución. Lo lograron con coraje y tenacidad.

*Unos meses después del gran triunfo, el comandante y sus famosos 12 barbudos, que era como le llamaban con mucho aprecio, iban a visitar a la pequeña ciudad de Guantánamo. La ciudad entera eufórica y yo al igual no podía esperar verlos. Yo no podía pensar que iba a poder ver a mi héroe. Era difícil de creer que yo tomara parte en una cosa tan grande en la historia.*

*Unos cuantos de mis primos incluía Jimmy, Lucas, Isela, Lucille, Janet, Maya y yo fuimos en el Jeep de mi tío Pepe. Salimos temprano por la mañana rumbo a la carretera del aeropuerto para poder tomar un buen lugar. Pero las calles y las carreteras estaban completamente llenas de gente que iban con banderas, letreros, y especialmente la bandera cubana. Llegamos a un punto en el cual era imposible continuar manejando. Hasta ese punto, los carros comenzaron a parquearse a la orilla de la carretera. Mi tío decidió hacer lo mismo.*

*A un lado había un campo vacío y al otro un campo de caña.*

*Había una bandera especial que la llamaban la del "26 de julio" que era como Fidel había llamado a su revolución. La mitad de arriba era roja, y la mitad de abajo era negra con el número "26" en blanco incrustada en el centro. Esa era el día que Fidel y sus rebeldes habían atacado a la fortaleza de las barracas del Moncada en Santiago de Cuba en el año 1953.*

*Todos teníamos brazaletes del mismo color y con el mismo emblema.*

*Mientras esperábamos tuve tiempo para pensar cómo fue que llegamos a este momento tan afortunado. Fidel había cumplido con sus promesas de visitar y escuchar al pueblo, una promesa que él había hecho en las montañas. El nuevo liderazgo reclamaba que todo lo que importaba era la comunidad; los ciudadanos tenían el derecho. Toda la gente iba luego a la plaza para oír los discursos, especialmente el de Fidel, quien podía hablar por horas, algo con por lo que se le reconocía. La visión generalizada era clara a la multitud presente, "todos somos iguales."*

*El día estaba caliente mientras el sol brillaba sobre la muchedumbre. Todo el mundo estaba extático; a nadie le importaba si tenía que esperar por un largo tiempo, sea lo que sea.*

*La anticipación crecía y crecía con el tamaño de la multitud y todo el mundo se colaba en cualquier pedacito de tierra que quedara vacío. Muchos habían abandonado sus carros, otros se sentaban arriba del capot o se montaban atrás en los camioncitos.*

*Rumores que el "comandante" había aterrizado comenzó a circular. El próximo rumor era que ya estaban en caravana rumbo a la ciudad. Todo detalle era concedido y cada rumor era bienvenido con gritos y alegría. La provocación de las masas crecía con intensidad. Uno podía oír el sonido de los chillidos. Celebraciones resonaban por millas. Los arquitectos de la Revolución avanzaban milla por milla. La bulla era tan fuerte que venía por todos lados. Finalmente, una nube de polvo que venía elevándose del polvo se veía como un tornado avanzando.*

*La multitud llenaba la carretera. Jeeps y todo otro de vehículo militar se acercaban tocando las bocinas e indicando con sus brazos que se apartaran y dieran paso para dejar pasar a la parada que se acercaba.*

*Los primeros en verse fueron unos camiones llenos de "barbudos" con banderas. Detrás de ellos venían más camiones con rebeldes con sus rifles y todos vestidos en su uniforme de verde militar.*

*Una masa de verde militar saludaba arrebatando sus brazos y gritaban, ¡Viva Fidel!*

*Las gentes también gritaban, ¡Que viva la Revolución cubana!*

*Los camiones pequeños fueron sustituidos por camiones más grande y como una docena de ellos pasaron saludando y gritando, ¡Viva, viva Fidel! Cuando por fin, a una distancia, yo podía ver por primera vez el hombre que yo había conocido como Fidel, el comandante y el número uno. En el mismo camión, yo podía ver que él estaba rodeado por sus comandantes, y él montaba arriba del camión sin ninguna obstrucción. Ellos avanzaban y se veían confidentes y humildes a la misma vez saludando a todo el mundo. Fidel, con su barba y su uniforme de verde, iba más alto del resto en el medio del camión. Cuando lo vi en frente de mi se veía maravilloso y seguro en el medio del círculo de sus hombres.*

*Yo nunca había tenido una experiencia tan increíble como esta y sentí una alegría muy grande en mi corazón. Hasta ese momento era un espectáculo más orgulloso en mi vida. Fidel era una estrella, y en mis ojos él se veía todo un rey.*

# Capítulo 28

## Tristeza en La Habana Vieja

Ronda tomó la guagua rumbo a Varadero, la famosa playa, para pasar un tiempo a solas. Ashley y yo visitamos la Habana Vieja para comprar unos souvenirs y llevar a casa. Los dos estábamos buscando algo típico de la cultura cubana. Yo compré unas bailarinas talladas en madera, que se volvieron en unas de mis piezas favoritas y para nuestro grupo en Jacksonville, compré un chequere, un instrumento musical hecho de una güira con las semillitas adentro. Le compré a mi queridísimo primo Jimmy una guayabera hecha de hilo y cosida a mano que la usa con mucho orgullo.

El día era muy lindo y con mucho sol, Ashley y yo caminamos y tomamos muchas fotos antes de parar en un restaurante de turistas. Me sentí como el típico turista, pero no me importó. Pasamos enfrente de la barra donde Hemingway bebía, llamada La Floridita y también visitamos la Catedral Vieja con su Plaza. Aquí fue donde conocimos a la señora que vendía maní. Fue muy interesante ver la preocupación que ella tenía con nuestro presidente, George W. Bush, que ella sentía un poco de inquietud. Conversamos un rato y parece que me cogió confianza, pero antes me dijo que yo tenía que pretender que estaba comprando más de sus cucuruchos de maní. Después de comprar unos cuantos ella me dijo, "No se supone que hable con los turistas y mira allí hay uno de ellos. (Indicando a un policía.) Pero, te diré esto, tu presidente va a mandar sus misiles contra nuestro país para matarnos a todos."

Yo me quedé bobo en pensar que ella había sucumbido ante el temor que le habían sembrado. Era difícil de comprender para mí, que un acto así pudiera suceder. Pero me hizo pensar, ¿Qué sucede, si por casualidad, hay un accidente? También me preocupó que ese miedo existiera en todo el pueblo común que vivía en Cuba. Yo traté de convencerla que no era así, y quise abrazarla, pero tuve miedo de que la pudiera perjudicar.

Qué diferente era el resultado de la Revolución ese día comparado a como era para nosotros al principio. Yo me acordé como fuimos introducidos a la nueva transición, la reforma agraria y la relocalización de la escuela, que para mí fue un orgullo en aquellos tiempos atrás.

*El primer año de la Revolución, en 1959, Fidel y su gobierno fueron la respuesta a las oraciones de los cubanos. Tomó poco tiempo para que los cambios revolucionarios comenzaran a suceder en la pequeña ciudad de Guantánamo. Todo el mundo estaba contento de poder tomar parte del futuro. La mayor parte de mi familia estaba llena de alegría con la victoria, aunque había otros que no se sentían igual. Tenía la esperanza de que ellos algún día cambiaran de parecer.*

*Yo pensé, que, si por lo menos todos trataban y le daban un chance al nuevo cambio, todo podía lograrse.*

*Yo estaba en el octavo grado, pero después de las Navidades y la victoria, el colegio reanudó las clases, ahora el sistema de calificaciones había sido eliminado. Las clases estaban clasificadas en diferentes grupos. Pero de cualquiera forma, era escuela, tenía que levantarme por la mañana tempranito, que no me gustaba nada. Para mí, lo más fascinante era la oportunidad de salir en grupos grande para ir en viajes al campo y visitar las fincas de las reformas agrarias.*

*La reforma agraria era la nueva, "Ley del pueblo." Se definía como tierras y fincas abandonadas por los dueños ricos y que eran expropiadas por el gobierno. Estas tierras se les daban a los campesinos, quienes las trabajaban y las rehabilitaban para convertirlas en suelos fértiles. El pueblo trabajaba los campos y producían cosechas con sus propias manos. Aquellos que nunca habían tenido tierra se habían convertido en los nuevos campesinos.*

*Un viaje especial fue el de La Loma de San Juan, que la habían convertida en una plantación de piña. Este era el famoso campo de batalla de la Guerra de Independencia. En esta tierra, Teddy Roosevelt y sus Hombres a caballo habían venido a ayudar a pelear contra el ejército español en el año 1898.*

*Una de las lecciones que tuvimos que aprender en este viaje fue que la historia debía ser corregida. El régimen nuevo exclamaba que el plan de Roosevelt era para que el gobierno imperialista de los Estados Unidos finalmente se quedara con las tierras de Cuba. Otra cosa que aprendimos ese día fue que la historia anterior al año 1959 iba a cambiar, la cual indicaba que las propiedades de azúcar y sus molinos, más las minas de cobre y otros minerales, eran los dos recursos más próperos del país, ahora serían propiedad de Cuba.*

*La historia se estaba reescribiendo y se enseñaba en las escuelas para redefinirla. Muchos artículos fueron escritos contra los Estados Unidos y comenzaron a salir a la superficie en discursos y periódicos como el papel revolucionario, El Granma.*

*A mi escuela le gustaba participar en eventos deportivos y había creado un campo de deportes en las afueras de la ciudad, cerca del pueblo de Santa María. Íbamos los sábados por la mañana, que era un día extra de escuela "la causa por la Revolución." Los estudiantes eran asignados a diferentes grupos y competían unos con los otros.*

*Lo que estaba de moda era un nuevo juego que le llamaban, futbol, o soccer como se conocía en los Estados Unidos. Se jugaba alrededor del mundo y Cuba quería competir con estatus mundial en contra de los grandes países. La Cuba "nueva" necesitaba ser representada y los buenos atletas eran esenciales para servir el deber revolucionario.*

*No todo lo que vi esos años era agradable, o me llenaban de alegría y gratitud, sino que también algunas cosas fueron horribles y me dejaron confuso.*

*Inmediatamente cuando el gobierno Revolucionario llegó al poder, órdenes autoritarias forzaron "males de guerra" necesarios. Por ejemplo, nació "el paredón," que no era una pared cualquiera, esta era la pared de la muerte. Aquellos que habían cometido crímenes contra la gente y los ciudadanos eran puesto en fila y fusilados en frente de la pared.*

*Yo, siendo un niño que amaba la paz, traté de justificar el incidente diciendo, "Esto es una guerra. Esas personas que fueron fusiladas en frente del paredón habían contribuido al sufrimiento de muchas familias que habían perdido sus seres queridos. Esa cantidad de jóvenes habían dado sus vidas para traer el triunfo a la Revolución."*

*Otro argumento que yo escuché fue, "Una vida tiene que pagar para justificar otra vida, un ojo por otro ojo."*

*Yo no había pensado que esta causa-efecto sería parte de la Revolución. Creí que todo iba a ser perfecto y justo para todos. Pero en ese momento vi que también existían momentos crueles. La muerte no era bonita. El paredón no era bonito.*

*La Guerra era de verdad y no como en las películas. Era fácil pretender cuando jugábamos nuestros juegos de niños, pero ahora, pude ver por primera vez que la muerte no solo afecta al que muere sino también a esos que se quedan atrás.*

*La palabra "vida" tomó otro significado para mí. Yo tenía once años de edad y comenzaba a pensar como un hombre.*

*Me sentí engañado por esas ideas y me pregunté, ¿Qué le paso al perdón y la reconciliación? Si matar es la forma esencial de la guerra, ¿Cómo es que la vida y esta Tierra pueden ser sagrada en si siempre tenemos que pagar con el precio de otro ser humano?*

Mientras Ashley y yo caminábamos de regreso al hotel, ya tarde en el día, nos dimos cuenta de que una feria de libros se preparaba en la famosa fortaleza del Morro. Leer es muy celebrado en Cuba. Paramos en una de las librerías locales de la calle y compré unos cuantos libros que me habían recomendado. Y fue ahí donde me di cuenta de que toda la literatura presentada era de un solo tema, socialismo, marxismo o la Revolución cubana.

La historia está escrita por el vencedor, que es este caso, el vencedor es la Revolución.

Como yo estaba aquí para observar, lo acepté.

Pero tuve que preguntar, ¿Es posible que estos libros digan la historia completa, la de los dos lados?

Llegando casi al fin de mi viaje, había formulado muchas preguntas y en algunos casos, por fin, tenía unas cuantas respuestas. Por ejemplo, la Revolución había traído educación a los pobres y los poco privilegiados. Ellos no hubieran tenido la oportunidad de aprender la cantidad enorme de material que se les había enseñado. Pero lo que no podía entender era por qué no tenían la oportunidad de leer otras materias. ¿Por qué no había prensa libre? Los ciudadanos necesitaban guía, pero no propaganda.

La educación es efectiva cuando, y solo cuando, a uno se le da la capacidad de discriminar y tener una opinión sobre un tema u otro.

Yo preguntaba constantemente, ¿Por qué es que este gobierno le tiene tanto miedo a que la gente decida mediante elecciones los tipos de reglas a seguir?

Cuba estaba acorralada por la "cortina de azúcar" y era obvio porque las personas no tenían permitido salir y visitar otros países. Ellos podían, solo si al salir, dejaban toda sus propiedades y pertenencias. Para estas personas, su país no podía ofrecerles ninguna seguridad o prosperidad. La vida se les había hecho imposible de manejar y habían perdido todo tipo de razón y juicio. Muchos arriesgaron sus vidas y las de sus hijos en un salvavidas en mar alto lleno de tiburones para salir de la isla.

Yo no estaba convencido que la oligarquía de los hermanos Castro era lo que los cubanos habían querido por cincuenta años. Me estaba volviendo consciente del efecto causado cuando se lleva puesta una venda sobre los ojos.

No se llevaba por voluntad propia, pero era usada para evitar que vieran la verdad. Dolería demasiado saber que no había nada que ellos pudieran hacer más que esperar que todo mejorara. Para empeorar las cosas, el gobierno culpaba a otros, "Sí solo el gobierno imperialista Yankee quitara el embargo, todo estaría mucho mejor."

El miedo sembrado en ellos, como la historia de la mujer que vendía maníes, era tan simple como el miedo que G. W. Bush usó en U.S., diciendo que Irak poseía armas de destrucción masiva.

El gobierno Revolucionario controla la gente perfectamente, al igual como los pocos que controlaban las masas con la religión durante la Edad Medieval. La regla es hacer la Revolución un dios que seguir hasta la muerte, y nunca cuestionar o rebelarse contra ella. Y lo mismo se puede decir de cualquier otra forma de gobierno quien rija de esa misma forma alrededor del mundo.

Todo se veía tan triste en esos momentos que me hizo pensar en un incidente que fue muy doloroso y decepcionante en mi vida. Sucedió durante un viaje que mi familia y yo tomamos durante la temporada de lluvia en el 1960, ya dos años con la Revolución.

*Íbamos en un viaje de familia para visitar unos parientes en una finca de café en las afuera de Guantánamo. Siempre estaba hechizado con el deseo de aventura para salir del pueblo y visitar lugares nuevos donde explorar. El viaje era excepcional porque yo nunca había visitado esa área y tener la oportunidad de caminar entre las filas de plantas que producían el aroma y el sabor tan único que cualquiera que lo probaba quedaba enamorado para siempre, café.*

*Íbamos rumbo a las montañas y hacia el norte. El campo era bello. Era temporada de lluvia y todo se veía brilloso y exquisito, lo que también quería decir que había bastante fango por todas partes.*

*El día estaba claro cuando salimos de la casa, pero esa tarde, de repente un torrencial se desplomó sobre los viajeros. Llovió suficiente para que hiciera el viaje largo y el camino traicionero. El Jeep resbalaba por toda la ladera fangosa y para mí era divertido como si estuviéramos montados en una gira de carnaval. Una vez el Jeep se atascó en el fango, y mi mamá, el resto de los tripulantes y yo tuvimos que salir y esperar afuera en el fango para que los hombres pudieran sacarlo.*

*Trabajando duro, los hombres gruñían, ¡Maldita la lluvia!*

*El fango cubría todo el equipaje y estaba por todas las partes en el interior del Jeep. No importaba donde te sentabas, había fango por donde quiera. Pero el fango no me importaba porque sentía como si estuviera en una película.*

*Por fin llegamos a nuestro destino, y aunque estaba oscuro, yo podía ver la silueta de la casa. No podía creerlo porque no me esperaba ver una casa tan inmensa. La construcción estaba hecha de madera con un techo de zinc. También tenía un porche que iba todo alrededor de la casa.*

*La familia nos vino a saludar a la puerta de la casa, "Estoy impresionada, me parece mentira que lograron hacer todo el viaje hasta acá con tanta lluvia."*

*El esposo de mi mamá respondió, "Sí, aquí estamos, sucios y con hambre."*

*Todos los viajeros tomaron su turno para bañarse y limpiarse en un solo baño. Pero después que todos nos refrescarnos, nos sirvieron todo un banquete. La cena estaba hecha con lo que se cosechaba por los alrededores del rancho.*

*Encontré particularmente interesante como los cuartos contenedores de la cocina contenían barriles de comida, pues eran enormes, no como los de mi casa, aquí se compraba en cantidad.*

*Yo dormí de lo mejor esa noche, cuando el olor del desayuno me despertó por la mañana. Nos reunimos todos después de haber comido para tomar un paseo en el campo. La casa quedaba en una loma que miraba hacia el cafetal enfrente y arriba hacia el pico de la montaña.*

*¡Que espectáculo más bello!*

*Montañas con lomas rodeando el paisaje con arbustos de verde oscuro por todos lados. Yo iba adelante de mi mamá como un potrerito, dando brincos. Para mi sorpresa, las plantas de café no eran tan exóticas como yo me las imaginaba. Eran muy simples de un verde oscuro, con hojas de un tamaño regular, nada parecidas a las de mango, con forma de flechas y muy coloridas.*

*Me dijeron, "Estas son las plantas jóvenes. Las maduras están un poco más arriba."*

*El tamaño de la casa parecía ponerse más y más chiquita cada vez que miraba atrás. De repente, nos encontramos frente a lo que un productor llamó su más grande orgullo cuando él dijo, "Estas si son algo que admirar. Estas están maduras."*

*"Si, estas si son grandes," dije, mientras los arbustos pasaban mi tamaño.*

*¿Qué son estas bolitas? Pregunté apuntándole a lo que parecían aceitunas verdes. "¡Estas son las bayas nuevas!"*

*"¿Bayas nuevas?"*

*"Si, ellas se maduran y tienen el grano que es lo que tuestan y se convierte en lo que tu estas acostumbrado a ver."*

*Me impresionaba ver que la baya crecía en pequeños racimos verdes. Y sin embargo mientras caminábamos, las plantas dignas de ver eran las que estaban llenitas de las bayas maduras y rojas, muy rojas.*

*"Mira, parecen que están vestidas para salir de baile," le dije a mi mamá.*

*"Si, yo puedo hacer aretes de estas." Ella respondió mientras se acercaba unas a su oreja.*

*Los hombres estaban contentos hablando como coleccionar el grano y llevarlo al granero. Yo pregunté, "¿Lo empacan en la granja y es ahí donde se ponen oscuro?"*

*No, todo ese proceso lo hacen en otro lugar, aquí solo cultivamos las plantas. La tierra es fértil, el clima es perfecto y hay suficiente agua para hacerlas robustas y saludables.*

*Nos quedamos unos días más visitando, y a mí me encantaba ir por mi cuenta y jugar en el arroyuelo que corría por la casa. Por la noche después de la cena, las mujeres limpiaban la cocina mientras los hombres se sentaban a tomar café y fumar tabacos. Luego las mujeres se les unían.*

*Una noche, mientras yo jugaba escuché a los mayores discutiendo, pero la conversación se puso exaltada, especialmente cuando el tema se convirtió en política y el estado del país. Yo no estaba seguro, pero la conversación se trataba de que algunos no estaban de acuerdo como la Revolución estaba afectando a las personas.*

*Uno de ellos dijo que parecía que el ejército era avaricioso y otro respondió, "¿Por qué las personas con una opinión diferente a la de la Revolución son encarceladas?"*

*"Hay rumores que quieren deshacerse de ellos." Dijo alguien lo suficientemente alto como para yo escucharlo clarito.*

*Me cogieron por sorpresa y pensé ¿Deshacerse de quién?*

*El tópico me había hecho pensar. Esta es nuestra Revolución de la que están hablando. ¿Cómo es posible que puedan estar hablando así? ¿Por qué están trayendo acusaciones contra nuestra Revolución? ¿Qué sabe esta gente?*

*Me puse de mal humor. Mi abuela amaba a Fidel y ella siempre había estado en lo correcto.*

*Muy preocupado, me puse a oír más.*

*Y lo que más me preocupaba era que las personas hablando eran las que yo más confiaba, era mi mamá y su esposo. Su esposo había ayudado a los rebeldes durante la Revolución. Yo había escuchado a su familia decir que él llevaba mensajes y municiones a los rebeldes en las montañas, estas mismas montañas. Yo presumía que mis padres estaban de acuerdo con el cambio, especialmente deshacernos de Batista.*

*Los oí mencionar a Camilo Cienfuegos, un héroe genuino popular, un hombre de valor auténtico que instaló coraje en todos. Él fue uno de los comandantes originales.*

*"Parece mentira que a Camilo lo tuvieron que desaparecer de esa forma."*

*"¿Desaparecer, de qué forma? "Preguntó alguien.*

*"Hay rumores que cuentan que cuando su avioneta estrelló, no fue un accidente. Oímos decir que tenía que Camilo tuvo que ser eliminado porque él no simpatizaba con el "socialismo" nuevo. Respondió imitando las comillas con los dedos.*

*Yo no podía asimilar lo que estaba oyendo. Pensé, ¿Qué porquería es esta?*

*El día siguiente, actué como si no había oído la discusión de la noche anterior y salí a jugar en el arroyo. Una vez solo, trate de encontrar valor en lo que había sido un paraíso político.*

*Mi mente no paraba de especular. Me acordé de que en la escuela los muchachos decían que cuando al "Che" lo criticaban por su doctrina de comunismo él respondía diciendo, "Si las buenas acciones hechas por las reformas agrarias son llamadas "comunismo," entonces yo soy un comunista."*

*Eso me parecía bien. No nos habían enseñado ninguna de estas cosas políticas así que no sabía la diferencia. Pensé, ¿Qué cosa es comunismo en todo caso?*

*Había una cosa que si me perturbaba bastante. En las calles la gente gritaba, "Cuba sí,*

*Yanquis no."*

*Yo paraba y pensaba "¡Espérate un momento! Pero si yo soy un Yankee, mitad y mitad, y si nací en los Estados Unidos."*

*Gritando el slogan me hacía sentir como un hipócrita, cuando la presión de mis amigos me forzó a seguirlos con el resto de la multitud.*

*Y todos estos sucesos, despertaron mis dudas acerca de lo que había sido una honorable posición como simpatizante de los rebeldes.*

*Durante el resto de las vacaciones, las conversaciones continuaron y un nuevo tema salió a relucir. Hubo el caso de otro comandante de gran rango, quien había luchado en las montañas alrededor de Santiago de Cuba. Era el comandante Huber Matos, que era maestro, tuvo que denunciar a los hermanos Castro porque ellos se habían desviado de los principales originales de la Revolución y estaban usando los ministros y el presidente de la república como marionetas de su régimen totalitario. Matos fue acusado de traición y el gobierno quiso mandarlo al paredón. Sin embargo, por el miedo de la repercusión que causara su muerte; él fue sentenciado a veinte años de prisión en Isla de Pino, con muchos otros prisioneros políticos.*

Cuando llegó el final de las vacaciones, mi mente estaba en un caos total y no estaba seguro de qué creer. Esto se había vuelto muy perturbarte para poder comprender. Nada de esto tenía sentido, y el viaje que había comenzado tan lindo se había convertido en algo feo y desagradable.

Después de regresar a casa y pasado el tiempo, los rumores y las desilusiones crecieron más contra el gobierno Revolucionario.

Muchas de las familias percibieron que algo no iba bien y algunas se oían decir, ¿Hemos brincado del sartén al fuego?

# Capítulo 29

# El Telegrama

Durante los últimos días en la Habana, visitamos el Hotel Comodoro unas cuantas veces, estaba ubicado en la parte oeste de la ciudad. Yo había leído un libro de la historia de Cuba y en él explicaba, que era uno de los sitios donde La Mafia se quedaba. Pero en estos días había perdido todo el brillo de su tiempo y estaba bastante plano. La atracción del lugar era que a Brooke le gustaba la piscina natural que se llenaba del agua del mar. Estaba construida con una pared con perforaciones y dejaba que se llenara naturalmente la excavación, con la marea del mar caribeño. Había un cisne enorme de goma flotando en el agua, haciendo que el lugar tuviera un aire a Disney. Era un lugar exquisito en el podíamos relajarnos y sentarnos debajo de las matas de coco y nadar un poco. Nosotros, los maestros, pasábamos como turistas americanos llevando nuestras toallas debajo de los brazos, pero teníamos que disimular a Andy con nosotros, un verdadero cubano y artista, porque el hotel era solo para turistas. Yo lo vi como una ironía increíble y muy triste.

En el área había unas cuantas tiendas que usaban *los convertibles*, dinero de los turistas, y aproveche a comprar unos CD que estaban de moda y también compramos unas cuantas cosas para el baño y medicinas que necesitábamos.

Esa noche hicimos planes de ir a ver una ópera llamada "Carmen" escrita de Bizet al Teatro Nacional, que terminó siendo regalo maravilloso. Los boletos costaban solamente 5 pesos cada uno y pudimos sentarnos en el centro del auditorio. El personaje principal era interpretado por una cantante de ópera cubana con una voz única y muy poderosa. También tenía una personalidad intrigante, caliente y titilante que te arrebata el corazón. Fue maravilloso poder ver la gente del pueblo común gozar de una obra tan hermosa e importante. El arte tiene mucho valor aquí.

El domingo fuimos al Jardín Botánico en las afuera de la ciudad. Fue una experiencia inusual al ver los árboles tropicales con sus flores exóticas que nunca había visto antes. Caminamos y tomamos nuestro propio tour, pero eventualmente nos perdimos. De cualquiera forma nos habíamos divertido mucho tomando fotos. Finalmente nos encontramos al grupo de turistas y nos reunimos a tiempo para descansar en La Casa Japonesa de té y tomar bastante agua. Tuvimos tiempo para reírnos un poco de nuestra aventura de chiquillos en el bosque cubanice.

Esa noche nos vestimos elegantes y fuimos a *"El Hotel Nacional de Cuba"*, un monumento con mucha historia de los cuarentas y cincuentas. Todavía sigue siendo una joya para los dignatarios y artistas del cine a parar su tiempo. El hotel está localizado en un promontorio que mira hacia El Malecón, con una vista increíble al océano. Decidimos sentarnos afuera en el parque abierto, que era mejor que estar dentro en los restaurantes opulentos de mármol. Afuera había un bohío de apariencia muy rústica y con más carácter. Una parrilla típica estaba al fuego abierto, tenían un lechoncito rostizado en la fogata que olía maravilloso. Creo que todos comimos lo mismo hasta chuparnos los dedos y todo estaba delicioso. Luego la noche llegó por fin.

Una pequeña banda de músicos de estilo antiguo, pasaron por la mesa y tocaron canciones favoritas cubanas y música latina de aquellos tiempos. Me encantó inmensamente hasta que comenzaron a cantar y tocar música que yo oía durante mi infancia junto con mi familia en la radio. La nostalgia me hizo sentir perdido en un tiempo que nunca podría traer de vuelta; estaba en el mismo país, pero nunca podría ser igual. Pensé en los miembros de mi familia, que habían muerto antes de que yo tuviera la oportunidad de verlos de nuevo y de mi familia en los Estados Unidos que no podían estar aquí disfrutando conmigo. Era un momento tan agridulce que me levanté y salí a caminar para ver si calmaba mi tristeza. Sentía que los otros se estaban divirtiéndose y yo no quería arruinarles el momento con mi cara larga, pero en una forma existencialista, yo pertenecía aquí en mi tierra.

Yo me conecté con los problemas de las personas y en formas diferentes sentía la lucha de aquellos quienes hacían todo lo posible para sobrevivir. También entendía a los cubanos exilados quien estaban orgullosos de haber logrado establecerse en una tierra extranjera donde las oportunidades estaban disponibles, si trabajabas duro por ellas. Pero querían estar aquí en Cuba una vez más. Había tantas contradicciones una tras la otra que me arrancaban el corazón y yo quería gritar y tomar la oportunidad de que me metieran en prisión o en un manicomio, pero tenía que mantener mi mente calmada para regresar y poder contar mi historia.

También pensé que no iba a poder regresar a esta tierra tan querida. Tenía, una vez más, que salir de Cuba; aunque la situación sería completamente diferente, salía por mi propia voluntad. La ansiedad de la separación me estaba jalando de un lado al otro. Me acordé del momento cuando aquel telegrama que me cambio mi vida para siempre llegó a mi casa.

*Mi hermana nació en diciembre del año 1960 y la llamaron Isabel, el nombre de mi abuela. La familia estaba encantada porque era el primer nacimiento de la pareja de mi mamá y su esposo de unos años. Ellos se mudaron a una casa que quedaba solo a tres casas de mi abuela, pero yo seguí viviendo con mi abuelita. Yo tenía mi propio cuarto y sabía que iba a tener ese cuarto para el resto de mi vida.*

*A medida que la situación política del país cambiaba drásticamente hacia una especie de socialismo, la seguridad era muy incierta, cuando escuché a alguien decir, "¿Por qué no mandan a los marines de los Estados Unidos para limpiar todo esto?"*

*Pero no fueron los Marines quienes se aparecieron cinco días después del Año Nuevo en 1961, fue un telegrama a quien estaba dirigido a mi nombre.*

*"¡Dios mío!" Yo nunca había recibido un telegrama en toda mi vida, más esta venia del Consulado Americano en Santiago de Cuba.*

*Mi tía Elda abrió el telegrama, pero estaba escrito en inglés y mientras más intentábamos interpretar no podíamos descifrar lo que quería comunicar. Por lo cual esperamos a la noche cuando mi mamá viniera para que ella nos lo tradujera.*

*Para un muchachote de trece años era muy frustrante y todo el día me lo pasé con poca paciencia. Pero el minuto que mi mamá llegó, inmediatamente le pedí que tradujera el telegrama. Ella lo leyó sola primero con preocupación, luego repitió y dijo:*

*"Los Estados Unidos de América ha cortado relaciones con el gobierno de Cuba. Es muy importante transportarse a un lugar seguro para el cónsul de Santiago de Cuba o usted debe de salir inmediatamente del país."*

*Lo primero que pensé fue, "¿Salir de aquí? ¡Esto es completamente loco!" Miré a mi mamá y le dije, "Tengo que comenzar mis clases en unos días." Más le pregunté, "¿Qué tiempo tengo para quedarme afuera?"*

*Me di cuenta de que la noticia no solo me afectaba a mí, pero también a toda la familia. Mi mamá estaba conversando con otros de la familia para averiguar cuál sería la mejor decisión. Ella presentía que el telegrama traía una advertencia que venía sin pérdida de tiempo o por lo menos en unos cuantos días y ella quería que su hijo estuviera seguro.*

*"¿Cómo hago para dejar ir al niño y romperle el corazón a su abuelita?"* Era lo que yo casi podía oír a mi mamá pensar.

Ella tenía que tomar una decisión y se necesitaba que se hiciera sin demora. Ella tenía que resolverlo inmediatamente, como decía el telegrama.

Recuerdo escuchar una conversación que mi mamá tuvo con mi abuela. *"Mamá, te aseguro que el hecho de que los gobiernos no se pongan de acuerdo uno con el otro, significa que este viaje se acabará en un par de semanas."*

Trata de vender esa idea a una viejita que se le está rompiendo el corazón y quien no confía en nadie más que en sus instintos maternales. Ella tuvo un tiempo muy duro en esos días al pensar que no me iba a ver otra vez.

*"Todo se va a resolver pronto ahora que los americanos están involucrados y el niño va a estar aquí lo más pronto que te puedas imaginar sin echarle de menos."*

Lo que dijo mi madre me hizo sentir con mucha confianza, *"Que bueno, así que será como unas vacaciones largas para mí."* Yo no tenía que regresar hasta el fin de las Navidades, cuando venían Los Reyes Magos con sus regalos para El Príncipe Jesús.

Mi mamá me dijo que preparara una maleta solamente pues la visita no iba a ser tan larga. Mi abuelita me prestó su maleta que ella tenía para sus viajes y le puso unas cuantas ropitas para llevar. Yo quería traer mi colección de barajas Revolucionarias para enseñárselas a mis primos, pero mi mamá pensó que sería mejor que no trajera nada del gobierno. Yo no entendía por qué ella no quería que lo hiciera y me disgustó. Yo estaba muy orgulloso de las barajas que había coleccionado durante los últimos meses, cada una de ella capturaba un momento o acontecimiento de la Revolución. Me faltaban solo unas cuantas, para finalizar mi libro, y tan pronto regresara, intercambiaría con mis compañeros para completarlo.

*"¡Qué pena tener que dejar el libro de la Revolución!"* Dejar atrás el álbum era mi única preocupación.

Al próximo día les dije adiós a todos. Le di un beso a mi hermanita y a mi abuelita le di un abrazo muy fuerte diciéndole que yo vendría pronto, muchos antes de que ella terminara de contar del uno al cien, pero no más allá. Yo siempre tratando de hacer reír a todos.

Mi tía Matilde con su esposo y su familia de tres primos, se habían mudado recientemente para a la Base Naval de Guantánamo, pues mi tío presentía que la situación ya estaba un poco peligrosa en el país. El plan era que yo me quedaba con ellos hasta ver lo que sucedía.

Cogimos rumbo a la base naval con mi mamá y con mi primo Pepecito en su carro nuevo. Era un VW Beetle que acababa de comprar. Todos muy serios

*especialmente cuando mi mamá dijo que no dijera nada, absolutamente, "¡Nada!"
Nos tomó por lo menos 30 minutos llegar a la frontera. Existían dos puertas y dos
cercas de púa, y no se podía pasar hasta llegar a la garita. Una era de los militares
cubanos y la otra con marines americanos. Cada cerca estaba como a cincuenta
pies que las separaban. Siendo altas y con púas, se veía todo muy ominoso más
todos los soldados con sus rifles se presentaban muy siniestros.*

*Mi madre ya me había advertido de no decir nada, pero sin embargo empecé
a sentirme triste y ni me movía. Ella le habló al soldado cubano lo que había
preparado para recitar, "El niño va a visitar a su prima Janet para celebrar el
cumpleaños de ella." Ella no dijo mucho más a los rebeldes.*

*No es inteligente subestimar el poder de los guardias en las fronteras. Ellos
podrían en un abrir y cerrar de ojos, y sin ninguna advertencia, tomar una
decisión instantánea que podría cambiar los eventos en una situación precaria.
Y este era el caso.*

*Los minutos se convirtieron en más minutos y el tiempo pasó mientras
esperábamos en el portón por una resolución. Unas cuantas llamadas a un oficial
de alto mando y finalmente los guardias caminaron hacia mi mamá y le dieron
la aprobación y el permiso para cruzar.*

*Durante los pocos pasos que caminamos, tomados de la mano, hacia el
próximo portón, mi mamá fue capaz de dejar ir un suspiro de alivio. Llegamos
a los marines e inmediatamente ella con las manos temblándoles les presentó
el telegrama quien leyó en un segundo. También les preguntó si podía llamar
a su hermana para explicarle lo que había sucedido, para que ellos vinieran a
recogerme.*

*Yo nunca perdí el control y presumí que pronto iba a ver una solución política
y pronto íbamos a estar juntos otra vez. Esta forma de ver la situación me había
pasado antes y aunque siempre tenía mucha agitación en estos tiempos, era capaz
de entender y mantener la calma.*

*Yo podría ver a mi mamá en el trabajo en la base, y quedarme un rato. Pero
también vi en mi madre aquella desesperación de no saber lo que estaba pasando
en su país. Acababa de tener una niña y todo se veía tan confuso especialmente
para todos aquellos que vivían en la ciudad de Guantánamo. Pude ver en sus ojos
ese temor y desesperación cuando después compartió sus pensamientos:*

*"¿Que le va a pasar al país sin el apoyo de los americanos?"*

*Nosotros nos habíamos criado al estilo de vida americana. Ella tenía
inseguridad sobre su trabajo en la base, y su nueva familia también, "Todo está
en el aire y listo para caer. Todo va a caer duro y romperse: Destrozar a mi familia;
destrozar nuestras vidas en muchos pedazos algún día"*

# Capítulo 30

# El Aroma del Tabaco

Durante nuestros últimos días en La Habana, la maestra de Sur América nos vino a visitar, quien iba a enseñar clases la semana siguiente en los talleres. Ella era una persona muy linda que traía muchas historias de su país y cómo la improvisación había ayudado a cambiar a su comunidad. Nosotros pasamos un tiempo con ella para aprender y compartir historias del teatro y de cómo todos los humanos somos iguales; todos estamos buscando seguridad y alegría en nuestras vidas.

Ese lunes era nuestra última noche juntos y decidimos visitar nuestro paladar favorito y saborear una vez más la especialidad de sus platos. Llegamos un poco tarde y había una línea larga afuera esperando. Brooke no quiso esperar, porque ella tenía que levantarse temprano el próximo día.

Pero ¿quién no se tiene que levantar temprano mañana? Fue mi pensamiento. Ashley, Ronda y yo también salíamos tempranito esa misma mañana y yo tenía el presentimiento que no iba a dormir una papa. En su lugar yo iba a poner en perspectiva mis historias y reflejar. Así que solté lo que pensaba y dije, "Esta es nuestra última noche en La Habana."

"Eso suena como el título de una película." Dijo Ashley, y todos nos reímos a carcajadas.

Salimos a buscar otro "paladar," nos encontramos con un hombre bello, tan negro como el ébano, quien nos dijo que él nos podía llevar a otro lugar a comer. Nos pusimos de acuerdo a ver lo que el hombre quería mostrarnos y caminamos junto a él las cinco o seis cuadras al lugar. Era una casa de dos pisos y tuvimos que pasar por la sala para llegar a la escalera que nos llevaría al segundo piso donde se encontraba el comedor. Yo encontré la decoración del lugar interesante pues se parecía sacada de los 1800 y estaban de lo más bien preservada. Traté poner un poco de humor al decir, "Espero que la comida no sea tan vieja como la decoración."

Pero el chiste fue contra mí, porque el lugar tenía una comida exquisita. La cual consistía de pollo asado, plato de yuca, arroz y frijoles y una ensalada simple. Cuando salimos nos encontramos al mismo señor esperándonos afuera para regresar. En ese momento me di cuenta de que no había cumplido uno de mis deseos de herencia cubana; fumarme un tabaco. Me aproximé al señor y le pregunté, "Oiga, ¿usted sabe dónde puedo conseguir un tabaquito bueno?"

"Pues, claro que sí, hombre. Pero tienes que caminar unos pasos atrás de mí, y no me hables, solo ven conmigo." Y con la voz baja, añadió, "Regresamos al primer 'paladar' donde nos encontramos."

¡Que misterioso! Pensé.

Yo les conté a los otros del grupo mi plan, y algunos de ellos se quedaron boquiabiertos a mi travesura. Y les tuve que declarar,

"Yo soy un hippie de antaño, sé cómo desenvolverme."

Yo perseguí a mi "dealer" hasta que llegamos a la casa de al lado del primer "paladar," y cuando entré por la puerta pude ver que era su habitación. El olor de tabaco inundó mi nariz profundamente. Cuando él me presentó una caja con muchas selecciones, me quedé sin palabras.

Olí prácticamente cada uno de ellos. Estaba en el cielo.

"No hay nada como el olor de un tabaco cubano," pensé, "Por favor, no es por nada que son los mejores del mundo."

Él quería venderme una caja de veinte tabacos. Pero le tuve que explicar que yo salía el día siguiente y no iba a llevar esa cantidad de contrabando conmigo. Me dijo que se los diera a mis amigos. Pero yo insistí, "Quiero solo dos esta noche."

Él se quedó desilusionado, pero me vendió dos de los más oscuros, de mejor olor, enrollados con las manos de un ángel, indulgencias que he tenido en mi vida. Yo sé que probablemente pagué más de lo normal, pero en este momento, el dinero era solo para mi satisfacción.

Cuando estábamos afuera del hotel, en la acera y diciendo adiós a los que se iban y los que se quedaban. Sugerí, "Vamos a prender ese tabaquito y disfrutar de uno de los placeres más deliciosos de Cuba."

Me sorprendí al ver que todos formaron parte del círculo, pasando el tabaco de mano a mano mientras a algunos fue suficiente tomar solo unos toques, pero para mí seguí fumando. Se cuenta que el aroma celestial fue otorgado a la humanidad cuando encontraron una forma de enrollar las hojas. Y mientras yo dejaba que las cenizas se acumulaban al final del tabaco, solo una frase me llegaba a la mente, ¡Que delicia de humo!

# Capítulo 31

# Partiendo Una Vez Más

El último día llegó temprano. Me despertó una llamada telefónica que me hizo brincar de la cama, pero no contestó nadie. Luego, una segunda llamada, pero esta vez fue Ashley, y le pregunté si ella me había llamado, pero me dijo, "Nosotras también recibimos una, pero es de la oficina para despertarnos."

Yo estaba listo para saltar de la cama a mis pantalones y salir corriendo. Me lavé la cara y cepillé los dientes. El día estaba muy frío para una ducha. Embutí todo en la maleta y mientras me vestía, Ashley vino a la puerta para decirme que ellas estaban listas para bajar. Ella me dijo, "No te olvides la insulina."

"Gracias por recordarme." Y con eso, me tomé un cartoncito de jugo y corrí las escaleras.

Reggie ya estaba esperando con las muchachas en el taxi, yo era el último en la caravana.

Yo iba apurado porque no quería que el avión nos dejara, pero por dentro estaba pensando, ¿Tengo que irme? Sintiendo una carga muy pesada en mi corazón, tuve que contestar, "Si, tengo que irme." Tenía una mejor oportunidad de comunicar lo que había vivido si regresaba. El sol no había salido aún, así que todo el viaje fue muy oscuro; hasta que por fin amaneció. Yo veía mucha gente pasando de un lado al otro, pero nosotros éramos los únicos en la carretera. Me sentí desolado. Vira a la izquierda, y una vez más, otra izquierda a la Calle Línea. Decidí no ser copiloto, ni navegar en mi mente, y me quedé mirando fuera de la ventana por última vez.

La conversación en el taxi fue simple.

"Fue un buen viaje."

"No cambiaría nada por el mundo."

"Vamos a mantenernos en contacto, etc., etc."

Pasamos a algunas personas en sus motocicletas con sus pasajeros, ya sea sus esposas o novias, un vecino o tal vez un compañero de trabajo.

Contamos el dinero convertible para estar seguros de que teníamos suficiente para pagarle a Reggie. Yo le di diez más cinco extras solo porque me quise. Y como siempre él se sintió muy agradecido. Parecía que, de momento, ya habíamos llegado a Rancho Boyeros, el aeropuerto.

No lo podía creer, todo estaba pasando muy rápido. Con las maletas ya afuera, Ronda nos dijo que se le había perdido un convertible de cinco, quien Ashley encontró a sus pies. Caminamos todos hacia el aeropuerto, que estaba pobremente iluminado pero lleno de gente. Nos dirigimos hacia el mostrador de la Aerolínea Caribe. Ya había un grupo ahí formando una línea tipo ameba. Le preguntamos a un hombre de uniforme, "¿Dónde comienza la línea?" "Para allá, donde la ves." Nos contestó con el brazo, sin ser muy específico.

No era muy claro a donde nos estaba mandando. Hay que tomarlo con calma pues siempre hay ese tipo de individuo que no les importa un cajete, mientras mantenga su trabajo. Este tipo de señal sin dirección, que es como una despedida a tu persona siempre me ha enfurecido. Y me tengo que calmar cada vez que esto me pasa. Detesto a las personas que no exhiben sentido de dirección.

Para no ser muy obvio, nos colocamos en una línea corta con menos personas. Una cosa vi peculiar: casi todos en la línea tenían una chapa en el pecho y una bolsita con un escrito, pero lo único que yo podía leer era la palabra, "inmigración."

Deducimos que probablemente eran mexicanos que regresaban a sus casas, todos íbamos a Cancún, aunque no se parecían mucho a los mejicanos. Una señora con actitud severa parecía ser la directora y tan pronto la cajilla abrió sus puestas, ella aseguró que su gente iba primero.

Yo la oí murmurar, "Estos turistas ya se han colados en nuestras filas."

Yo le quise decir, "Miré, señora, usted hubiera escrito, 'esta línea es solamente mía y para mis emigrantes solamente' en un letrero." Pero me contuve.

Reggie que se había quedado con nosotros para estar seguro de que nada pasaría. Era una gran persona. Él estaba de lo más agradecido y quería quedarse, pero le dijimos que íbamos a estar bien y seguro que iba a ser por un largo tiempo. Nos despedimos con abrazos y le dijimos lo contentos que estábamos con su cortesía y todo lo que había hecho por nosotros. Y así le dijimos adiós a Reggie. He pensado muchas veces en él.

Estábamos por nuestra cuenta. Yo noté a un hombre vestido todo en anaranjado, la camisa, los zapatos, la gorra, los pantalones, todo. Y claro, nosotros le pusimos el nombre de "el hombre anaranjado." Él vino con lo que parecía su familia y se pararon en frente de todos y comenzaron una línea de ellos mismos. Ronda se enojó y caminó hacia lo que parecía la mamá y les dijo en español, "Mire, lo siento, pero la línea está allá atrás."

Ella respondió, "No mi hijita, tu eres la que no estás en la línea apropiada."

Nadie se movió, nada cambió, y nosotros nos quedamos esperando. Por fin los taquilleros comenzaron a llegar y abrieron una ventanilla. Y parecía que solo iban a despachar a los que tenían la chapa en el pecho y la bolsita que decía inmigración.

Yo pensé, "Que interesante, no tienen equipaje. A lo mejor ya lo han chequeado." Todo el mundo estaba de mal humor e irritado, pero todos esperamos.

Por fin, nos llegó nuestro turno a la ventanilla cuando el taquillero nos dijo, "Ustedes tienen que esperar hasta que todas estas personas puedan verse."

Pensé ¡Muy bien! Me doy por vencido, ¡Esta gente debe ser mejor que yo! Y entonces me pregunté, ¿Y por qué son privilegiados? No estaba seguro de la respuesta.

Con las experiencias previas, yo estaba consciente de una ley no escrita: no hacer muchas preguntas en la frontera, sea aeropuerto u otro. La cosa es seguir adelante y tomar las instrucciones, especialmente en un estado vigilado.

Una vez más, nuestro turno llegó y "el hombre anaranjado" se había movido para otra línea.

Todo iba bien, yo despaché mi equipaje y las muchachas también hicieron lo mismo. Recibimos nuestros boletos de embarcar y lo próximo era pagar la tarifa del aeropuerto, veinte dólares, pero no podíamos pagar en dólares. Tuvimos que regresar a la casa de cambio y convertir nuestros dólares en convertibles una vez más, perdiendo una pequeña cantidad cada vez. Una vez conducida la transición fuimos a inmigración. Mientras esperábamos en la fila, noté que unos de los que tenían la chapa en el pecho y la bolsita que decía inmigración estaban despidiéndose. Lo noté porque un hombre lloraba profundamente con lágrimas corriendo por su cara.

Pasamos por el lugar donde hacían las inspecciones y todo pasó sin problemas. Habíamos llegado a la sala de espera donde estaba nuestra puerta. Yo tenía hambre, y me quedaban siete pesos convertibles. Caminamos a una cafetería en el medio del área y ordené un sándwich de jamón y queso y mi último cafecito cubano.

Hubo un anuncio en el altavoz de que tres maletas habían sido reclamadas en atención al consumidor. Ashley y yo corrimos abajo para averiguar, pero tuvimos suerte de que no eran ninguna de las nuestras. Al regresar nos sentamos en unas mesas y comenzamos a conversar con una pareja joven de Australia, la cual nos dijo que ellos se estaban preparando para un vuelo de veinticuatro horas de regreso a casa. Me sentí mejor al reconocer que el nuestro no sería tan extenso.

La bocina del aeropuerto anunció que nuestro vuelo comenzaba a bordar.

Por fin estábamos en el avión. Yo tenía el asiento en la fila, Ronda en el medio y Ashley en la ventana. No mostré mucha emoción por fuera, sin embargo, en mi interior sabía que estaba destrozado.

"Respira," me decía yo mismo. "Respira, mantente en el presente. Esto es parte del viaje; tu vienes, te vas y sigue la máquina moviéndose, tienes que mantenerla aceitada." El avión corría a la pista y de ahí despegamos, estábamos en el aire.

No podía leer, no podía escribir, y no podía hacer nada menos que mirar hacia adelante y recordarme de los lugares y buenos tiempos que había disfrutado.

La muchacha de Australia comenzó una conversación con un niño, como de diez años, sentado en el asiento de la fila con una chapa en el pecho y la bolsita. Él contestó en inglés, "mi hermana, mi mamá, mis abuelos y yo vamos a los Estados Unidos a vivir." Y continuó, "Mi papá nos ha reclamado. Yo soy el único en la familia que habla inglés."

Inmediatamente me di cuenta, "¡Dios Mío! Los de la chapa en el pecho y la bolsita están saliendo del país para siempre. Les han entregado la famosa tarjeta blanca, sus permisos de salida." Temblé al pensar, "Pudieran ser mi familia."

No pude controlar mis emociones cuando lágrimas comenzaron a caer de mis ojos. Lloré como un niño, pero todo por dentro, en silencio. Hice lo más que pude para controlar mis emociones, pero nada me pudo aguantar hasta que aterrizamos. Mi corazón estaba en pedazos; éste fue uno de los momentos más difíciles en el viaje.

La ansiedad que produce la separación no era nada nuevo para mí, pero parece que cada vez que sucede, me coge de sorpresa. Me recuerdo muy claro un día de sol en la Base Naval mientras yo vivía allí con mi tía Matilde y mis primos, cuando tuve una experiencia muy similar.

*Yo me había quedado en la base americana con mi familia nueva como un año y medio desde aquel día que llegó el telegrama. Me gustó aprender a hablar inglés con la ayuda de las canciones en la radio que lo hacía fácil. El administrador de la escuela dejó que yo continuara en la misma clase cuando llegué, así que estaba en el segundo año de bachiller, y tenía 15 años de edad.*

*Esa mañana cuando la guagua nos llevaba a la escuela yo noté que había algo extra en las maniobras que los marines elaboraban y muchos más camiones alrededor.*

*La guagua nos llevó a la lomita donde la escuela secundaria William T. Sampson estaba localizada. La lomita estaba situada equidistante a todos los puntos de la base y era un edificio de un piso, con un patio en el centro y era el hogar de los deportistas Bucaneros luchadores.*

*Hacia la parte de atrás y bajo la loma estaban los campos de deportes donde jugábamos y practicábamos. Me encantaba jugar tenis, pero el fútbol era una cosa que no me gustaba para nada. Yo tuve una experiencia muy desagradable mi primera vez jugando. Cuando estábamos practicando en lo que era mi primer juego, el equipo opuesto me pasó por arriba como un camión de diez ruedas y me dejó dando vueltas como un trompo.*

*Cuando me pude levantar, encontré que estaba mirando a la dirección opuesta y oía los equipos detrás de mí gritando victoria.*

*"Olvídate, esto no es para mí, dame algo con menos violencia."*

*Béisbol se convirtió en mi juego favorito porque lo había jugado desde niño y era muy bueno en atrapar y lanzar la pelota. También era bueno en el juego de bolos.*

*Logré llegar a la escuela desde la mitad del octavo grado hasta noveno con un nuevo idioma, y aunque el aprendizaje fue difícil, disfruté el desafío.*

*Mis primos me ayudaron mucho, especialmente mi prima Janet, quien les dedicaba canciones a las muchachas que me gustaban. Desgraciadamente, yo no entendía una papa, pero no me importaba mientras ellas sabían que era yo el que se las había dedicado.*

*Pero hoy, el día era bonito, no era muy caliente ni con mucho viento. Era el 22 de octubre del año 1962 y todo iba bien en la bahía de Guantánamo. Las clases habían comenzado cuando de repente, durante la hora antes del almuerzo, yo noté que algunos padres habían venido a la escuela a buscar a sus hijos y llevárselos del colegio.*

*La bocina de la escuela anunció muy claro, era la voz del director, Sr. West; él hablaba con calma, pero advirtió, "Todo estudiante tiene que montarse en la guagua y no salir a comer afuera. Esto incluye a todos sin excepción."*

*¿Qué es esto? Era la pregunta en la mente de todo el mundo.*

*Pero de cualquiera manera, todos siguieron las instrucciones. Parte de vivir en una base militar era que ciertos simulacros debían practicarse y obedecerse hasta el último detalle. Estos simulacros incluyeron civiles y sus dependientes. Nadie estaba preocupado, ¡Oh, es solo un simulacro!"*

*Todos nos montamos en las guaguas. Desde la guagua pude ver que incluía a todo personal. Todo el mundo parecía estar involucrado. Todo tipo de equipo estaba en la carretera.*

*Me puse a pensar que a lo mejor esto no era un simulacro.*

*La guagua paró al frente de la casa como siempre, y nosotros saltamos inmediatamente.*

*Mi tía Matilde y mi mamá estaban un poco histéricas cuando nos encontraron en la puerta. Mi tía nos dijo, "Se tienen que mantener calmados, pero tenemos que llenar una maleta con las cosas necesarias para un viaje." "Si, un viaje." Dijo mi mamá.*

*Esto debe de ser una ocasión feliz, pero esto no es lo que se me parece. Me di cuenta cuando vi a mi tía tratando de no llorar, pero mi mamá si lloraba libremente. Yo le pregunté,*

*"¿Tu no vienes con nosotros?"*

*"No, yo tengo mi trabajo aquí y me tengo que quedar, al igual que tu tío y todo otro personal masculino del Navy." Ella me explicó que era su deber.*

*"Solo las esposas y los niños."*

*"Pero ¿Qué está pasando?" le pregunté.*

*"No estamos seguras; solo sabemos lo que tu tío nos pidió que hiciéramos." Respondió mi tía.*

*"Va a venir otra guagua a recoger a las madres y los niños." ¿Pero, a dónde vamos?" Yo insistía.*

*Mi mamá interpuso, "Tú haces muchas preguntas. No seas un malcriado, haz lo que te piden. Por favor pórtate bien. ¡Tú sabes bien que esta es la forma que tiene que ser!"*

*"Bien," le dije, "trataré de no ser una molestia."*

*Empaqué la misma maleta que mi abuela me había prestado y había traído hace unos años.*

*"Todo va a estar bien." Y le puse confianza a lo que mi mamá me dijo.*

*Entonces pensé en mi abuelita en Guantánamo y se me hizo un nudo en la garganta. Yo no la había visto desde que salí de allí; excepto por aquel día en que nos prometieron vernos si íbamos a la frontera. Mis primos, mi tía y yo habíamos manejado hasta la caseta; pero solo nos dejaron mirarnos de lejos, de una cerca a la otra. La separación de un país al otro, de una forma de pensar a otra. Por más que nuestras familias trataron de reunirse, abrazarse y compartir nuestro amor, todo fue en vano. No recuerdo quién negó la reunión de las familias. Lo único que recuerdo es que pude ver a mi abuela a una distancia de aproximadamente cincuenta pies, con su típico vestido largo hasta la rodilla hecho de un estampado de flores gris, blanco y azul pálido, mientras agitaba su pañuelo de encaje blanco hacia nosotros. Me rompió el corazón estar tan cerca de ella y, sin embargo, tan lejos.*

*Deseé poder haberla abrazado al menos y sentir su calor y su dulce aroma, y expresar el maravilloso sentimiento de amor que compartimos.*

*¡Había sido uno de los momentos más tristes de mi vida! Y luego, volví a pensar en ella. Los pensamientos descorazonados se renovaron ahora y no sabía si alguna vez nos volveríamos a ver.*

*La guagua llegó lleno de niños del vecindario y pude ver la intensa sensación de responsabilidad y desconcierto en los ojos de mi madre. Mis primas, Janet y Jimmy, se subieron a la guagua y, cuando me di la vuelta, vi a mi tía abrazar a mi madre y decirle adiós. En ese momento todo tocó fondo. Sentí que mi corazón estaba siendo arrancado de mi pecho al darme cuenta de que mi madre no iba con nosotros.*

*¡Ya no podía soportarlo más! Lloré y grité por mi madre como ella lo hizo por mí. El dolor que sentí fue como si el vínculo que nos mantenía atados el uno al otro se rompiera y se rompiera. La separación fue real.*

*Corrí a la ventana trasera de la guagua cuando mire hasta que mi madre desaparecía de mi vista. Debo haber llorado hasta que llegamos a los muelles, ya que no recuerdo haber llegado al astillero.*

*Observé con asombro a la multitud de niños y madres, además de algunos padres civiles que habían elegido irse con sus familias. Nos reunimos en la plataforma con maletas y objetos personales. Una confusión bastante tranquila estaba en el aire mientras todos se movían aturdidos, siguiendo órdenes con una mirada de incredulidad tallada en sus caras.*

*"¡Esto no podría estar pasando!" Dijeron sus caras, pero estaba pasando, por desgracia.*

*Cada familia, una por una, se apresuró a subir al barco. Era un gran barco gris, que en mi opinión parecía un barco de guerra. Los planes llevaban a la multitud a las entrañas de la bestia. Aunque hubo un zumbido en el aire, también había un cierto sentido de serenidad y deber que todos llevaban con ellos.*

*Las órdenes habían venido de alguna manera desde arriba. Esta fue una decisión importante; ¡Era la cosa en sí misma y todos los presentes sabían que esto no era un simulacro!*

*Algo grande estaba sucediendo.*

*La mayoría de los niños pequeños obviamente no estaban tan preocupados como sus padres; se dieron cuenta de que debían comportarse, pero al menos estaban recibiendo unas vacaciones no planificadas y seguramente eso significaba que no tenían que ir a la escuela al día siguiente. Esto fue definitivamente un punto a favor.*

*"¡Qué gozosa puede ser la mente de los inocentes!," yo pensé.*

*Yo simpaticé en silencio pues yo ya había tenido esa experiencia en otra situación similar.*

*Los detalles y los rumores de qué, dónde y por qué eran un tanto vagos, pero una cosa era cierta: los niños estaban colocados en la parte posterior del barco y las chicas estaban en la parte delantera con sus madres.*

*A cada niño se le dio su propia litera, ¡lo que los chicos consideraron tan genial! Todos estaban emocionados y de alguna manera, después de una larga espera, pudimos explorar las entrañas de la nave mientras nos acompañaban los marineros a bordo. Fue toda una aventura. El primer juego para los adolescentes fue encontrar una manera de colarse en el lugar donde estaban ubicadas las chicas.*

*El barco llamado U.S.S. Upshur, por fin fue lanzado al mar abierto.*

*El consenso era que íbamos rumbo a alguna parte de los Estados Unidos, probablemente Miami.*

*Las líneas para ir a comer eran larguísimas. Mi primo Jimmy y yo comíamos de todo y en cantidad. ¡Fue un placer autentico! Comíamos todo lo que queríamos y pedíamos otra vez.*

*Nuestro único deber era sacar un latón de basura, de por lo menos cincuenta galones, con los desperdicios de la comida hasta el final del barco y allí arrojarlo al mar. Yo me quedaba mirando como el mar se devoraba toda la basura.*

*La mayoría del tiempo la pasábamos haciendo nada, no había tarea, no había trabajo y no había libros para leer. Pasábamos el tiempo en la cubierta del barco y jugábamos juegos tontos para pasar el tiempo; un juego era especialmente gracioso. Era ver quién podía tirar la manzana que nos daban para el almuerzo, lo más lejos posible al mar. Un muchacho, un pobre tonto estaba tan empedernido con el juego y querer ganar, se le olvido que tenía puesto su reloj y disparo la manzana, junto con el caro reloj. Gritó cuando vio su reloj volar junto con su manzana.*

*Debe haber recibido un regaño por eso, por haber sido tan torpe.*

*Mi tía, Janet, Jimmy y yo nos reuníamos algunas veces. Nos dimos cuenta de lo increíble que era un conjunto de escuadrones de aviones de la Armada que patrullaban alrededor de la nave en todo momento. Zumbaban alrededor y luego desaparecerían por un tiempo. Todos pronto oirían el retumbar de los motores a reacción en constante vigilancia.*

*Algunos de los niños se marearon y pasaron todo el viaje en la enfermería. Incluso algunos de los jugadores de fútbol duro no pudieron manejarlo.*

*¡Qué lástima! Nos reímos de la idea ya que mi primo Jimmy y yo teníamos piernas de mar.*

*El servicio de basura seguía siendo una tarea después de cada desayuno, almuerzo y cena. Había tanta gente a bordo que la fila para el almuerzo comenzaría a formarse antes de que terminara el desayuno. Pero las cosas empezaron a cambiar un poco después del segundo día, y el clima también estaba cambiando. Hacía cada vez más frío, y como éramos de los trópicos, no teníamos ningún tipo de ropa de abrigo.*

*¡Nadie tenía la menor idea de que íbamos rumbo al norte!*

*Yo había empacado mi impermeable; una chapa delgada para mantenerme seco, pero para mi sorpresa, no fue suficiente para evitar que sintiera el viento helado cortando a través.*

*Por lo tanto, al día siguiente, la mayoría de los niños se quedaron adentro.*

*Después del desayuno en el tercer día, hubo especulaciones de que habíamos llegado a la costa de los Estados Unidos. Ciertamente, esa mañana podíamos ver la costa y también los astilleros y edificios, que parecían ser industriales. Hubo un rumor que estábamos llegando a la ciudad de Norfolk, Virginia.*

*Los muchachos y yo podíamos pararnos afuera, cubiertos en nuestras colchas. Nunca, hasta ese día, había experimentado temperaturas menores de setenta grados. Y seguro que era como cuarenta grados en Norfolk. Muchas horas pasaron mientras el barco seguía la costa hasta que pudimos llegar al muelle esa tarde, tres días después de salir de la Base Naval de Guantánamo.*

*Había una multitud de gente esperando por nosotros con letreros y banderas que nos gritaban su alegría al vernos. Yo me sentí muy agradable al ver esa recepción. ¡Qué forma más linda de ser recibido en mi país!*

*Nuestra familia se reunió, los cuatro, y junto con todas las otras familias nos llevaron a un almacén que tenía el tamaño de una cancha de futbol. Estaba cubierto de ropa adecuada para la temperatura, colchas, y abrigos que llegaban hasta el piso. Nos dijeron que podíamos escoger todo lo que nosotros queríamos y por supuesto también había todo tipo de comida, una vez más. Pero lo mejor de todo era una máquina que dispensaba leche fresca continuamente. Jimmy y yo podíamos tomar todos los vasos de leche que queríamos, de la más deliciosa y cremosa leche que hayamos probado.*

*"¡Esta leche es lo mejor de todo!" dijo Jimmy y yo estaba de acuerdo.*

*Y así, comprobamos oficialmente que habíamos llegado a los Estados Unidos de América.*

*Le pregunté a mi tía, "¿Qué tiempo nos vamos a quedar aquí?" Ella respondió, "¿Quién sabe?" Fue la respuesta inoportuna.*

*La noticia en la televisión indicaba que fue posible que estuviéramos en una tercera guerra mundial. La razón fue que los rusos habían traídos misiles a Cuba y esa acción había impulsado a el presidente John Kennedy a tomar acción contra los rusos, o sino enfrentar retaliación. Fue conocida como La Crisis de los Misiles en Cuba y la consecuencia de nuestra seguridad como dependientes no se me reveló hasta entonces.*

*Más tarde esa noche mi tía nos informó que nos dirigíamos a Florida. Íbamos a vivir en un pequeño pueblo llamado Lake Wales, cerca de la escuela de mi prima. Lucille había venido dos meses antes para comenzar la universidad.*

*Dormimos en literas esa noche y al día siguiente; estábamos en un avión a un nuevo lugar, una nueva escuela y nuevos amigos para comenzar una nueva vida.*

# Capítulo 32

# Traficando Cultura a los Estados Unidos

Parece como si hubiéramos estado en el avión solo veinte minutos, cuando aterrizamos en Cancún. Desde arriba parecía que Miami Beach y la rutina del aeropuerto era la misma, y una vez más todo estaba bien en la aduana.

Ashley y Ronda tenían hambre, así que desayunamos, y me senté y pensé en volver a entrar. Tomamos la decisión de decirle a la aduana que habíamos venido de Cuba, ya que había información escrita en un periódico de un pequeño pueblo sobre nuestra aventura. Me desanimé un poco porque no dimos permiso para hacer esto y podría poner en peligro nuestro regreso.

Rompimos la mayoría de los recibos que indicaban que habíamos estado en Cuba, especialmente los que tenían fechas y cuánto habíamos gastado y dónde habíamos gastado. Discutimos diferentes escenarios, como los buenos actores que éramos y hasta los ensayamos. Como teníamos tiempo para nuestro vuelo de regreso, salimos afuera donde el tiempo estaba lindísimo y caminamos por un parquecito en frente del aeropuerto. Nos sentamos en un podio inmenso de granito donde se levantaba una bandera mexicana de un tamaño enorme. Ellas durmieron mientras yo escribía en mi diario.

El tiempo había empezado a calmar mi ansiedad y el dolor sincero se estaba aceptando. Una vez más, Ronda sugirió que tomáramos un taxi a la ciudad y almorzáramos, pero después de que supimos el precio del taxi, cuarenta dólares, todos estuvimos de acuerdo, "Olvídalo, ¡quién va a pagar esa cantidad, ni tú, ni yo!" Que broma.

Yo quería irme. Teníamos aviones separados y puertas separadas, así que nos despedimos. Fue bueno, sin lágrimas; Nos deseamos buena suerte y partimos por caminos separados.

Pase por la máquina de rayo-x y todo fue bien. Encontré mi puerta y me senté a escribir, una vez más, pero con la bulla, no me pude concentrar y decidí a observar a las personas. Una señora de Brasil estaba hablando con un hombre de Israel en inglés. El inglés siendo la lengua común de todos.

¿Por qué solo el idioma no puede hacer que todos los países y sus personas estén bien entre sí? Me pregunté, dándome cuenta de que era un idealista.

Tomé mi chaqueta y la coloqué detrás de mí para darme algo de apoyo. En ese instante el intercomunicador llamó para hacer un cambio de puerta. Me levanté y seguí a la multitud hasta la siguiente puerta, que estaba arriba. Cuando me senté en mi nuevo asiento, me di cuenta de que había dejado mi chaqueta en la otra área de espera. Me asusté, así que salí corriendo, dándome cuenta de que mi horario estaba en el bolsillo de mi chaqueta. Por suerte mi pasaporte no estaba con la chaqueta.

Tuve que pasar por otro detector, pero para mi sorpresa, cuando llegue al asiento, ahí estaba el abrigo. ¡Qué alivio!

Corrí, una vez más, cuando llegué a la puerta, ya estaban abordando el avión. Tuve suficiente tiempo para reflexionar y comparar las dos naciones, Cuba y los Estados Unidos. Las personas que entraban en el avión regresaban de vacaciones a sus casas. Me vino a la mente, ¿Cómo podrían siquiera saber la diferencia entre estos dos mundos?

Por un lado, están los cubanos, que intentan llegar a fin de mes con pocos recursos y que tenían que preocuparse si hay un avión, cualquier avión; para que puedan tener la posibilidad de volar a un lugar donde puedan tener la oportunidad de comenzar una nueva vida. La cual era muy diferente a los que se subían en el avión quejándose porque el avión estaba unos minutos tarde, y tenían que esperar para que el avión despegara.

"El avión va a despegar y todos van a regresar a sus casas bonitas." Solo en pensar esto me di cuenta del contraste entre estas dos naciones. Yo sé que estaba criticando sin conocer cada familia o caso, pero sabía que tenía que haber una forma de comunicar mis sentimientos acerca esta situación.

Con las tres horas de viaje tuve la oportunidad de escribir en mi diario y evadir hablar a la gente, como la pareja borracha frente a mí con su charla sobre cuánto bebieron en sus vacaciones. Esta pareja tenía derecho a sentirse como ellos querían y disfrutar de sus vacaciones, pero las últimas tres semanas detrás de mí fueron un gran contraste y mucho para asimilar.

Aterrizamos en Charlotte y el tiempo estaba bonito. Me puse mi abrigo y caminé a inmigración; les mostré mi pasaporte y mi tarjeta de reclamos. El hombre detrás de la cajilla me deseo un buen día y me dejó pasar.

Ya estaba adentro del país y me sentí contento cuando pensé, "¡No hay problema!"

Fui al carrusel a coger mi maleta y caminé hacia la aduana. Un policía me preguntó por mis papeles y mi pasaporte, el cual se los di. Entonces me dirigió a otro oficial. Este otro parecía ser de raza asiática, japonés, pensé. Miró mis papeles y me preguntó, "¿Cuánto tiempo pasaste en Cuba?"

"Estuve en Cuba tres semanas." "¿Dónde está tu permiso?" Añadió.

Respira, me dije, comencé a percibir que las cosas no iban a ir sin incidente. Con calma le respondí, "Yo no tengo un permiso; yo estaba en una visa general para asistir una Conferencia

Internacional de Teatro Improvisador."

"Necesitas tener un permiso." Él respondió, "Desde junio 2004 el presidente firmó una ley que si viajas a Cuba tienes que tener un permiso. ¿Cómo llegaste a Cuba y dónde está tu boleto de avión? ¿Cómo llegaste a Cancún de la Habana?

Yo tenía mi boleto en mis manos y se lo presenté. Cuando él vio mi boleto se dio cuenta que fue comprado en Canadá. Entonces dijo, "Tengo que revisar tu equipaje y confiscar todo lo que hayas comprado en Cuba."

¡Que desgracia, no puede ser! Me parecía como si todos mis recuerdos me los estuvieran arrancando de mi poder.

Él sacó una planilla de algún lado y me pidió que la llenara.

Como me indicó Brooke, dije temblando. "Sé que este es un asunto delicado, pero no responderé más preguntas sin la presencia de mi abogado."

Él respondió, "¿Tienes algún papel que indique que puedes estar exento?"

"Si, lo tengo." Y con eso saqué de mis documentos la carta escrita por la directora de la

Conferencia que indicaba nuestra intención en Cuba y declaraba que somos parte de una Conferencia Internacional. La carta comienza con el siguiente encabezado, "A quien corresponda." El oficial me lo quitó para hacer una copia.

Él me dio un papel que tenía escrito arriba, "La Agencia Federal." Añadió que pusiera mi nombre arriba de la planilla y contestara todas las preguntas lo mejor que pueda.

Yo escribí mi nombre y la primera pregunta fue, "¿Qué cantidad de dinero he gastado en

Cuba?"

Me quedé horrorizado, ¿Qué hago ahora? ¿Escribo letra por letra lo que había ensayado o hago una improvisación? La respuesta me vino de repente, "Puedo hacer esto, he estado improvisando estas últimas semanas. Esto no tiene que ser difícil."

Contesté todas las preguntas correspondientes y lo mejor que podía. También puse todo el dinero que había gastado. Ni siquiera tenía una calculadora, pero en mi mente pude estimar lo más que pude, más rezando todo el tiempo. Cuando llegué al final, la suma fue un cachito corto de 2000 dólares. Luego leí que el límite permitido era esa cantidad y hasta el día de hoy pienso que era uno de esos momentos de intervención divina.

Él me ordenó que pusiera mi maleta en la mesa y comenzó a abrir la maleta con sus guantes de látex azul e inició su interrogación. "¿Has comprado este sombrero de paja en Cuba?"

"Si," le dije pensando que ridículo era porque solo había pagado como treinta y un centavo por el sombrero.

Lo puso a un lado.

"¿Tienes algunos tabacos o ron en la maleta?"

"No," Pero pensando, "Solo si puedes oler el tabaquito que me fume anoche." Pero no dije nada por miedo a contrariarlo. Él continuó preguntándome la misma pregunta con cada artículo que parecía ser hecho en Cuba. Saco las figuritas de las bailarinas, el chequere, los libros, los aretes chiquitos, pero no sacó ninguna de las camisetas u otra ropa. Supongo que no parecían haber sido hechas en Cuba, de la cual, estuve muy contento pues las había comprado con los últimos pesos convertibles que me quedaban.

Él miró la camiseta que Tito me había dado, en la cual aparecía un emblema de la cinta del SIDA, y me inspiró a decirle que yo había ido a enseñar teatro a las personas con SIDA y VIH para que aprendieran a mejorar sus vidas. Saqué las notas de mis clases. Me pareció que él estaba impresionado por ellas y las tomó y les hizo copias. Cuando regresó me trajo un pedazo de papel y me dijo que escribiera como el teatro de improvisación ayudaba a las personas con SIDA. Añadió, "Yo voy a mandar toda esta información a la Agencia Federal y ellos serán lo que determinarán lo que van a hacer contigo."

Empecé a sentir un poco de alivio, pero durante toda la interrogación tuve miedo,

"Esta mierda está salpicando todo." Seguía pensando, "Suave, mi hermano, que todo fluya."

Me sorprendió cuando me miró y me dijo, "Te puedes quedar con todas tus cosas, son objetos culturales solamente."

Me sentí aliviado, pero también estaba disgustado por tener que pasar por todo eso. Estaba agradecido de que se hubiera acabado por el momento, pero tuve que esperar la decisión del Federal. Le dije que había perdido mi vuelo. Me aseguró que no tenía nada de qué preocuparme, luego me dio un pedazo de papel para escribir mis comentarios sobre aduanas cuando tuviera tiempo, y luego agregó: Puedes enviarlo o desecharlo. Es tu elección.

Me dio copias de todos los papeles que había llenado y me mandó al mostrador para asegurar mi vuelo.

Todo parecía ser algo común y yo comenzaba a calmarme, pero me sentía como si había ido al infierno y mi futuro pudiera estar en peligro.

Llamé a mi mamá y le dije que venía tarde en un vuelo nuevo y luego le explicaba la razón. Ella estaba en el aeropuerto esperándome. Sin embargo, ella no me hizo muchas preguntas, pero tan pronto llegamos a la casa quiso saberlo todo. Quería saber de su familia, su hermano mayor, la ciudad y de todo en general. Había mucho que contarle así que comencé despacio, día por día le iba contando todos los eventos. Yo estaba en casa, pero también sentí un pedazo de mi vida de niño en Cuba había resucitado en mí. Sentí que todo era real y no era solo un sueño.

Mi conocimiento se había desarrollado y me di cuenta de que todas las reflexiones y experiencias estaban como un fuego y listas para estallar y compartir con mi familia y todos aquellos a quien yo amaba. Nosotros necesitábamos derribar las barreras y crear un intercambio cultural fructuoso entre nuestras naciones. También tenemos que fortalecer el espíritu de comprensión, tolerancia y admiración por la cultura personal y única de todas las personas en cada país.

# Capítulo 33

# Conclusión

Yo he estado en la isla caribeña, y he visto a mi familia que deje atrás—mis primos, sus hijos, y muchos otros amigos de la familia. He hablado con mi tío, de ciento tres años de edad, con la mente clara y preguntando por toda la familia en los Estados Unidos. Recibí una inmensa bienvenida de mi familia quien me trató como de oro y me empapó con mucho cariño y cuidado. Me asombré que ellos no tuvieran rencor contra mí y que también estaban asombrados de verme después de cuarenta y cuatro años.

Yo visité la casa y el barrio donde me crie. Vi muchas cosas que quería ver, pero también fui afectado por muchas cosas que no esperaba. Anticipé ver personas hostiles, pero en general no vi hostilidad. La atención de mi familia era posible, pero los estudiantes y la mayoría de las personas fueron muy amables al conocerme. Me ofrecieron sus casas, su tiempo para celebrar conmigo, y el éxito y orgullo con las actuaciones del teatro. Otros individuos compartieron momentos íntimos en situaciones difíciles de sus vidas diarias. Todo esto fue hecho con respeto y me atrevo a decir, amor. Yo los amé también; ellos cambiaron mi vida para bien.

Yo sentí la presencia del gobierno cubano en todo tipo de labor, desde tareas minúsculas como comprar fruta hasta la monumental tensión de que alguien te estaba mirando constantemente. Sin embargo, pude moverme y lograr lo que había venido a hacer. Mis ojos no estaban cubiertos y mis orejas estaban ávidas a todo lo que oía. A la cabeza del gobierno, frágil y enfermo estaba Fidel Castro, quien había transformado en cincuenta años una tierra preciosa con sus influencias y deseos. Yo sé que él va a ser recordado por muchos años después que dejé este mundo. Se reconoce que nació para ser un líder, pero, sin embargo, extremadamente miope y no tolera las opiniones que difieren de las suyas. Él se ve como el salvador de su gente como proclama en su libro, "La Historia me Absolverá." Pero está completamente distanciado del ciudadano común y le injerta miedo al enemigo número uno, quien él llama el Imperialismo Yankees. A él lo reciben bien, especialmente en la América Latina, donde vende su ideología con discursos emocionales para influenciar al pueblo. ¿Por qué es que él tiene tan gran dominio sobre estos países? Yo creo que es por la pobreza y malas condiciones que se despliegan por estas tierras y necesitan la retórica incendiaria que él propone para liberarlos de su pobreza. Muchos de estos países han podido cambiar y salir de su pobreza, como Chile, que prosperó bajo un partido socialista. Pero si podemos deshacernos de la sobre indulgencia de los líderes como Ortega, de Nicaragua, Correa del Ecuador y de la pomposidad que tiene el líder Hugo Chávez, que ha copiado directamente de Castro las reglas del comunismo, con obstinada arrogancia y testarudo como una mula.

Por esta significante razón, muchos en los Estados Unidos piensan que necesitamos mantener el embargo. La idea es de mantener la presión en la isla y apretar el lazo aún más fuerte. Para facilitar este tipo de presión, los que están a favor del embargo piden por más restricciones y que no debe de haber ninguna transición entre los dos países. Ellos declaran que el dinero que manda las familias en los Estados Unidos será usado por el gobierno y se aumentará la manipulación en la isla. Yo, por otro lado, no soy de ese tipo de pensamiento, pero como todo el mundo tiene el derecho de tener su opinión, yo decidí expresar la mía escribiendo este libro.

Apoyo el argumento para levantar el embargo para que las negociaciones comerciales puedan comenzar a invertir dinero en la isla. Además, el libre comercio debería crear grandes fábricas, plantas de fabricación y compañías farmacéuticas a las que se les debe permitir establecer dónde es posible obtener un beneficio para la empresa y la gente. Las negociaciones, por supuesto, tienen que hacerse con el gobierno revolucionario. Aquí yace el conflicto. ¿Está listo el gobierno cubano para la libre empresa? ¿Está listo para ser incluido en el comercio mundial y aceptar algunos desafíos capitalistas? Desgraciadamente un cuarenta por ciento de las compañías quienes han hecho negocios en estos últimos años, han tenido que irse porque no se le podía tener confianza a la infraestructura en Cuba. Exacto, al gobierno de Cuba y a sus partidarios no se le puede dar confianza. Por la economía tan mala que existe hoy,

Cuba también necesita trabajos desesperadamente. Los cubanos tienen que producir por sí mismos, tienen que alimentar a su pueblo y tener su propia fuerza laboral. Mientras más mercancía se produce, las personas tendrían más ganas de conseguir dinero para comprar y gastar. Aunque el dinero ha sido un vicio y la corrupción es común entre muchos gobiernos y políticos, es solo bajo la dirección de investigación y mantenimiento de cuentas claras en una democracia, que el dinero se puede usar honestamente como una solución. El gobierno tomara su corte, como impuestos, pero habrá suficiente para que las tiendas sean generosas y la comida llegue a las familias pobres. Claro todas las familias necesitan dinero para comprar y para esto el nivel de vida tiene que aumentarse, y no sería muy difícil, pues ahora es muy bajo. Los beneficios al gobierno tienen que ser regulados para mantener la confianza.

El gobierno de Castro tiene suficiente dinero para alimentar, vestir y proveer medicina al pueblo cubano como primera prioridad, sin embargo, prefiere mandar a los doctores cubanos y otros profesionales a países que simpatizan con ellos. Los cubanos necesitan medicina para el SIDA/VIH, la cual han podido producir hasta cierto punto. La producción ha sido un gran reto por la propiedad del virus que cambia constantemente.

He oído mencionar en los Estados Unidos que los cubanos son los que tienen el deber de derrumbar el gobierno que ellos apoyaron durante la Revolución, pero yo digo, "Tenemos que entender que mientras más oprimidos estamos, menos capaces somos de luchar y derrocar a nadie, mucho menos a un gobierno"

El dinero que la comunidad cubana manda a sus familias excede el total del pago total en la isla. Por casualidad, excede lo que se gana con la zafra azucarera. La azúcar ha sido la base de la economía cubana y lo que ha identificado a Cuba por muchos siglos. El dinero que se manda es usado solo para las familias puedan sobrevivir, yo digo, que diferencia haría si pudiera usarse para invertir en la finca. No hay maquinaria que se puedan reparar, por no haber herramientas y repuestos en cincuenta años, para poder poner a producir la tierra otra vez.

El gobierno americano ha hecho negocio con los personajes en el poder de la isla. Una firma americana pudo firmar un contrato con Cuba para abastecer con comida a un precio de veinte millones de dólares después del huracán Michelle en 2001, para mandar trigo, maíz, soya y arroz. Se dijo que Cuba quería comprar por lo menos treinta millones de productos. El gobierno cubano explicó que las compras eran excepcionales por el daño hecho por el huracán, pero también exigieron que se suspendiera completamente el embargo hacia Cuba. Algo que pensar: A lo mejor hay toma una cubierta humanitaria después de un huracán para poder romper estos grilletes.

Por casualidad, en los últimos años, el gobierno de los Estados Unidos ha licenciado $140 millones de dólares a la isla en ayuda humanitaria privada. Los hermanos Castro y su gobierno distribuyen las recaudaciones a su manera, lo cual es una pena. Y más desafortunado es que los militares del gobierno han podido superarse por la ayuda mandada. Por lo cual, el factor esencial y necesario es que el cambio tiene que germinar dentro del pueblo. Tal como hicieron los países de Europa del Este después de la caída del comunismo, Alemania del Este siendo un ejemplo perfecto. Lo importante fue poder absorber lo que funcionó en el pasado, mantenerse en el presente y estar inquieto por el futuro.

Mi teoría es que los cubanos están hambrientos de cambio, como tener casas bonitas y carros, también desean tener la tecnología nueva: computadoras, teléfonos celulares. No es un secreto que los cubanos han hecho un arte en convertir y embellecer los carros de los años cincuenta; imagínate lo que ellos pudieran hacer si tuvieran a la mano la nueva tecnología. Ellos quieren todo lo que otro ser humano desea. Ellos quieren reloj de Rolex, carros de paquete, ropa nueva y de moda y plata para sacar a sus parejas a pasar un buen tiempo en una cita. ¿Por qué creer que ellos no quieren un poco de lujo? El mundo entero quiere lo que Hollywood nos está vendiendo constantemente –fama, rock-and-roll y lo mejor que el dinero pueda comprar. Hay mucha música en inglés que se oye tocar, y aquí tocamos música latina; los jóvenes están conscientes de esto, pero claro, siempre lo han estado.

El pueblo tiene que alimentarse, pero no solo con comida. Si los puertos se abren pueden tener intercambios culturales, social y temas políticos para considerar y especular. Les daría fuerza a aquellos quienes tienen hambre por algo que reconocer, y a lo mejor un poco de esperanza.

Si esto es verdad que el embargo funciona, es necesario decir que después de cincuenta años no se ha podido hacer ningún cambio significativo contra Castro, como la derrota del gobierno por el pueblo, y, por lo tanto, definitivamente, el embargo no ha funcionado. Ha funcionado contra los Estados Unidos porque "la cortina de azúcar" a todo el país le ha dado permiso a Fidel para constantemente echarle la culpa a su vecino imperialista por la estagnación en su país.

Para rectificar el daño que se ha hecho, tenemos que mantenernos fuera del status quo. Claro, seria magnifico pensar que suspender el embargo traería inmediatamente cambios en la isla y su gente, pero hay tantas variables que considerar. Consecuentemente, antes de que se pueda cambiar nada, hay unas cuantas concesiones de Castro que hay que designar: cumplir el nivel exigido de los derechos humanos internacionales, la persecución y encarcelación de los disidentes y prisioneros políticos más la libertad de la prensa, solo por mencionar unos de los más importantes. Para lograr esto sería un proyecto inmenso.

Suspender el embargo tomaría una cantidad enorme de diplomacia y negociaciones estratégicas. Sería necesario demandar que los disidentes y prisioneros políticos pudieran regresar a sus casas. Para determinar cuántos prisioneros políticos existen es un factor difícil, porque el gobierno los acusa con cargas pequeñas −como un robo, resistiendo encarcelamiento, etc. Por lo cual, no están contado como prisioneros políticos, también existen muchos otros que su crimen es el de no poder conformarse a las ideas totalitarias impuestas y han opuesto al liderazgo.

Mucho de los prisioneros son tratados de una manera tan deplorable que hay pruebas de que se han suicidados para no tener que estar sometidos a las condiciones de las cárceles. Han tenido muchas huelgas de hambre para tratar de hacer cambios que les permita recibir mejor tratamiento. Hombres como Orlando Zapata, René Cobas y Wilman Villar pagaron con sus vidas cuando el gobierno no hizo nada para salvarlos. Guillermo Fariña, conocido como el Coco, continúa su lucha con la vigésimo tercera huelga de hambre. Él creía en la Revolución y era miembro de un grupo élite. Es indecente pensar que sus crímenes fueron solo una especulación de opinión.

La necesidad para un cambio es extremadamente fuerte y ha comenzado con el compromiso de una cantidad de ciudadanos con mucho valor, como fue Laura Pollán, quien falleció hace unos meses atrás. Pero con su dinámica, ella fundó y guio a Las Mujeres de Blanco, quienes han estado protestando con sus caminatas, marchando en las calles de La Habana. Ellas representan las esposas e hijas de aquellos que las apoyan y familia de los hombres que han sido encarcelados sin haber sido juzgados sólo como presos políticos. Ellas también han sido arrastradas y llevadas en guaguas por la policía para que no pudieran continuar sus protestas contra el gobierno.

Otro individuo quien todavía sigue su lucha en la isla es la muy valerosa Yoani Sánchez, una joven, determinada mujer quien mantiene un blog a través de la red social. Ella ha escrito brillantemente sus ideas y también ha podido añadir fotos a su página. En sus palabras, "Políticamente, no podemos hacer mucho. Es muy difícil para los ciudadanos comunicarse uno a otro aquí. La prensa está en manos del estado. Las personas tienen miedo. Lo que estamos tratando de hacer es que las personas se conecten entre ellas como individuos y ciudadanos." Desgraciadamente, a ella se le han visto señales de maltrato físico, y muchas veces su página ha sido bloqueada. Aunque ha recibidos muchos premios en el mundo, el gobierno no la ha dejado salir del país para recibirlos. Yo espero que su mensaje vuele la red social para siempre.

Miles de familias tuvieron que separarse, como la mía, para poder salir del país y poder lograrlo a salvo y con vida. Pero muchos otros parecen haberse evaporados y no se sabe lo que les pasó. Y todavía hay otros que han desaparecidos y está documentado por aquellos que vinieron en balsas. Ellos enfrentaron un desastre y hasta la muerte en las aguas infectadas de tiburones, a solo noventa millas de la costa de los Estados Unidos. Así fue el caso de la mamá de Elián González quien murió unos años atrás. Ella estaba convencida que el futuro de su hijo era más grande que el de enfrentar el estrecho de agua entre los dos países. Fue muy duro para mí ver que su deseo y sacrificio nunca fue tomado en serio. Mi mamá hubiera hecho lo mismo.

Una idea peculiar que deduje después de que las tropas de los Estados Unidos fueron a un desierto para involucrarse en una guerra, media vuelta alrededor del mundo, "¿Hay millones de galones de aceite crudo brotando diario de las entrañas de Cuba? ¡No, ni una gota brota sobre la isla tropical!"

Así que tuve que concluir, "¡Si en Cuba brotara aceite crudo, los Estados Unidos hubieran ayudado a los cubanos años atrás!"

"El aceite crudo habla, la azúcar te come los dientes. No hay aceite, no hay compromiso."

El embargo sobre Cuba no ha cambiado el gobierno, pero si les ha hecho mucho daño a los ciudadanos, pues los ha forzado a trabajar en el mercado negro. Pero si hubiera un esfuerzo por los hermanos Castros y los Estados Unidos de tener un diálogo serio y llegar a la conclusión que tenemos que dejar que el pueblo trabaje y se defienda por sí mismo, todos pudiéramos haber ganado inmensamente. Unas elecciones para el futuro no se ven muy claras. Si las puertas se abren, va a traer comunicación y reportaje y tomará tiempo para que el pueblo tenga la idea de los que es ser una democracia, pero les traería progreso y fe. Y esta es la fe que yo recibí de los estudiantes que conocí.

Así que cuando estés listo para ir de vacaciones a la isla de Cuba, quiero que vayas a visitar los lugares pintorescos, a la bella playa de Varadero y camines por las calles excéntricas de La Habana Vieja, pero acuérdate de mi historia y las personas que afectaron. Recuérdate de los niños que juegan en los campos esperando un día jugar béisbol contra los Estados Unidos y que ganar otra vez.

Sobre el SIDA y el VIH, soy consciente de que los casos de la enfermedad se pueden ver multiplicándose cada día más en los EE. UU. e incluso más en el extranjero. La palabra SIDA ya no se ha visto en las portadas de los periódicos ni en las noticias de televisión o en las actualizaciones de computadora. Los obituarios no marcan el SIDA como la causa de muerte como lo hacían hace veinte años, sino que mencionan las enfermedades oportunistas. La idea de que la enfermedad ha estado bajo control parece ser la norma entre las personas, pero no está bajo control. Es todo lo contrario.

Pregúntate, ¿Se ha erradicado el SIDA?

No lo creo; En cambio creo que el mundo ha ganado vergüenza una vez más. Fue una palabra vergonzosa al principio, pero luego Magic Johnson y otros se declararon infectados y la gente aceptó el hecho de que no solo era una enfermedad gay, sino que también afectaba a la comunidad heterosexual. Ayudó a convertirla en una enfermedad que podría tolerarse y controlarse como la diabetes, la enfermedad cardíaca y otras. Eso fue hace años, ahora ha dado un giro completo. Una vez fue una desgracia, luego fue manejable, pero ahora, después de todo el dinero gastado en la erradicación, muchos no están siguiendo las pautas.

De vez en cuando sale a relucir un tema innombrable, pero solo para declarar un nuevo

Zar del SIDA. El caso en cuestión es nuestro último presidente, el Sr. Bush, quien fue apremiado por el Plan de Emergencia para el Alivio del SIDA en África. Los fondos se redistribuyeron y no se entregaron a las agencias de VIH de EE. UU. en cambio, fueron entregados a los tiranos homófobos en Nairobi, Kenia y Uganda. Por supuesto, este programa ayudó a salvar vidas a través del tratamiento, pero su programa de abstinencia puso a muchos más en riesgo. Nuevamente, los precios de los medicamentos en los EE. UU. Siguen siendo altos y las compañías farmacéuticas no pueden producir medicamentos contra el VIH (lo que reduce la replicación del virus) a un precio inferior. El alto precio ha provocado que once estados de nuestro país tengan una lista de espera para los Programas de Asistencia de Medicamentos contra el SIDA, ADAP, incluida la Florida. El presidente Bush tampoco aumentó la financiación de la Ley Ryan White CARE. Muchos servicios han disminuido porque este plan ha permanecido igual durante varios años, pero los casos se han incrementado.

Aunque se han creado una variedad extensiva de medicamentos que son utilizadas en los Estados Unidos después de treinta años, las necesidades continúan avanzando para aquellos que están infectados y para los casos nuevos. La pregunta exclusiva sigue siendo, "¿Habrá una cura pronto?"

Mis recursos dicen que no, aunque una vacuna parece estar en el horizonte. Podemos vivir con esta enfermedad y muchos continúan sobreviviendo, como lo he hecho yo, si se mantiene un régimen.

Hoy, el fin parece estar tan cerca por los descubrimientos científicos que ayudan a reducir los casos de infecciones en todo el mundo. Pero como los líderes políticos en los Estados Unidos y los países en desarrollo han perdido el sentido de urgencia para luchar, hay un peligro de retroceder. El SIDA es un asunto de vida o muerte y financiación para combatirlo, es crucial. Y el estigma contra la enfermedad sigue siendo parte de la vida cuotidiana en muchos países hasta aquí en el mismo EE. UU.

¡La lucha contra el sida no ha terminado! ¡Ni por asomo! La educación es esencial en nuestras escuelas e iglesias donde las técnicas de información ayudan a evitar que gran parte de la enfermedad se propague, deben implementarse de forma continua ahora. El uso adecuado de la protección es esencial para todos, especialmente para los jóvenes. La abstinencia sola no es una elección. Según encuestas recientes, los primeros casos de VIH en jóvenes están en aumento.

Los jóvenes, que sienten que es una enfermedad gay y se les enseña que solo la abstinencia es la solución, deben darse cuenta de que el sexo les sucederá a la mayoría de ellos, y una sola noche es suficiente para arruinar una vida que acaba de comenzar.

La enfermedad ahora se está propagando a través de un sector de nuestra población que no se educó a sí mismos porque pensaron que nunca se verían afectados. Estos casos se pueden ver en una población de más edad que vive en hogares de ancianos y personas similares, donde se ha propagado en hombres y mujeres. El uso de Viagra y medicamentos similares ha hecho que sea más fácil tener una relación, pero si no se toma la protección adecuada, las consecuencias vendrán.

En la comunidad latina, los casos de infecciones también están aumentando. Al igual que los afroamericanos lo llamaron el síndrome "the down-low", los latinos ahora están sufriendo el mismo comportamiento. Se explica mejor diciendo que el marido "supuestamente" heterosexual, un amante o una cita, que tiene relaciones de la relación "supuestamente" monógama, puede infectarse y transmitir el virus a la pareja. Es un virus astuto que no discrimina.

El otro grupo para educar está en el pináculo de nuestra legislatura en la Colina, así que digo: "¡Salgamos a las calles y marchemos sobre Washington una vez más!"

En una nota personal, mi vida corre mejor en estos días. Acudo a un médico de atención primaria que se ocupa de mis preocupaciones menores y otros problemas que puedan surgir, y también me remite a los diversos especialistas. En este momento acudo a cinco especialistas: cardiólogo, endocrinólogo, urólogo, gastroenterólogo y enfermedades infecciosas.

Mi médico del VIH realiza un seguimiento de mis números, especialmente mi recuento de CD4 y la carga viral. Él también cuida algunos de los efectos secundarios que surgen de las drogas. Hubo muchos efectos secundarios cuando comencé a tomar AZT por primera vez durante los primeros ensayos de medicamentos. Siempre me he sentido como un conejillo de indias, pero sabía que, si podía ayudar a los laboratorios a encontrar una cura, valía la pena. También les dio a quienes buscaban mejores medicamentos la oportunidad de estudiar los efectos de los ensayos y ayudaría a controlar la enfermedad. Ofrecer mi cuerpo y la enfermedad para estudiar ha sido mi privilegio.

Ser parte de las pruebas para las drogas también ha tenido sus desventajas. Yo no lo puedo comprobar, pero estoy convencido que una de mis medicinas me causó el ataque de corazón que tuve hace algunos años. El ataque debilitó mi corazón en un tercio, y un par de años atrás, necesitaba que me colocaran un desfibrilador para que mi corazón se sobrecargue con una carga eléctrica si funciona mal o se detiene. Hace un tiempo tuve que someterme a una ablación para disminuir los latidos de mi corazón de 180 latidos por minuto.

Debido a que la combinación correcta debía determinarse sin los efectos secundarios e intoxicación por drogas, así como para combatir el virus, los productos farmacéuticos han estado tratando de combinar medicamentos contra el VIH. Ahora estoy en una de las combinaciones de "cócteles" que mantuvieron mi carga viral indetectable (algo bueno) con picos pequeños, pero ha habido un efecto secundario, pérdida de peso, llamado lipodistrofia. Mi médico y yo hemos probado una combinación de medicamentos y estoy mejorando y he ganado algunas libras en seis años.

Otra preocupación es la diabetes que he estado tratando durante al menos quince años y he tenido "buenos números" aquí y allá. Sigo aumentando la cantidad de insulina que tomo por la noche y he agregado una dosis especial antes de mis comidas en los últimos meses.

Desafortunadamente, he empezado a experimentar los síntomas de la neuropatía en mis piernas, que es muy doloroso. Es causada por el efecto de los medicamentos contra el VIH y /o la diabetes en las terminaciones nerviosas. También me han diagnosticado EVP, enfermedad vascular periférica. Durante los últimos dos años comencé a sentirme incómodo con el dolor intenso y tuve que detenerme y bajarme del auto muchas veces porque no podía conducir. Acabo de comenzar el tratamiento para esto.

En 2001, me diagnosticaron con hepatitis. Supe que tenía que dejar de tomar por completo, lo que resultó ser una bendición que no esperaba. Finalmente, con la ayuda del programa de Doce Pasos, asistiendo las reuniones y siguiendo los pasos, no he bebido un solo trago desde ese día. Yo estaba listo para tomar ese reto. El programa ha sido lo más grande en mi vida. Muchas personas piensan que es solo para aquellos que abusan y toman drogas y bebida en exceso, pero me ha ayudado a poner mi vida en orden. Puedo ver sin la niebla en mis ojos y puedo enfrentar mis retos con una mente clara. He alcanzado un nivel de satisfacción que nunca soñé o que quisiera poner en peligro.

La hepatitis que he desarrollado continúa dañando mi hígado y el especialista y yo hemos discutido el momento preciso para empezar tratamiento. Es precario el procedimiento porque puede ser contraindicada con la medicina del VIH. Necesito un sistema de ayuda bueno y que mis células-T estén en buenos números sino comprometería mi sistema de defensa. Tengo un amigo que voy a llamar, Coco, ha compartido su experiencia con el tratamiento y me dice, "No me siento nada bien." Luego me dijo, "Si tengo una disminución de la carga viral de virus de la hepatitis en los próximos seis meses, valdrá la pena y puedo continuar por dieciocho meses hasta el final." Él me llamó luego para decirme que tuvo que dejar el tratamiento porque no funcionó y fue atormentador y doloroso para él.

Una vez más, yo espero ganar otra batalla. Se logra un día a la vez con mucha visualización y dejar a un lado el estrés. Es más fácil decirlo que hacerlo, me suena chistoso solo en pensarlo, "Recordándome que un sentido de buen humor y sonrisa me ayuda a sobrevivir día a día." Mi oración diaria es una afirmación: cuida de tu cuerpo, informa tu mente, y mantén una conexión con tu espíritu.

Todo esto es posible porque he aprendido un comportamiento nuevo, llamado intimidad. Casi siempre existe entre dos personas, pero yo lo he aprendido a ser íntimo conmigo mismo. Y no estoy hablando de intimidad sexual. Es poner atención a los detalles de uno en sí. Sentirme bien con mi cuerpo, mis canillas, por ejemplo, y aprender a sentirme cómodo conmigo. La intimidad me ha enseñado a conseguir un camino nuevo: es mejor estar solo en lugar de sentirse solo. Por su definición, sentirse solo requiere la aprobación de otra persona o un estímulo externo. Por supuesto, todavía me permito aceptar la intimidad de los demás y estar completamente agradecido.

Yo les echo de menos a todos los amigos que he perdido en esta lucha. Especialmente a mi compañero de cuarto, Carlos Wilder. Él era cómico, inteligente y muy creativo. Vivíamos en San Francisco con Lorenzo Baez, éramos Los Tres Mosqueteros. Yo lo honro y le agradezco haberme elegido como amigo; lo amaré toda mi vida.

¿Aprendí de mi enfermedad, de la política de los gobiernos, de mi padre y todas las otras decepciones que tuve que resistir y vencer en mi vida? La respuesta es, "Sí, lo hice y aprendí." El truco es aplicar las herramientas que aprendemos cuando estamos creciendo y usarlas cuando es necesario. Yo tengo que estar consciente de mis decepciones y aceptar cuando me enfrento con un dilema, aunque sea catastrófico el resto se los dejamos a El Todopoderoso.

Yo no soy especial, muchas personas han tenido los mismas pruebas y tribulaciones en sus vidas como las he tenido yo, pero ellos han acabado en un lugar menos agraciado. La idea es revertir, dar la vuelta a las malas noticias. La decepción es solo despertar del autoengaño de nuestras expectativas, ponerte en una trampa, pero todo se puede superar. Yo tengo la autoridad de no quedarme estancado en ella. Yo hago, un día a la vez, el camino para guiar mi vida. Yo no puedo resolver todos mis problemas hoy; el mañana me permitirá el lujo de ver a través de la niebla de hoy de una manera nueva. Yo no estoy en control de mi desesperación. La belleza está en no tratar de comprender mi desánimo hoy, pero comprender que puedo aceptarlo.

Todos tomamos decisiones porque tenemos libre albedrío innato. Por lo tanto, elijo una conjetura educada y sigo mis instintos. Recuerdo un día en el Golden Gate Park, de pie en la primera fila de uno de sus conciertos y mirando a los ojos de Grace Slick, la cantante principal de Jefferson Airplane, cuando me cantó de la copla, White Rabbit-"Recuerda lo que dijo el conejo blanco: Alimenta el Cerebro."

Me gustaría afirmar que con frecuencia he aprendido de mis errores al no repetirlos nuevamente. Mi problema es que repito el patrón. Debo reconocer que el patrón necesita ser roto y cambiado. Para romper el patrón del engaño, no debo saltar a la conclusión. Y si me caigo, debo levantarme, quitarme el polvo y volver a intentarlo.

Pero políticamente, no puedo, por mi vida, entender por qué G.W. Bush fue elegido dos veces. "¿Kerry renunció a la presidencia demasiado pronto?" Me pregunto si la Dra. Soto estaba en lo cierto cuando ella insinuó en la "pensión" en Santiago de Cuba que esos dos estaban confabulados.

¿Estaremos listos para usar los avances del mundo para deliberar los bienestares?

A los jóvenes del mundo, insisto que puedan crear con sus juegos de video, teléfonos celulares, Twitter, Blackberries, iPhones y todas las nuevas capacidades de comunicación, en nuestro planeta Tierra, un lugar en armonía con toda la humanidad, las plantas y los animales,

"¡Usa lo que tú tienes, y hazlo mejor!"

Para nuestra humanidad, les pido que nunca perdamos nuestro instinto de protestar por nuestros derechos, en paz.

"¿Volveremos a luchar como hicieron en la Plaza de Tiananmen?"

"¿Volveremos a luchar como hicieron en Teherán el verano del 2005?"

Vemos disturbios en Egipto, las demostraciones contra un gobierno que había gobernado por un largo tiempo sin hacerse cargo de la gente. "¿Lo van a poder reemplazar con uno de mejor?"

La vida es un gran juego si devolvemos sin violencia y no tenemos resentimiento. "¿Cómo fue que yo lo hice hasta ahora?"

Yo siento que la vida es un milagro y estoy tan agradecido. Disfruto sentir todo lo que la vida me ha ofrecido, y no importa lo malo que sea, porque todavía puedo sentir.

"¿Qué es lo que me da la fuerza para poder seguir?"

La inmensa cantidad de bien que hay en mi vida y los logros físicos de los que he sido testigo. Pienso en los bailes que he estado, y como me encanta bailar, y la comida que he degustado, pero lo más increíble de todo, fue el milagro de ver a una niña nacer, Kavita. Y quisiera ver ese milagro una vez más. Pienso en sueños realizados, como el de caminar a mi ahijada, Amanda en la iglesia cuando se casó. Y de ver a su bebé, Elena, que es una pelotica de maravilla. Obtengo mi fuerza manteniendo una mente abierta, y del amor que recibo que baña mi corazón, y la fe tolerante que impide que mi espíritu muera.

Formamos parte del Gran Bien, que es la razón por la cual nos amamos y nos enojamos y nos destruimos, porque estamos conectados en la carne por nuestros sentidos humanos; Criaturas de la tierra, agua, viento y fuego, pecado y alma. Somos todos los que amamos a nuestra progenie. Mantengámonos sanos, tanto como sea posible, para permitir que el amor entre y salga de todo lo que existe.

# Reglas Que Seguir Cuando Se Es Afectado Por El VIH/SIDA

1. Insistir por los resultados de pruebas de una persona con quien viva o tenga relaciones sexuales.

2. Si está infectado tiene razón de estar enojado. Tu dolor y tu resentimiento son justificados pero no hay razón por la cual tomarlo contra ti mismo, tus niños o con otras personas.

3. Muchas personas que están infectadas han tenido la oportunidad de por lo menos hablar con alguien cercano. Cuando esta amistad te está tratando de dar una mano, acéptala. Cuando estás enojado, lo mejor es hablar con otra persona y sacarlo de tu pecho.

4. Muchas personas infectadas sienten lástima de sí mismos y tratan de cometer suicidio. Busca ayuda y habla con tus amigos, o si es necesario, con cualquier persona, así sea un extraño pero habla. Acepta el amor de otros y no cierres las puertas.

5. ¿Cómo te sientes con la idea de morir algún día? Pon tus papeles en orden, prepara todo lo mejor que puedas. Haz tu testamento de vida lo más pronto posible.

6. No juzgues, reprimas, ni mantengas tus sentimientos ocultos. Tener cualquier tipo de sentimiento es mejor que no sentir nada. Nuestros sentimientos son respuestas naturales. Si caes, fallas y te haces daño, no hay que estar molesto por la caída. Levántate y vuelve a intentarlo.

7. Los doctores no tienen todas las respuestas a los hechos. Si no comprendes y te sientes frustrado con un médico, ve a ver otro. Escribe una carta y quéjate a la compañía de seguro. Esta enfermedad todavía se está estudiando y después de treinta años no sabemos todo,

ni los doctores lo saben todo. La responsabilidad cae sobre nosotros, tenemos que educarnos, tenemos que salir a buscar la información que necesitamos.

8. Toma las medicinas que te dan a su tiempo específico y toma todos los exámenes de laboratorio que necesites. Pero recuerda que los números son usados por los médicos para poder comparar y hacer análisis. Los números no deben de afectar cómo te sientes.

9. Tenemos que aprender a deshacernos de la tensión y el estrés. Estas dos condiciones debilitan el sistema inmune. Cuando aprendemos a relajarnos, le permitimos a nuestro cuerpo la habilidad de curarse más fácilmente.

10. Aprende a amarte a ti mismo. Aprende a aceptar tu situación y quien eres. Me tomó un largo tiempo para aprender la belleza detrás de este concepto.

11. Comprométete con ti mismo para hacer lo que tú sabes es lo mejor para ti.

12. Vive un día a la vez. El pasado nunca tuvo soluciones y el futuro es el resultado de lo que haces hoy. Toma tiempo y fe, y como la palabra indica, fe es creer.

13. Haz ejercicio y toma tus vitaminas para fortalecer tu sistema inmune. Aliméntate bien, y mejora tu nutrición.

14. No quedes sentado sintiendo lástima de tu situación. La vida no es un ensayo de vestuario.

15. Solo hay miedo cuando no te educas acerca la enfermedad. Edúcate tú mismo y aprende a educar a los otros, porque hay una tonelada de información y ayuda en el mundo ahora.

16. Yo he aprendido que necesito mantener mis metas bien claras enfrente de mí.

Hay muchas más reglas que podemos tomar pero lo importante es que ahora tienes la razón para salir y encontrar las que te satisfacen y te hacen sentir mejor. Estos pasos pueden ayudar contra otras enfermedades y siempre serán una forma de ayudar a vivir mejor.

# Referencias

Brown, Archie. *The Rise and Fall of Communism*. New York: Harper Collins Publishers, 2009

GEAPS *In-Grain* Online, "US Firms Sell Grain to Cuba After Hurricane Damages Crops." Volume 21, Number 12• December 2001

Red Orbit – News – General, "Cuba May Import Sugar from the U.S." November 7, 2003

The Body, The Complete HIC / AIDS Resource, Cuba Fights AIDS Its Own Way, By AnneChristine d'Adesky, January 2003.

Summary of issue of HIV-AIDS in Cuba, APHA Cuba Tour, August 1997 Tim Holtz, MD, MPH

# Reconocimientos

Me gustaría darle reconocimiento primero que nadie a Bárbara Barsh, mi amiga que ha escuchado muchas veces los cuentos de mi infancia. Ella me animó a tomar esta tarea y leer mis primeros borradores y mis últimos. Ella es una dama gentil a quien respeto y que tiene una *sabiduría justa*, de verdadera sofisticación e inteligencia. Considero a Bárbara una de mis mejores amigas y confidentes. Barbara tiene la increíble capacidad de conectar la estructura de mi gramática española al inglés.

Estoy agradecido a Mark Gebhardt, un individuo notable con grandes aspiraciones y un artista de muchos talentos. Mark también me ayudó con la composición de los primeros borradores. Pero, sobre todo, es un amigo de confianza y una persona adorable.

*Agradecimientos especiales a:*

Patty Carroscia, Frieda Saraga, Judy Higgison, Chuck Drees, Beaver Bauer, Robert Catalla MD, Margot y Cita Crossman, David Bergs, Rick Ceriello, Holly Connell, Sylvia Cuyugan, Yunior Hamell Gondin, Eve Corey, Dianne Colon, Jerri Crum, Micki Edwards, Laura Lane, Kristin Lindley, Jay Fournier, Barbara Green, Olga Gonzalez, Heidi Gravel, Louise Hardman, Shawn Henderson, Priscilla Hedman, Gerald Horton MD, William Holler, Kevin Holton, Holley Connell, Fira Hunda, Bill Kroner, Jane Langford, Ed Lehman, Maureen McLain, Joyce Murphy, Bob Mullen, Magenta Mason, Ivan Mendoza, Mary Nash, Paula Patterson, Anita Pezza y su familia, Megan Richards, David Rowan, Mark Rehnberg, Donald Wescott, Patrick Robinson, Mary Stokes Glenn, Mark Stewart, James 'Jet' Tressler, Deb Scott, Ernie

Selorio, Virginia Vander Velde, Heather Vaughn, Annaliza Vincent, Cindy Watson, Jim 'Tah' Windsor, Gus Weltsek y Bobbie Zeman.

*Mi familia*
Michele y David Andrews, Ivette y Johnny Calles, Alina y Luis Duany, Janet Smith, Jimmy y Paula Smith, Lucille Caraway, mi hermana Isabel Vedo pero, sobre todo, mi ahijada, Amanda M. Smith.

Un agradecimiento especial a Jim Webb que le dio los toques finales al libro. Añadió fotografías y me ayudó a lanzar este proyecto.

Un notable gracias a la Dra. Patricia Ross, editora, que con su apoyo me guió hasta el final del viaje. A Wendy Bellinger, quien revisó minuciosamente e hizo que el manuscrito pareciera un libro.

A Noel Mawer por su ayuda inconmensurable en la segunda edición en la versión en inglés.

A **Jorge David More Saavedra** quien reviso el libro por su ortografía e hiso que mi escritura tuviera una presentación perfecta en esta lengua española tan bella.

# En Memoria

Ron Seruga, Jim Evans, Kenneth "Kemp" Pezza, Rodney Price, Tommy Pace, Linda Kolosky, Brian Mulhern, Lorenzo Báez, Beau Freighly, Mary Hart, Vincent Gooden, Nancy Avila, Chris Howell, Tony O'Connor, Michael Childres, Raul Soto, Richard Dobbins, Vicki Hitzing, Graciela Cinca, Carlos Wilder, Corinna Erwin, Valentin Figueroa.

# Acerca del Autor

A pesar de que Walter de Jesús Fitzwater nació en Harrisonburg, Virginia, su madre y su familia lo criaron en Cuba. Fueron su madre, sus tías y especialmente su abuela, quien formó su vida temprana, lo que refleja su libro. Los cambios políticos en el país obligaron a su madre a enviarlo a vivir con su tía en la base naval de Guantánamo. Estaba encantado de aprender inglés y adquirió un segundo hogar y se sintió parte de la familia de su tía al instante.

La inesperada crisis de los misiles cubanos de 1962 trasladó a la nueva familia a los EE. UU. Se establecieron en Florida y se graduó de Melbourne High School. Estudió arquitectura en la Universidad de Florida durante cinco años. Tuvo suerte cuando sacó un número alto en la convocatoria de lotería utilizada en ese momento para reclutar a jóvenes para que fueran a Vietnam.

Una vez que estuvo solo, su imparable necesidad de ver surgir el mundo; viajó a la costa oeste: "Ve al oeste joven, ve al oeste". Se instaló en San Francisco y se quedó con amigos y el movimiento Hare Krishna lo mantuvo alimentado las primeras semanas mientras buscaba trabajo. Su yo interior lo incitó a investigar todas las formas de creencias y estilos de vida. Y esto lo hizo muy bien, especialmente en una ciudad donde todo, lo bueno y lo malo estaba disponible.

Mientras estaba en un festival en Golden Gate Park, se reunió con un grupo de artistas, The Angels of Light, que se involucraron en el teatro y se convirtió en parte de su comuna. Crearon teatro extravagante durante los años setenta y ochenta. Estudió computación en el San Francisco City College, pero como optativa estudió teatro. Tenía un trabajo estructurado y por la noche estudiaba CAD, lo que le permitió ser contratado para trabajar en un par de grandes empresas de arquitectura en el Área de la Bahía. Se convirtió en parte de un pequeño grupo de teatro y construyó sets y actuó en el escenario.

Vivió la tragedia de los años ochenta perdiendo a muchos amigos por el SIDA y, finalmente, se convirtió en portador del virus. Este golpe final lo catapultó de regreso a Jacksonville, Florida, para estar más cerca de su familia. Trabajó para el Estado de Florida como operador de GIS y GPS, pero también encontró tiempo para estar en un teatro local. Fue durante una de las reuniones de su grupo de apoyo que se le animó a escribir un ejercicio en forma de una conversación con el virus del VIH. Debido a su formación teatral, imaginó una obra de teatro que le daría la oportunidad de expresar a otros sus luchas y su mecanismo de supervivencia contra la enfermedad para también ayudar a otros. Produjo, escribió y dirigió tres obras y creó videos sobre el tema.

Fue miembro fundador de un grupo que utiliza la improvisación como un vehículo catártico. Al compartir su propia historia, esta forma de teatro puede ayudar a otros que están presentes. La actuación alienta a la audiencia a analizar sus propias luchas y tener un punto de referencia para resolver un problema. Puede ser una enfermedad o un hábito que la persona está tratando de enfrentar y aceptar.

Mientras compartía con un amigo sobre su vida temprana, ella lo alentó a escribir sobre eso. Regresó a Cuba en 2005 y mantuvo un diario. Sintiendo el amor por la tierra de su madre y la difícil situación de su gente, se embarcó en el desafío de unir a los dos, naciendo así su primer libro "Cuba, the Island I Treasure," en inglés. Si bien este libro es un recuerdo veraz de su vida, el autor ha usado algunos seudónimos en el recuento de sus experiencias en Cuba para proteger las identidades de las personas mencionadas.

Printed in the United States
by Baker & Taylor Publisher Services